International Convergence of Accounting Standards

会計基準の国際的収斂

米国GAAPとIFRSsのコンバージェンスの軌跡

林 健治著 Kenji Hayashi

IFRSs　US GAAP

Con**V**ergence

国元書房

は し が き

　金融庁・企業会計審議会は，2013年6月19日に「国際会計基準（IFRS）への対応のあり方に関する当面の方針」を公表し，IFRS任意適用の積み上げを図る方策として，IFRSのエンドースメント（自国基準へのIFRSの取り込み）について言及した。これを受け，1年あまりの審議を経て，企業会計基準委員会（ASBJ）は，2014年7月31日に修正国際基準（IFRSとASBJによる修正会計基準によって構成される会計基準，英語表記でJapan's Modified International Standards：JMIS）の公開草案を公表した。日本市場において日本基準，米国基準，ピュアIFRS，修正国際基準の4つが並存する可能性が現実味を帯びてきた。

　国際会計基準審議会（IASB）が公表するIFRSは，ヨーロッパを中心に浸透してきたが，日本では，IFRSの任意適用が認められるにとどまっている。公開草案の公表によって，IFRSの一部を削除または修正した日本版IFRSを日本企業が適用できる可能性が示唆され，会計実務に携わる人々のIFRSへの関心は，これまでになく高まっている。IFRSの適用をめぐって日本企業の会計実務が混沌とした状況に陥ることが懸念されるなかで，会計基準の国際的コンバージェンスの現状と理論的課題について考究することは，財務会計の研究者の責務である。

　このような現状認識および問題意識に従って，本書は，IFRSと米国の一般に認められた会計原則（米国GAAP）を対立軸として，会計基準のコンバージェンスに関する議論を展開する。IASBが21世紀幕開けの年に発足し，前世紀とは明らかに異なるイノベーション（革新）が起き，単一の高品質で，国際的に認められる会計基準が開発され，文字通りのグローバル・スタンダードが確立されると期待されている。しかしながら，IFRSが普及する以前から日本を

含む米国以外の国際的優良企業が適用したのは，米国GAAPであったし，理論的にも米国の会計思考は世界の最先端であり，IFRSと対峙されるべきは米国GAAPである。IFRSと米国GAAPを比較し，両者がどのように相違し，相違がいかなる理由で生じているか，コンバージェンスが達成されず，相違は解消されないままでよいのかについて検討する。比較制度論的アプローチを採用した国際会計に関する学術的書籍は見られるが，米国GAAPとIFRSの間の会計基準間競争を射程に入れた類書は，著者の知る限り少ないと思われる。規範・理論研究の課題と実証研究の課題の両輪を考察対象とした本書が，国際会計研究の発展，会計基準設定に多少なりとも貢献できれば望外の喜びである。

　本書は，著者が過去10年あまりに行った研究をまとめたものである。これまで多くの方々のお世話になったが，研究方法，研究者としての姿勢，私事にいたるまで親身にご指導・ご助言いただいた大学院時代の恩師飯野利夫先生（中央大学名誉教授）との出会いなくして本書を上梓することができなかったであろう。謹んで御礼申し上げる。飯野先生は確固たる問題意識をもち，過去の研究動向を整理し，オリジナリティーのある論文を発表するよう説かれた。本書は先生の教えに十分適っていないであろうが，今後，いっそう研究を発展させることで学恩に報いたい。学究の徒への道筋をつけていただいた竹林代嘉先生（専修大学）にも御礼申し上げたい。

　また，飯野先生が主催者となって始まった背広ゼミに参加されている中瀬忠和先生（中央大学名誉教授），大野功一先生（関東学院大学），岡村勝義先生（神奈川大学），冨塚嘉一先生（中央大学），今井敏博先生（函館大学），星野一郎先生（広島大学）などには研究会で発表するたびに適切なコメントを頂戴してきた。御礼を申し上げるとともに引き続きご教示願いたい。とりわけ中瀬忠和先生には，本書の草稿をご高覧いただき，多くの助言を賜った。記して深謝申し上げる。大学院在籍中にご指導いただいた内山力先生，井上良二先生，北村敬子　先生には，いまだ遠くおよばないが，研究・教育を行ううえでのお手本とさせていただいている。

　教員になって間もない頃，関西で開催されていた会計フロンティア研究会に

参加し，柴健次先生（関西大学），瓦田太賀四先生（兵庫県立大学），高須教夫先生（兵庫県立大学），須田一幸先生（早稲田大学），杉本徳栄先生（関西学院大学），井上達男先生（関西学院大学）などとお会いしたことは，実証研究を行うきっかけとなった。この場を借りて御礼申し上げる。上野清貴先生（中央大学）を主査とする日本会計研究学会スタディグループ，菊谷正人先生（法政大学）を主査とする国際会計研究学会研究グループの構成員となり，議論に参加したことは良い刺激となり，本書の質の向上につながったと思われる。構成員の先生方，とりわけ視野を広げていただいた上野先生に感謝いたします。

梅原秀継先生（明治大学）が幹事を務められた中央大学企業研究所の公開研究会，現在，浅倉和俊先生（中央大学），中村英敏先生（中央大学）を事務局として開催されている中央大学アカウンティング・フォーラムでは，学会とは異なる雰囲気で，様々なテーマに関する先行研究の動向を知ることができた。研究会に参加され，貴重な示唆をお与えいただいた先生方に感謝いたします。

前任校の富山大学経済学部在職時代には榊原英夫先生，越野啓一先生に格別のご厚情をいただいた。現在勤務している日本大学では勝山進先生（名誉教授），小関勇先生，五十嵐邦正先生，堀江正之先生，平野嘉秋先生，壹岐芳弘先生，村田英治先生には日頃からご高配を賜り感謝いたします。

本書は，多くの方々のご指導・ご助力の賜物であるが，ありうべき誤謬・誤解は，著者の責に帰すことはいうまでもない。本書への読者諸賢の忌憚なきご意見・ご批判を所望申し上げる。

出版事情が厳しい昨今，市場性の乏しい本書の出版をご快諾いただいた国元書房代表取締役社長　國元孝臣氏および図表の多い原稿の編集作業にご尽力いただいた担当者の方には，衷心よりお礼申し上げる。

なお，本書は2014年度科学研究費助成事業（科学研究費補助金）（研究成果公開促進費）の学術図書（課題番号 265166）の助成を受けている。

2015年1月14日

林　健治

目　次

第1章　序―問題設定・本書の構成・研究方法― 　　　　　　　　　　1

1.1　問　題　設　定……………………………………………………… 1
1.2　本　書　の　構　成……………………………………………………… 3
1.3　研　究　方　法……………………………………………………… 5

第2章　SECの外国民間発行体向け開示規制と事例分析　　　　　　9

2.1　は　じ　め　に……………………………………………………… 9
2.2　Form 20-F 調整表 ………………………………………………… 12
　2.2.1　作成規則第17項および第18項／12
　2.2.2　投資家志向の資本市場規制／15
2.3　Daimler-Benz の事例 …………………………………………… 17
　2.3.1　NYSE 上場までの過程／17
　2.3.2　ドイツ GAAP から米国 GAAP への調整の影響／20
　2.3.3　Daimler-Benz 上場に対する市場反応／30
2.4　小　　　　括……………………………………………………… 33

第3章　米国 GAAP 調整表開示規制の有用性　　　　　　　　　　37

3.1　は　じ　め　に……………………………………………………… 37
3.2　先行研究の分類と検証結果………………………………………… 38
3.3　Form 20-F 調整表開示企業と企業価値モデル ………………… 41
3.4　Form 20-F 調整表開示規制撤廃の影響 ………………………… 45
3.5　小　　　　括……………………………………………………… 51

第4章	クロス上場企業の会計基準選択行動	53
4.1	は　じ　め　に	53
4.2	先　行　研　究	54
4.2.1	Ashbaugh [2001] ／ 54	
4.2.2	Ashbaugh and Pincus [2001] ／ 60	
4.2.3	Tarca [2004] ／ 67	
4.3	リサーチ・デザインと検証結果	70
4.4	2007年以後のFPIの会計基準選択	76
4.5	小　　　　括	80

第5章	欧州企業のIFRSs初度適用事例の分析	83
5.1	は　じ　め　に	83
5.2	IFRS 1 の公表	84
5.3	FTSEurofirst 80 Firms の純利益への影響	86
5.4	FTSE 100 Firms の純資産への影響	93
5.5	小　　　　括	100

第6章	IFRSs初度適用時の利益調整の情報内容	103
6.1	は　じ　め　に	103
6.2	利益調整差額情報に関する研究分類	104
6.3	IFRSs利益調整の有用性の検証	114
6.4	欧州の先行事例と我が国におけるIFRSs導入	118
6.5	小　　　　括	121

第7章	セグメント報告基準の国際的収斂	123
7.1	は　じ　め　に	123
7.2	セグメント報告基準（IFRS 8）の特徴	124

7.3	SFAS 131 によるセグメント報告実践	126
7.3.1	Fortune 500 社／126	
7.3.2	Business Week Global 1000 社／131	
7.3.3	DJIA 銘柄企業／135	
7.4	地域別セグメント報告の明瞭性	137
7.4.1	明瞭性（Fineness）／137	
7.4.2	財務アナリストを対象とした調査／144	
7.4.3	国別開示率に関する回帰モデル／144	
7.5	小　　　括	148

第8章　セグメント報告基準の収斂効果の検証　　151

8.1	は　じ　め　に	151
8.2	IFRS 8 発効後のレビュー	151
8.3	英国企業のセグメント報告	155
8.4	欧州優良企業のセグメント報告	158
8.5	オーストラリア企業のセグメント報告	161
8.6	IFRSs 任意適用日本企業のセグメント報告	163
8.7	小　　　括	165

第9章　リース会計基準の国際的収斂　　167

9.1	は　じ　め　に	167
9.2	リース会計基準に関する米国 GAAP と IFRS の収斂	169
9.3	全体資産アプローチ vs 財務構成要素アプローチ	173
9.3.1	Monson [2001] の提案／173	
9.3.2	Monson [2001] に関する論評／176	
9.4	注記情報に基づく推計的資本化手法	178
9.4.1	Imhoff et al. [1991] の提唱／179	
9.4.2	Imhoff et al. [1997] による精緻化／185	

9.5 小　　　括……………………………………………………… 189

第10章　リース会計基準の公開草案　191

10.1 は　じ　め　に……………………………………………… 191
10.2 ILW の推計的資本化に関する研究の展開 ……………… 192
10.3 リース資産の償却に関する ED2010/09 の提案 ………… 197
   10.3.1 規範的分析：現在価値償却と定額法償却の有用性／198
   10.3.2 オンバランス化と償却方法に関する実証分析／202
10.4 再公開草案 ED2013/06 の公表 …………………………… 204
10.5 小　　　括……………………………………………………… 207

第11章　結―総括と展望―　209

11.1 総　　　括……………………………………………………… 209
11.2 二大 GAAP の収斂の現状と我が国の課題 ……………… 212
   11.2.1 SEC の IFRS 適用ロードマップ案に関する議論／212
   11.2.2 SEC スタッフによる IFRSs 組み込み最終報告書／219

初 出 論 文 一 覧 ………………………………………………… 223
参　考　文　献 ………………………………………………… 224
索　　　　　引 ………………………………………………… 239

第1章

序―問題設定・本書の構成・研究方法―

▌1.1 問題設定

　会計基準の収斂（コンバージェンス）[1]が国際会計基準審議会（International Accounting Standards Board：IASB）と米国財務会計基準審議会（Financial Accounting Standards Board：FASB）の二極それぞれを中心として展開されている。2008年の共和党から民主党への政権交代以降，米国の一般に認められた会計原則（Generally Accepted Accounting Principles in the United States：米国GAAP）と国際財務報告基準（IFRSs）[2]の収斂の速度は，やや低下しつつあるように思われるが，会計基準の国際的収斂の潮流に抗うほどの変化は来たしていない。我が国も会計基準設定にあたりIASBとFASBの動向を看過できない。

　19世紀の終わりに米国が経済，政治などの面で欧州を超える大国となり，

---

[1] convergenceは収斂または融合と訳され，狭義には，互いの差異を縮小させることを意味する（辻山［2014］，55頁）。世界の会計基準の国際化のイメージは，調和化（harmonization）から収斂へ，さらには国際財務報告基準（IFRSs）のアドプション（adoption）への地歩を固めていると捉えられることもあるが（平松［2014］，35頁），各国のIFRS適用企業，IFRSの強制力などは異なり，アドプションの実態は多様で，アドプションへと一様に突き進んでいるわけではない（辻山［2014］，56-57頁）とも解される。

[2] 本書で使うIFRSsという用語には，国際財務報告基準の他に，国際財務報告解釈指針委員会（International Financial Reporting Interpretations Committee：IFRIC）が定めるIFRIC，国際会計基準委員会（International Accounting Standard Committee：IASC）が定めていた国際会計基準（IAS），解釈指針委員会（Standing Interpretations Committee：SIC）が定めていたSICを含める。

さらに 20 世紀初頭に，近代会計学が米国で成立して以降[3]，米国会計学が世界の会計理論および会計実践の発展の牽引役を担ってきたと言っても過言ではないであろう。また，歴史を振り返ると，我が国の会計制度は，当初はドイツの会計思想の影響を継受して発展し，徐々に米国流の会計理論・制度を取り入れるようになった[4]。

本書では，このような米国の比較優位性に鑑みて，米国の会計基準・財務報告制度を基軸に据え，米国 GAAP をベンチマークとして，IASC および IASB が策定した IAS/IFRS，欧州，日本などの各国基準を比較する。本書が分析対象とする企業は，本国以外の国に販売拠点，製造，販路をもち，外国証券市場で上場・起債し，資金調達を行うグローバル・カンパニーである。とりわけ国内証券市場だけでなく，外国証券市場にも上場・起債する多国間公募企業（クロス上場企業）に対する会計規制とそれらの企業の会計行動が考察対象である。

現在，連結財務諸表を IFRSs に準拠して作成し，個別財務諸表を従前のとおり日本基準に準拠して作成すること，すなわち連単分離が主張されている。連単分離論に基づけば，連結財務諸表の作成を義務付けられる上場企業は，IFRSs に準拠した連結財務諸表を作成・開示することになる。しかし，上場企業の中には，事業活動のほとんどすべてを国内でのみ行っている企業も少なからずある。IFRSs のメイン・ユーザーは，国際的な事業展開を行っている企業，とりわけ自国以外の証券市場にも資金調達の場を求めているクロス上場企業であろう。

SEC は，米国証券市場に上場する外国企業に，各国 GAAP または IAS から米国 GAAP への組み替えを要求した。これに応えて該当する米国証券市場に上場する外国企業は，Form 20-F において，利益および資本に関する米国

---

3) 貸借対照表を重視しない新しい利益概念，資本概念などから総合的に見ると，近代会計学は 1920 年頃成立したとも考えられる（桑原 [2008]，12-13 頁）。
4) 旧 IAS をベースに日米独の会計基準を比較すると，日本の会計基準が米国（ドイツ）と異なる場合は，ドイツ（米国）と類似する傾向が見られ（徳賀 [2000]，205-206 頁），未だ日本の会計基準にはドイツ思想の影響も残っている。

第1章 序―問題設定・本書の構成・研究方法― 3

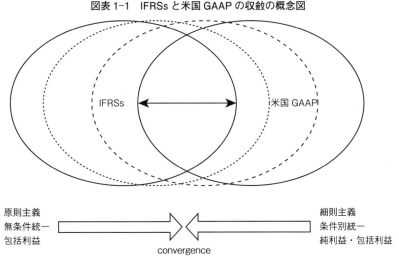

図表1-1 IFRSsと米国GAAPの収斂の概念図

［出所］Nicholaisen [2005], p.671を加筆。

GAAPへの調整表（reconciliation to U.S.GAAP）を開示した。本書では，調整表の分析結果から各国GAAPまたはIFRSsが米国GAAPと異なる主要項目，利益および資本の差異を明らかにする。

本書の目的は，多角的な視点からIFRSsと米国GAAPの収斂（図表1-1参照）[5]がいかなる経緯・意図で，どのように進められているか，IFRSsと米国GAAPの収斂が我が国を含む世界の財務諸表の利用者および作成者にとって有用であるかについて検討することである。

1.2 本書の構成

序章である第1章と本書全体の総括・展望である第11章を除くと，本書は

---

[5] IFRSsと米国GAAPの収斂が進むと，共通部分が広がるが，別の特徴（色合い）をもつ両者が混然一体となった結果，透明度が低下し，高品質な財務報告が必ずしも保証されない。

次の3部から構成される。第1部は，第2章「SECの外国民間発行体向け開示規制と事例分析」，第3章「米国GAAP調整表開示の有用性」，および第4章「クロス上場企業の会計基準選択行動」から成る。米国で会計不信が蔓延する2002年以前には，国際的に認められる会計基準設定を巡る覇権争いにおいて，米国が圧倒的優位に立っていた。ところが，2005年から欧州連合（EU）域内上場企業は，連結財務諸表の作成に際し，IFRSsの適用が義務付けられ，欧州にIFRSsが普及し，その他の国・地域でもIFRSsの国内化が行われるにつれて，IASBが徐々に存在感を強め，国際的に認められる会計基準の覇権争いにあたり，米国の地位が揺らぎ始めた。第1部では，2005年までの米国SECの開示規制の変遷とそれに対する株式市場の反応および国際的企業の開示行動について主に検討している（1970年代以降の会計基準の国際的収斂の軌跡については図表1-2, 図表1-3参照）。

　第2部は，第5章「欧州企業のIFRSs初度適用事例の分析」，第6章「IFRSs初度適用時の利益調整の情報内容」から成る。2005年頃からSECは外国民間発行体に対し，米国GAAPへの調整表の開示要求を撤廃を検討し始めた。国際的に認められる会計基準の覇権争いにあたり，劣勢を挽回したIFRSsに焦点をあて，第2部では，2005年以降の欧州企業のIFRSs初度適用の状況と情報内容について考察している。

　第3部は，第7章「セグメント報告基準の国際的収斂」，第8章「セグメント報告基準の収斂効果の検証」，第9章「リース会計基準の国際的収斂」，および第10章「リース会計基準の公開草案」から成る。2007年前後からFASBがIASBに歩み寄り，協調路線を強め，コンバージェンス・プロジェクトの成果が公表された。数値基準により異なる測定・開示が要求されるセグメント報告基準，リース会計基準は，議論の争点のひとつとなった。セグメント報告，リース取引に関する会計基準を題材に，SEC / FASBとIASBが協調路線のもとで展開した会計基準の収斂の成否について検討している。

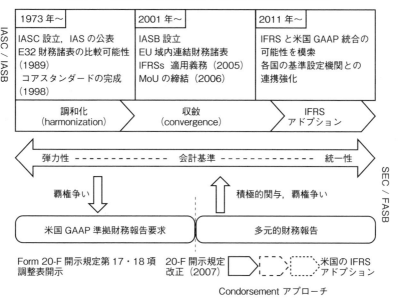

図表1-2 IASC / IASB と SEC / FASB の会計政策の変遷

1.3 研究方法

　本書において「会計基準論」だけではなく，会計基準，会計方針の選択に関わる「会計政策論」に関わる論点について考察した。会計測定・開示基準の背後にある理論，考え方を基礎概念に遡って追求する「会計基準論」は，一般に規範的アプローチにより検討されるが，「会計基準論」の妥当性は，実証的アプローチにより確認される。会計数値が利害関係者に及ぼす影響を予測し，一定の目的を達成するため，会計方針の選択を通じて，会計数値を戦略的に制御する行動を解明する，「会計政策論」[6]では，実証的アプローチが採られる。公表データを利用し，実証的アプローチに基づき仮説を立て，推論を導くに際し

---

[6] ここでの会計政策の定義は伊藤[2013]，9頁に依拠している。「規範言語としての『企業会計原則』からの経営者の選択行動を理論的に検討する」（飯野[1994]，2頁）ことは，会計政策論の範疇に属すると考えられる。

図表 1-3　会計基準の国際的収斂の軌跡

\multicolumn{2}{c}{1970's-1980's：国際的基準設定機関の定着，FASB が協力開始}	
1973 年	国際会計基準委員会設立
1979 年	FASB が国際的な基準設定機関の代表を含む最初の調査特別委員会を設置
1987 年	IASC が財務諸表の比較可能性プロジェクトに着手
1988 年	FASB が IASC の諮問グループメンバーになり，基準の国際化支持を表明
\multicolumn{2}{c}{1990's：FASB が国際的活動を拡大}	
1991 年	FASB が国際的活動のための最初の戦略プランを公表
1993 年	FASB とカナダ会計基準審議会がセグメント報告の共同プロジェクトに着手，FASB と他の基準設定機関が G4 を形成
1994 年	FASB と IASC が最初の共同基準設定に取り組む
1995 年	FASB が戦略プランを更新，米国 GAAP と IAS を比較するプロジェクトに着手，IASC がコア・スタンダード・プロジェクトを開始，IOSCO がコア・スタンダードのレビューに賛成
1996 年	米国議会が高品質な国際的基準の支持表明，SEC が外国民間発行体の IAS 適用可能性について検討することを公表，(IAS が包括的かつ高品質で，厳格な解釈・適用が可能なことが条件)
1998 年	アジア金融危機が国際的基準の適用を促進
1999 年	FASB が国際的な会計基準設定の将来ビジョンを公表
\multicolumn{2}{c}{2000's：コンバージェンスが加速}	
2000 年	SEC が国際的会計基準に関するコンセプト・リリースを公表
2001 年	IASC が IASB に再編
2002 年	EU が IFRS 適用を決定，ノーウォーク合意
2003 年	SEC が米国のプライベート・セクターとしての FASB を再確認
2005 年	SEC のスタッフが調整表要求の撤廃に向けてのロード・マップを提示
2006 年	FASB と IASB が覚書（Memorandum of Understanding：MoU）を締結
2007 年	SEC が調整表開示要求の撤廃を表明，SEC が米国発行体による IFRS 選択適用に関するコンセプト・リリースを公表，FASB と IASB が企業結合に関する会計基準を共同で公表
2008 年	FASB と IASB が覚書を更新，SEC が米国における IFRS アドプションへのロードマップと早期選択適用ルールを公表
2009 年	FAF と FASB が SEC の提案したロードマップに関するコメント・レターを送付
2010 年	SEC がコンバージェンスとグローバルな会計基準を支持する文書公表，FASB は米国 GAAP と IFRS の改善・収斂プロジェクトの現状を定期的に報告
2011 年	FAF と FASB が戦略レビューに関する IFRS 財団へのフィードバック，各国基準設定主体（National Standard-Setters：NSS）の会議レポート，IASB と FASB のコンバージェンス作業の進展レポート
2012 年	SEC スタッフがワークプランの最終報告書を公表
2013 年	IFRS 財団が会計基準諮問・フォーラムを設置

［出所］http://www.fasb.org/jsp/FASB/Page/SectionPage&cid=1176156304264

第1章　序―問題設定・本書の構成・研究方法―　7

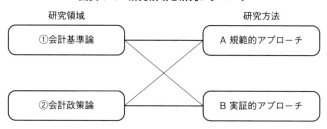

図表1-4　研究領域と研究アプローチ

①会計基準論では一般にA規範的アプローチが採用される。
近年の②会計政策論ではB実証的アプローチが採用される。

ては，規範的アプローチ（規範理論）の成果の援用が不可欠である[7]。各章において規範的アプローチ，実証的アプローチの双方が必要に応じて用いられる（図表1-4参照）。本書において規範的（理論）研究だけでなく，市場ベースの実証研究も行う。調整表における開示項目の価値関連性に関する研究を概観し，調整表開示の有用性について検討している。

---

7) Mattessichによれば，「会計理論は本来的に規範が含まれるものなので，これを実証会計学の名のもとに排除（あるいは隠匿）するのではなく，むしろ明示した上で目的達成のためのよりよい理論を求め，その過程で経験的テストの方法も採用されるべきである」（冨塚［1997］，122頁）。

第2章

SECの外国民間発行体向け開示規制と事例分析

■ 2.1 はじめに

　外国上場会社数の増加，外国上場会社株式の売買高上昇から察せられるとおり，1980年代からニューヨーク証券取引所（NYSE）における外国企業の資金調達が活発化した（図表2-1)[1]。投資家はリスク分散を求めて，国際分散投資を活発化させ，それは外国人持株比率の上昇，外国人による株式買い越しに象徴される。財務諸表の作成者である企業が精通していない外国の証券規制に従わねばならない機会，財務諸表の利用者である投資家が慣れ親しんでいない外国の会計基準・原則に準拠して作成された財務諸表を読む機会は，飛躍的に増加した。

　経済・会計環境の相違および会計の国際的多様性からもたらされる問題は，図表2-2に示される[2]。経済・会計環境が類似する2社が同一の（または類似の）会計処理方法を適用していれば，2社の経営成績は，比較可能である（BOX I）。経済・会計環境の異なる2社が，同一の（または類似の）会計処理方法を適用すると，2社の経営成績の比較可能性は，必ずしも保証されない（BOX II）[3]。経済・会計環境の類似する2社が，異なる会計処理方法を適用すると，2社の

---

1) NYSEに上場する非米国企業は1990年代に急増した。1988年から1996年にかけて米国における非米国企業持分証券の保有割合も倍増した（Grasso [1996], p.1112）。
2) Choi and Levich [1991b], pp.74-76.
3) A航空会社は近距離フライトを主とし，離着陸回数は毎年平均数千回に及ぶ。B航空会社は長距離フライトを主とし，離着陸回数は毎年平均数百回にとどまる。両社ともに定

図表 2-1　NYSE 上場企業数の推移（2004 年現在）

年	全社*	米国企業*	非米国企業*	All issues**	U.S. issues**	Non-U.S. issues**
2004	2,747	2,289	458	2,970	2,480	490
2003	2,750	2,283	467	2,943	2,443	500
2002	2,783	2,310	473	2,966	2,445	521
2001	2,798	2,336	462	2,990	2,473	517
2000	2,862	2,428	434	3,083	2,590	493
1999	3,025	2,619	406	3,299	2,824	475
1998	3,114	2,722	392	3,382	2,921	461
1997	3,047	2,691	356	3,358	2,929	429
1996	2,907	2,603	304	3,285	2,919	366
1995	2,675	2,429	246	3,126	2,851	275
1990	1,774	1,678	96	2,284	2,174	110
1980	1,570	1,532	38	2,228	2,189	39
1970	1,351	1,318	33	1,840	1,807	33
1960	1,143	1,119	24	1,528	1,504	2

*　普通株式発行企業だけでなく，優先株式発行企業を含む
**普通株式，優先株式，ワラントを含む
［出所］http://www.nyxdata.com/nysedata/NYSE/FactsFigures/tabid/115/Default.aspx

経営成績の直接比較はできなくなる。したがって，経済・会計環境の類似する 2 社が，異なる会計処理方法を適用することは，認められない実践とみなされる（BOX III）。経済・会計環境が異なれば，異なる会計処理方法の適用が容認される。しかし，異なる会計処理方法を適用すると，2 社の経営成績の直接比較は困難となる（BOX IV）。会計の多様性が深刻な問題を引き起こすのは BOX IV であり，経済・会計環境の相違は会計基準の国際的調和・統一化を遅らせる[4]。

　証券規制当局が会計基準の国際的多様性に対処する代表的方法は，以下の 3 つである[5]。

額法を採用するが，航空機の耐用年数を A 社は 5 年，B 社は 10 年とすることで経済環境の相違が浮き彫りになる（Choi and Levich [1991b], p.74）。

4)　Choi and Levich [1991b], p.77. Choi and Levich [1991a] の調査結果によれば，インタビュー対象者（投資家，証券発行企業，アンダーライター，規制当局，その他）のおよそ半数は，会計の多様性が資本市場意思決定に影響を及ぼすと回答した。

5)　音川 [1999]，168，172，181 頁。
外国 GAAP が自国 GAAP と比べて遜色のない水準に達していないとの判断から，外国

図表 2-2　会計の多様性と経済・会計環境

		2社の経済・会計環境	
		類似	相違
会計処理	類似	Ⅰ 容認可能な実践 比較可能	Ⅱ 容認可能または容認不能な実践 比較可能または比較不能
	相違	Ⅲ 容認不能な実践 比較不能	Ⅳ 容認可能な実践 比較不能な可能性

[出所] Choi and Levich [1991], p.75 を一部加筆。

① 外国 GAAP に準拠した財務諸表を自国 GAAP に準拠した財務諸表と同等に扱う。
② 自国 GAAP への調整差額情報の開示を要求する。
③ 会計基準の国際的調和化・収斂（1つの基準に収斂させる）を模索する。

①は各国が他国の基準を相互に承認する方法である。①に該当するのは，ロンドン証券取引所である。ロンドン証券取引所上場の際に，外国企業は本国 GAAP，IAS（IFRS），または第三国 GAAP 準拠財務諸表の提出を承認される。トヨタはロンドン証券取引所上場の際に，米国基準を採用した。東京証券取引所も，外国企業に対し，自国の会計基準に準拠して作成した財務諸表の提出を認めている。②により対処しているのは，SEC である。SEC は米国 GAAP による利益，資本，1株当たり利益の調整表添付を要求する。③により対処しようとしているのは EU である。EU は 2005 年から域内の全上場企業に対し，IFRS 適用を義務付けることを表明した。

企業に対し，国内企業と同一様式の財務諸表の提出を要求するアプローチもありえるが，会計基準間の調整，調和・統一を図らず，自国以外の GAAP を完全に排除することは，会計基準の国際的多様性に対処する選択肢たりえない。

資本市場のグローバル化が進展する今日において，財務諸表の比較可能性を保持するには，会計基準を収斂させ，単一の会計基準を世界各国で共有すること，すなわち③が望ましい。しかし会計環境，市場構造が国・地域ごとに異なることを所与とすれば，2005年までに収斂プロセスを完了することは困難であると予見された。会計基準の収斂を達成する前の過渡的段階として，まず①各国の会計基準設定機関が相互承認の実現に向けて協力しあい，さらに②外国GAAPにより測定された利益，資本が，自国GAAPにより測定された利益，資本と大きく乖離していれば，調整差額情報を開示すべきである[6]。以下では②自国GAAPへの調整差額情報の開示とその影響について検討する。

2.2 Form 20-F 調整表

2.2.1 作成規則第 17 項および第 18 項

SECは原則的に外国登録企業に対し，米国企業と実質的に同じ情報の提供を求めた。SECは外国企業が米国企業より優遇あるいは差別されることがないことを配慮し，外国企業を米国企業と平等に扱うアプローチ（内国民待遇：national treatment）を採用した。このアプローチの採用は，次の3つの政策目標達成のためでもある[7]。第1に，米国証券市場で有価証券を発行し，流通させる企業に対しては，国籍を問わず，米国GAAPに準拠させ，米国企業に不利益をもたらさない。第2に，外国企業にも米国企業と同じ様式に従って経営成績を報告する義務を課すことによって，投資家の合理的企業間比較を促進する。第3に，完全な開示を行うことによって，財務報告の透明性を保ち，投

---

[6] 古賀・五十嵐［1999］，254頁において，異なるGAAP間の調整差額情報の開示は，会計基準のグローバル化に向けての第一歩であると述べられている。
[7] Breeden [1994], pp.s88-s90. 本国GAAPに準拠した未調整の財務諸表の提出を容認すると，投資家はインテルとソニーのうち，どちらに投資する方が良いか判断に窮し，ひいては市場の効率性を損ねる。

資家を保護する。

　内国民待遇を原則とはするが，包括的な体系をもつ別のGAAPに準拠して財務諸表が表示されており，純利益，株主持分，1株当たり利益（EPS）が大きく異ならなければ，米国GAAPに準拠して作成する必要はないとされる。もし，別のGAAPに準拠して測定された純利益，株主持分，1株当たり利益が米国GAAPによる数値と大きく異なれば，調整表を開示しなければならない。1934年証券取引法Form 20-F作成規則第17項および第18項の規定に従い，損益計算書については，純利益の増減をもたらす項目ごとに表示し，最後に米国GAAPによる純利益を表示する調整表の形式で，財務諸表本体または注記に記載する[8]。

財務諸表に記載された純利益	…………	XXX
報告利益を増加させる項目の記載	…………	XXX
項目1	…………	XXX
項目2，その他	…………	XXX
報告利益を減少させる項目の記載	…………	XXX
項目1	…………	XXX
項目2，その他	…………	XXX
米国GAAPに準拠した純利益	…………	XXX

(1) 英国企業

　NYSEに上場し，SECにForm 20-Fを提出する英国企業は多く，調整表を開示するケースも少なかった[9]。たとえばBP AMOCO PLCは図表2-3のような調整表を開示した。

---

8) SEC [2000], 20-F.28.
9) Nobes and Parker [2000] において，英国企業が開示した調整表を利用し，英米の会計基準が利益および資本に与える影響が分析された。BPは米国では認められないのれんの資本償却を行っておらず，利益調整額，株主持分調整額はともに小さかった（徳賀 [2000], 54頁)。

図表 2-3　BP AMCO PLC の開示例（SEC 提出日：2001 年 4 月 3 日）

(1 株当たり利益除き，単位：千ドル)

	2000 年	1999 年	1998 年
英国 GAAP による純利益	11,870	5,008	3,220
修正：			
減価償却費	(766)	(81)	(76)
解体・環境費用	(338)	(165)	(131)
義務負担付財産リース	(42)	133	−
支払利息	189	110	124
セール・アンド・リースバック	−		(211)
繰延税金	(790)	(37)	(72)
その他	60	(379)	(28)
米国 GAAP による純利益	10,183	4,589	2,826
優先株配当	2	2	1
普通株式に係る利益	10,181	4,587	2,825
米国 GAAP による 1 株当たり利益	47.05	23.70	14.72

	2000 年	1999 年
英国 GAAP による株主持分	73,416	43,281
修正：		
固定資産	8,777	1,237
ストック・オプション	(360)	(456)
セール・アンド・リースバック	(413)	(413)
解体・環境準備金	(921)	(499)
有償資産リース	105	139
繰延税金	(15,843)	(6,082)
配当金	1,178	972
年金負債	(145)	(144)
その他	(128)	(197)
米国 GAAP による株主持分	65,666	37,838

(2) 日本企業

　1977 年以前から，米国基準により連結財務諸表を作成していた会社（ソニー，日立製作所など）については，米国式連結財務諸表の提出を認める特例措置が講じられた（1976 年大蔵省令第 28 号附則第 2 項）。日本アムウェイを除く SEC 登録日本企業は，特例措置に基づき，米国基準を採用し，連結財務諸表を作成しており，Form 20-F において調整表を開示していなかった[10]。日本

アムウェイもNYSE上場廃止および日本での店頭登録廃止（2000年）後，Form 20-Fの作成・公開をしなくなった。

特例措置の有効期限は，繰り返し延長されたが，1977年以降に米国証券市場に上場した企業は，特例措置の適用対象外で，日米両基準による財務諸表を作成する二重のコスト負担を強いられた。

金融庁は2002年3月26日に内閣府令第11号「連結財務諸表の用語，様式及び作成方法に関する規則の一部を改正する内閣府令」を公表し（2002年4月1日から施行），SECに米国式連結財務諸表を登録している日本企業が，証券取引法上の連結財務諸表として，米国式連結財務諸表を提出することを認めた（第87条）。

2003年8月20日におけるNYSE上場非米国籍企業は，51ケ国469社におよび（http://www.nyse.com/pdfs/forlist030820.pdf），うち日本企業は19社であった。2002年にはNTTドコモ，コナミ，ニッシンが新たにNYSEに上場したが，調整表を開示しなかった。

2.2.2 投資家志向の資本市場規制

SECは，米国資本市場において株式または米国預託証券（ADR）を上場し，資金調達を行う外国企業に対し，国内企業と同一のForm 10-Kまたは外国企業向けのForm 20-Fの提出を義務付けた。Form 20-Fによる場合，米国以外のGAAPに準拠して測定された利益・資本・EPSと米国GAAPに準拠して測定された利益・資本・EPSの差異調整の開示が要求される。

SECは投資家保護と市場の質確保という2つの目的を掲げ，投資家志向の資本市場規制を整備してきた[11]。投資家保護は重要な情報提供，市場ルール

---

10) Form20-F作成規則第18項に基づき調整表を作成した企業は，日本アムウェイのみである（杉本 [1996a]，41頁）。三菱商事は1998年3月から連結財務諸表の作成基準を米国基準から日本基準に変更し，注記において当期純利益の差異を示した（古賀・五十嵐 [1999]，349-350頁）。

11) Frost and Lang [1996], p.99.

のモニタリング，証券公募・売買・議決権行使の際の不正防止，財務諸表の比較可能性保持を通じて達成される。市場の質確保は，情報および取引機会への平等なアクセスの保証（市場の公正性），流動性の向上と取引コストの低下（市場の効率性），強制とモニタリングを通じた濫用防止，投資家の信頼醸成，資本調達の促進，企業活動に内在するリスクの適切な評価に役立つタイムリーで信頼可能な情報へのアクセスを保証しない企業への罰則付与（市場規律）を通じて可能となる。

「投資家保護」と**「市場の質確保」**は，必ずしも整合的ではなく，対立軸を形成しえる（図表2-4 参照）。SECの開示政策懐疑論者は，次のように主張した。SECが投資家保護を重視し，厳格な報告義務を課すことは，外国企業の米国市場における株式・社債の発行を躊躇させ，米国投資家が世界の優良企業へ投資する機会を奪い，市場の公正性を損ねるおそれがある[12]。

SECの開示政策支持者は，次のように主張した。1990年から1994年にかけて，ロンドン，東京，パリ，フランクフルト証券市場に上場する企業数は，持続的に減少したが，NYSE，米国証券取引所，NASDAQに上場する外国企業の数は，1990年から1994年にかけて，増加し続けた。米国以外の証券市場は，市場の濫用をモニタリングし，懲戒する厳しさを欠き，米国以外の証券市場のインサイダー取引を防止する機能は十分ではない。

SECは"ワールドクラス"の外国企業に対する報告要求を緩和させ，本国の会計・開示基準による財務諸表の提出を認可すべきである，と提案する者もいた。ワールドクラスの外国企業を特別扱いするアプローチは，次の点で批判された[13]。"ワールドクラス"とは何を意味するのか，いかなる企業が"ワールドクラス"という用語の定義を満たすのかに関する合意が形成されていない。"ワールドクラス"の企業に対する報告要求の緩和は，望むときに必要な情報にアクセスできる洗練された機関投資家を保護するが，個人投資家を犠牲にし，

---

12) Baumol and Malkiel [1993], p.21.
13) Sutton [1997], p.100.

図表 2-4 投資家志向の資本市場規制の基本目的

投資家保護
投資家は情報を提供され，モニタリングと強制を通じ保護される。
1. 投資家に重要な情報提供
2. 市場ルールの監視・強制
3. 証券の公募，売買，議決権行使，公開買付における不正禁止
4. 財務諸表の比較可能性の追求（投資家の産業間・国内企業との比較可能性確保）

市場の質
市場は公正で秩序正しく，効率的で，濫用・違法行為とは無縁である。
1. 情報・取引機会への平等なアクセス（市場の公正性）
2. 流動性の向上と取引コスト低下（市場の効率性）
3. モニタリングと強制を通じた濫用防止
4. 投資家の信頼育成
5. 資金調達の促進
6. 価格が恣意的でない投資家の価値認識を反映し形成される状況の模索（市場の規律性）

原則
1. コストの効率性，市場規制コストは，それが獲得するベネフィットに比例する。
2. 市場の自由と柔軟性。規制は競争，市場革新を妨げない。
3. 透明な財務報告と完全な開示
4. 外国企業と国内企業の同一処理

［出所］Frost and Lang [1996], p.97.

ひいては米国資本市場に対する投資家の信頼を喪失させる。

Daimler-Benz の NYSE 上場は，EU における IFRS アドプションを推進する引き金となったともいわれる[14]。次節では Daimler-Benz の事例を取り上げる。

2.3 Daimler-Benz の事例

2.3.1 NYSE 上場までの過程

Daimler-Benz は，SEC との数年間の交渉を経て，1993 年に NYSE に ADR

---

14) また，Daimler-Benz の NYSE 上場は，自国 GAAP の有効性をめぐるドイツ国内での議論を喚起した（Selling [2013], p.160）。

の上場を果たした。NYSE 上場を真剣に検討した最初のドイツ企業 Daimler-Benz は，上場するためには，米国 GAAP に従って作成した連結財務諸表を提出しなければならなかった[15]。

　Daimler-Benz は 1993 年 3 月 25 日に米国上場に向けて，財務報告に関する SEC との合意形成が間近いと発表し，親会社の 1992 年の貸借対照表において計上される秘密積立金の額が 40 億 DM（24.5 億ドル）に達することを明らかにした[16]。この秘密積立金は，Daimler-Benz グループの 2 社，すなわち Daimler-Benz AG と Mercedes-Benz の個別財務諸表に対し，統一的評価方法を適用した結果生じた。秘密積立金に関する会計方針の変更は，Form 20-F の開示対象である Daimler-Benz の連結財務諸表には影響を与えない。連結財務諸表のみを開示する米国においては，個別財務諸表における会計方針の変更問題は生じない。調整額の多くは年金積立金と棚卸資産の再評価に起因していた。Daimler-Benz AG の個別財務諸表において，年金積立金は 3.5% で割り引かれた。調整後の新規割引率は，6% であったが，6% はほとんどの米国企業が用いる割引率より低かった[17]。株主総会の決議により，特別利益は個別財務諸表においてのみ，利益剰余金に振り替えらえる。これらの評価は税引前利益に適用され，会計方針の変更を意味する。

---

15) ドイツ商法に即した連結決算書だけでなく，SEC 基準に従った連結財務諸表を提出するには多額のコストを要し，ドイツ企業にとって重荷となった（倉田［1996］，69 頁）。ドイツ商法と米国 GAAP に基づき，Daimler-Benz が 2 組の連結財務諸表の作成・開示を行ったのは，ドイツと米国の間に相互承認制度が存在せず，米国 GAAP への準拠が求められた中で，20 億 DM を超える株式の NYSE 上場認可を受け，多額の資金調達を可能とすること，米国 GAAP を採用し，同社を利益重視の会社に変貌させる意図があった（森川［1998］，330-331 頁）。Radebaugh et al. [1995] は外国証券市場に上場するコスト・ベネフィット，NYSE 上場に至るまでのプロセス，Daimler-Benz の NYSE 上場決定に影響する主な要因，ドイツ GAAP と米国 GAAP の重要な相違，米国 GAAP 適用が Daimler-Benz の利益および株主持分に及ぼす影響を分析した。

16) Radebaugh et al. [1995], p.174. Daimler-Benz は，連結財務諸表を 1989 年から作成していた。

17) ドイツでは給与昇給額の推定にあたり 6% を適用するが，米国では実勢金利の適用を考慮に入れること，保険計数的に退職者の健康医療費を計算し，引当計上することから年金引当金は相違する（倉田［1996］，74 頁）。

1993年度にDaimler-Benzは，アニュアル・レポートにおけるMD & A（management's discussion and analysis of financial conditions and results of operations）に基づいて，個別財務諸表および連結財務諸表において，税金準備金に関する会計方針を変更した。この会計方針変更は，ドイツGAAP会計数値を米国GAAP数値に一層近づけた[18]。親会社の個別財務諸表において，会計方針の変更は，およそ17億DMの特別利益をもたらした。会計方針を変更しなければ，Daimler-Benz AGは，1993年において，利益剰余金の減少なしでは配当金を支払えなかったであろう。秘密積立金の取り崩しの影響は重要であり，SECはDaimler-Benzにアニュアル・レポートでは開示されなかった会計方針変更理由の説明を要求した。

 個別財務諸表において記載された同様の理由に基づいて，1993年の連結財務諸表においても，評価方法が変更され，26億DMの特別利益が生じた。特別利益のほとんど（19億DM）は，引当金の評価変更により起因した[19]。ドイツ商法によると，引当金は，国際ビジネスに不可欠な将来の経済的便益の犠牲に対して積み立てられる。引当金は第三者に対する債務ではないので，米国GAAPによれば，負債としての要件を満たさない。1993年からDaimler-Benzは引当金を設定する法的選択肢を選ばなくなることが予想された。

 Daimler-Benzは，上場前には四半期財務諸表を提供していなかった[20]。アニュアル・レポートの提出は，米国企業よりもかなり遅かった。1992年の財務諸表は，1993年5月に開示され，事業別の経営成績は，開示されなかった。米国以外の企業は，決算後6ヶ月以内のできるだけ早い時期に株主に対し，ア

---

18) Radebaugh et al. [1995], p.174.「ドイツ会計では，慣行的に慎重性の原則（保守主義の原則）が重要な位置を占め，商法上，とくに資産および負債の計上と評価の双方について，配当可能利益計算の基礎をなす純資産額の内輪の計上―秘密積立金の設定に導くような保守的な色彩の強い会計処理の方法が広範にわたって強制または許容されてきた」（森川 [1998]，323頁）。
19) Radebaugh et al. [1995], p.175. ドイツでは保守的な処理が尊重され，引当金の設定範囲が米国より広い（倉田 [1996]，72頁）。
20) Radebaugh et al. [1995], p.175. ただし，SECのガイドラインに従って中間財務諸表を提供していた。

ニュアル・レポートを提供しなければならないが，Daimler-Benz の提出日は，締め切り間際であった。

Form 20-F 作成規則第 18 項に基づく SEC の要求に応じるため，キャッシュ・フロー計算書に関連する会計方針が変更された[21]。Daimler-Benz は ADR を発行し，SEC 規制に従う決定を行う前からキャッシュ・フロー計算書を作成してはいたが，アニュアル・レポートには，FAS 95 に従って営業活動・投資活動・財務活動に区分したキャッシュ・フロー情報を含めていなかった。

Daimler-Benz は ADR を通じて 1993 年 5 月に NYSE に上場した[22]。Citibank がメイン預託銀行となり，Goldman, Sachs & Co. と Deutsche Bank Capital Corporation of New York が投資銀行顧問として選ばれた。Skadden, Arps, Slate, Meagher & Flom という法律事務所が Daimler-Benz に株式登録・上場にかかわる諸問題についてアドバイスし，KPMG Peat Marwick のドイツ・米国パートナーが，SEC 規制に従って財務諸表を作成するための専門知識を提供した。

Daimler-Benz の高い株価に照らして，10ADR が Daimler-Benz の 1 株と等しいと，みなされた[23]。10 月 5 日におけるフランクフルト証券市場における Daimler-Benz の株価は 760DM で，直物レート 1.6260 で換算すると 467 ドルと等しい。最初の取引日の始値は 47DM，高値は 47.125DM，安値は 46.5DM，終値は 46.75DM で，フランクフルトで売買される株式の 1/10 のドル相当額と等しい。裁定活動により，米国で売買される 10ADR がドイツにおける株価と等しくなると予想された。

2.3.2　ドイツ GAAP から米国 GAAP への調整の影響

ドイツと米国の会計基準・実践は多くの点で異なっていた。差異は貸借対照

---

21)　Radebaugh et al. [1995], p.175. ドイツ企業にとって，キャッシュ・フロー計算書の公表は任意であった。ドイツ企業は，非標準的な資金計算書を提供した。
22)　Radebaugh et al. [1995], p.176.
23)　Radebaugh et al. [1995], p.176.

表項目の評価(建設中の資産,市場性ある有価証券,年金負債)と同様に,資産の認識,アモチゼーション,または償却(たとえばのれん,繰延税金資産,研究開発費),負債(たとえば引当金)に及んだ。さらに外貨換算会計,金融商品の報告にも違いが見られる[24]。(1)式により,Daimler-Benz のドイツ GAAP 利益から米国 GAAP 利益への調整額が認識される。DE_t の符号がマイナスなら,ドイツ GAAP 利益が米国 GAAP 利益より低いことを意味する[25]。

$$DE_t = ARE_t + LTCE_t + GWE_t + BDIPE_t + PENSE_t + FXE_t \\ + FINE_t + AIRBUSE_t + OTHER_t + DTAXE_t + CUMCHE_t \quad (1)$$

DE_t ：t 期の米国 GAAP 純利益からドイツ GAAP 純利益を控除
ARE_t ：t 期の利益に対する処分済利益剰余金修正
$LTCE_t$ ：t 期の利益に対する長期請負契約修正
GWE_t ：t 期の利益に対するのれんと企業買収修正
$BDIPE_t$ ：t 期の利益に対する企業清算修正
$PENSE_t$ ：t 期の利益に対する年金および退職給付修正
FXE_t ：t 期の利益に対する外貨換算修正
$FINE_t$ ：t 期の利益に対する金融商品修正
$AIRBUSE_t$ ：t 期の Deutsche Aerospace Airbus の利益の修正
$OTHER_t$ ：t 期の利益に対する"他の"修正
$DTAXE_t$ ：t 期の利益に対する繰延税金修正
$CUMCHE_t$ ：t 期の年金以外の退職給付会計変更の累積的影響に伴う修正

Daimler グループ利益の米国 GAAP 利益への調整は,1993 年 (DE_{1993} = ▲2441 百万 DM) と 1992 年 (DE_{1992} = ▲68 百万 DM) の利益を減少させ,1991

---

[24] Radebaugh et al. [1995], p.176. 2005 年と 2006 年の DaimlerChrysler の連結財務諸表においては米国 GAAP と IFRS の差異が示される。開発費,持分法投資,年金・退職給付,引当金に関連する差が大きい (Jermakowicz et al. [2014], pp.295-296)。

[25] Daimler-Benz がドイツ GAAP によると純利益を計上したにもかかわらず,米国 GAAP に準拠すると,多額の純損失を計上した事例は,会計基準の国際的調和を支持する際に頻繁に引用される (Sunder [2002], p.220)。

図表 2-5　ドイツ GAAP から米国 GAAP への利益調整

No	項目	1993年	1992年	1991年	1993年	1992年	1991年
			(単位：百万DM)				
1	ドイツ GAAP 準拠利益	602	1,418	1,872			
2	利益剰余金変動	−4,262	774	64	−707.97%	54.58%	3.42%
3	長期請負契約	78	−57	−32	12.96%	−4.02%	−1.71%
4	のれんと企業買収	−287	−76	−270	−47.67%	−5.36%	−14.42%
5	企業清算・合併解消		337	−490		23.77%	−26.18%
6	年金と他の退職給付	−624	96	−66	−103.65%	6.77%	−3.53%
7	外貨換算	−40	−94	155	−6.64%	−6.63%	8.28%
8	金融商品	−225	−438	86	−37.38%	−30.89%	4.59%
9	Deutsche Airbus の利益			636			33.97%
10	その他	292	88	57	48.50%	6.21%	3.04%
11	繰延税金	2,627	−646	−126	436.38%	−45.56%	−6.73%
12	会計方針変更の累積影響		−52			−3.67%	
13	米国 GAAP 準拠利益	−1,839	1,350	1,886			
	$DE \equiv 13行 − 1行$	−2,441	−68	14			

［出所］Radebaugh et al. [1995], p.178.

年（DE_{1991} = 14DM）の利益を増加させた[26]。1991年から1993年の調整に含まれる重要な要因が図表2-5に示される。最初から3番目の実数の列は，DM修正額（百万DM）を，最後の3列はドイツ GAAP 利益に対する各項目の比率を示し，項目の重要性の尺度とみなされる。1991年と1992年において，ドイツ GAAP 利益から米国 GAAP 利益への調整額は僅少であったが，1993年の調整額は大きい。1992年と1993年のドイツ GAAP 利益から米国 GAAP 利益への調整項目は，処分済利益剰余金と繰延税金のであったが，変化の符号は反対である（1993年はマイナス，1992年はプラス）。年金は1993年には重要であったが，1992年には比較的僅少であった。

$$DBV_t = ARBV_t + LTCE_t + GWBV_t + BDIPBV_t + PENSBV_t \\ + FXBV_t + FINBV_t + AIRBUSBV_t + OTHERBV_t$$

---

26)　Radebaugh et al. [1995], p.177.

図表2-6 ドイツGAAPから米国GAAPへの株主持分調整

No	項目	1993年	1992年	1991年	1993年	1992年	1991年
		(単位:百万DM)					
1	ドイツGAAP準拠株主持分	17,584	18,491	18,234			
2	利益剰余金変動	5,770	9,931	6,984	32.81%	53.71%	38.30%
3	長期請負契約	207	131	188	1.18%	0.71%	1.03%
4	のれんと企業買収	2,284	1,871	2,737	12.99%	10.12%	15.01%
5	企業清算			-490			-2.69%
6	年金と他の退職給付	-1,821	-1,212	-1,082	-10.36%	-6.55%	-5.93%
7	外貨換算	85	-342	-624	0.48%	-1.85%	-3.42%
8	金融商品	381	580	134	2.17%	3.14%	0.73%
9	Deutsche Airbusの利益			1,124			6.16%
10	その他	-698	-1,708	-1,746%	-3.97%	-9.24%	-9.58%
11	繰延税金	2,489	-138	1,286	14.15%	-0.75%	7.05%
12	米国GAAP準拠株主持分	26,281	27,604	26,745			
	$DE \equiv 12行-1行$	8,697	9,113	8,511			

[出所] Radebaugh et al. [1995], p.180.

$$+DTAXBV_t + CUMCHBV_t \qquad (2)$$

上記(2)式の各項の意味は下記のとおりである。

DBV_t :米国GAAP株主持分からドイツGAAP株主持分を控除
$ARBV_t$:t時点の株主持分に対する利益剰余金修正
$LTCBV_t$:t時点の株主持分に対する長期請負契約修正
$GWBV_t$:t時点の株主持分に対するのれんと企業買収修正
$BDIPBV_t$:t時点の株主持分に対する企業清算修正
$PENSBV_t$:t時点の株主持分に対する年金および退職給付修正
$FXBV_t$:t時点の株主持分に対する外貨換算修正
$FINBV_t$:t時点の株主持分に対する金融商品修正
$AIRBUSBV_t$:t時点におけるDeutscheAerospace Airbusの株主持分の修正
$OTHERBV_t$:t時点の株主持分に対する"他の"修正
$DTAXBV_t$:t時点の株主持分に対する繰延税金修正
$CUMCHBV_t$:t時点の年金以外の退職給付会計変更の累積的影響に伴う株主持分修正

図表2-5および図表2-6に示されるとおり,ドイツGAAPと米国GAAPの差異は,利益よりも株主持分について重要である[27]。1991年から1993年のデー

---

27) Radebaugh et al. [1995], p.179. とくに1991年と1992年の差異は顕著である。

タは，米国 GAAP に準拠した方がドイツ GAAP に準拠する場合よりも株主持分が高くなることを示した（DBV_{1993} = 8,511 百万 DM，DBV_{1992} = 9,114 百万 DM，DBV_{1991} = 8,697 百万 DM）。利益修正項目と同様に，株主資本の重要な修正項目は利益剰余金である。3年間すべてにわたり，のれんと企業買収が比較的重要で，1993年には年金と繰延税金が重要であった。

　利益剰余金はドイツ会計の保守主義度合を示す。利益剰余金と株主持分の調整は主として引当金の認識，見積りの差により生じる。1993年における利益剰余金の修正は，米国 GAAP に合わせて連結財務諸表の会計方針を修正する役割，および米国 GAAP に準拠しない引当金の消去から生じる他の利益修正という役割をもつ。これらの項目は配当原資として使用すべきではなく，Daimler は特別項目を設けた。FASB の SFAS 5 では，資産価値減少または負債増加の可能性が高く，損失発生額の合理的見積が可能な場合には，偶発損失の見越計上を認めていたが[28]，ドイツ GAAP では見越計上が認められない。準備金に関するドイツ会計規則は，SFAS 5 の要求レベルを越えており，米国 GAAP では認められない準備金が生じる。

　1988年以前には，Daimler-Benz は買収事業の純資産を公正な時価ではなく，取得原価で評価していた[29]。1988年の新会計規制の適用に伴い，1987年以降に取得された純資産に対する会計方針が変更された。企業買収にかかるのれんは，買収年の利益剰余金にチャージされるか，通常5年から15年にわたり利益にチャージされる。Daimler-Benz は，1988年以前に行われた買収の会計処理と米国 GAAP に従って40年にわたり費用化されるのれんの会計処理の両方を修正した。

　Daimler-Benz は，1989年の連結財務諸表において，割引率を3.5%から6%に修正することによって，年金に対する超過引当を減少させた[30]。米国

---

28)　FASB [1975], par.8.
29)　Radebaugh et al. [1995], p.180.
30)　Radebaugh et al. [1995], p.181.

GAAPへの修正の結果，Daimler-Benzは，年金コストおよび類似の債務に対する引当金設定額を増加させねばならず，それにより連結利益は減少した。この変更は，保険数理上の仮定とSFAS 87[31]に規定された異なる保険数理方法とSFAS 106[32]の採用により生じる。

繰延税金の相違は，繰延税金の計算方法，米国GAAP修正の税額影響の相違に起因していた[33]。ドイツでは繰延税金は資産負債法により算定されるが，繰延税金資産を超える限りにおいてのみ，繰延税金負債は認識される。繰延税金資産は，連結修正による一時的差異ついてのみ認識され，評価修正については認識されない。個別財務諸表の一時的差異から生じる繰延税金資産は，資産の要件を満たさないので，資産として認識されない。繰延税金資産の計上は，望ましい会計処理とは考えられない。繰延税金負債は資産負債法に従った連結財務諸表における開示個所と同様に，個別財務諸表において引当金の下に示される。Daimler-Benzは，1992年と1993年の連結財務諸表においてのみ，繰延税金資産を計上していた。SFAS 109[34]は，実効税率を適用し，資産負債法を用い，すべての一時差異を示すことを要求している。

図表2-7，図表2-8中のアルファベットで記された注は下記のとおりである。

a. 処分済利益剰余金の加算：引当金，積立金，評価替[35]

ドイツGAAPによれば，偶発債務・損失に対し，引当金が設定される。変種変量生産の潜在的損失を見越計上する際には，間接的販売費および一般管理費を含むあらゆる内部費用が考慮される。ドイツGAAPを適用すると，米国

---

31) FASB [1985], par.43-48.
32) FASB [1990], par.29-33.
33) Radebaugh et al. [1995], p.181.
34) FASB [1992], par.10-15.
35) Radebaugh et al. [1995], p.188. 米国GAAPによると，ドイツ商法で許容されるほど広範な貸倒引当金の設定が認められず，引当金の過剰部分の取崩を余儀なくされ，純利益と株主持分が変動する。調整表において，処分済利益剰余金を配当源資として利用できないことを米国投資家に示すため，処分済利益剰余金という用語が使われた（森川 [1998], 336頁）。

図表 2-7　ドイツ GAAP から米国 GAAP への利益調整（1993 年 Form 20-F）

	注	1992年 百万ドル	1992年 百万 DM	1991年 百万 DM	1990年 百万 DM
ドイツ GAAP 準拠利益		851	1,451	1,942	1,795
少数株主損益		(20)	(33)	(70)	(111)
ドイツ GAAP 修正純利益		831	1,418	1,872	1,684
利益剰余金の加算					
：引当金，積立金，評価替	a	454	774	64	738
		1,285	2,192	1,936	2,422
他の米国 GAAP 準拠修正					
長期請負契約	b	(33)	(57)	(32)	(14)
のれんと企業買収	c	(45)	(76)	(270)	(251)
廃止事業	d	198	337	(490)	
年金退職給付	e	56	96	(66)	(153)
外貨換算	f	(55)	(94)	155	46
金融商品	g	(257)	(438)	86	35
Deutsche Aerospace Airbus の利益	h			636	(512)
その他	i	52	88	57	69
繰延税金	j	(379)	(646)	(126)	(758)
会計原則変更の累積的影響前					
米国 GAAP 準拠利益		822	1,402	1,886	884
1992/1/1 現在の年金以外の					
退職給付会計変更の累積的影響	e	(31)	(52)		
米国 GAAP 準拠利益		791	1,350	1,886	884
米国 GAAP 準拠 EPS		17.00	29.00	40.52	18.99
米国 GAAP 準拠 ADS 当たりの利益		1.70	2.90	4.05	1.90

［出所］Radebaugh et al. [1995], p.191.

GAAP より多額の費用の見越項目，引当金がもたらされる。ドイツ GAAP の引当金，準備金，評価は米国 GAAP より保守的であり，その差は利益剰余金に加減される。FASB の SFAS 5 によると，偶発損失に対する引当金は，資産価値が減少するか，負債が増加し，損失の最低額が合理的に見積可能なら，利益にチャージされる。将来の損失，費用またはリスクに対する不特定の負債は，SFAS 5 の要件を満たさない。

　1992 年 12 月末，1991 年 12 月末の処分済利益剰余金加算額はそれぞれ 9,931DM，6,984DM であり，そのうち引当金に関連する修正はそれぞれ 8,105DM

図表2-8 ドイツGAAPから米国GAAPへの株主資本調整（1993年 Form 20-F）

	注	1992年 百万ドル	1992年 百万DM	1991年 百万DM
ドイツGAAP準拠株主持分		11,559	19,719	19,448
少数株主損益		(720)	(1,228)	(1,214)
ドイツGAAP修正純利益		10,839	18,491	18,234
利益剰余金の加算 ：引当金，積立金，評価替	a	5,821	9,931	6,984
		16,660	28,422	25,218
他の米国GAAP準拠修正				
長期請負契約	b	77	131	188
のれんと企業買収	c	1,097	1,871	2,737
廃止事業	d			(490)
年金退職給付	e	(711)	(1,212)	(1,082)
外貨換算	f	(200)	(342)	(624)
金融商品	g	340	580	134
Deutsche Aerospace Airbusの利益	h			1,124
その他	i	(1,001)	(1,708)	(1,746)
繰延税金	j	(81)	(138)	1,286
会計原則変更の累積的影響前 米国GAAP準拠株主持分		16,181	27,604	26,745

［出所］Radebaugh et al. [1995], p.192.

と5,402DMである。残りの修正により棚卸資産と売掛金は増加した。1991年と1992年の株主持分の調整額を比べると，後者が前者より大きく，それは1992年期首にDeutsche Aerospace Airbusを初めて連結対象としたからである。

b. 長期請負契約 [36]

Daimler-Bernzは，長期請負契約に対し，工事完成基準を適用する。米国GAAPでは長期請負契約に対しては工事進行基準が適用される。

---

36) Radebaugh et al. [1995], p.188.

c. のれんと企業買収[37]

ドイツGAAPによると，のれんは株主持分に直接チャージされるか，資産として計上され，5年から15年にわたり償却される。1987年以前の企業買収の際に取得した純資産は，取得原価で評価された。1987年以降の企業買収の際に取得した純資産は，公正価値で評価される。米国GAAPによれば，企業買収の際に取得した純資産の取得価格と公正価値の差は，のれんとして資産計上され，40年以内に償却される。米国GAAP調整のため，のれんは15年から40年にわたり償却される。

d. 廃止事業[38]

ドイツGAAPでは事業廃止の契約日に廃止事業の会計が適用される。米国GAAPによると，事業の売却損益は，対価の支払により事業停止が行われた期に認識される。ドイツGAAPにより1991年に認識されたAEG KABELの売却利益は，米国GAAPでは1992年に認識される。異なる会計原則を適用することにより，事業の帳簿価額も同一でなくなる。ドイツGAAPと米国GAAPの事業売却損益は異なる。

e. 年　　金[39]

Daimler-Bernzは，ドイツ商法の定義する加入年齢方式を適用した保険数理計算に基づき年金費用・債務は計上される。米国GAAPではSFAS 87に従って，予測単位積増方式に基づき年金費用・債務が計上される。SFAS 106（年金以外の退職給付会計）の採用により，経過負債が生じ，税金の累積的影響として純利益の調整に含まれる。

---

37) Radebaugh et al. [1995], pp.188-189.
38) Radebaugh et al. [1995], p.189.
39) Radebaugh et al. [1995], p.189.

f. 外貨換算 [40]

米国では SFAS 52 [41] に従って，外貨建資産・負債は決算日レートで換算され，損益計算書に未実現損益が生じる。外国企業の貸借対照表項目は決算日レートにより，損益計算書項目は平均レートにより換算される。高インフレ国で営業活動を行っている外国企業の貨幣項目は決算日レートにより，非貨幣項目は取得日レートにより機能通貨に再測定され，換算損益が生じる。

g. 金融商品 [42]

企業は将来の取引に関連する外貨リスクをヘッジするため金融商品を利用する。ドイツ商法によれば，金融商品に関連する未実現損失に対して準備金が積み立てられ，実現するまで未実現利益は認識されない。米国 GAAP には，ヘッジ会計適用を規定したルールがある。ヘッジ会計適用要件を満たさない金融商品は，未実現損益を生じさせる。

h. Deutsche Aerospace Airbus の利益 [43]

ドイツ GAAP によると，1992 年以前には，Deutsche Aerospace Airbus は，Daimler-Bernz グループの連結対象とならなかった。しかし，米国 GAAP によれば，Deutsche Aerospace Airbus の議決権付株式 80％の保有を反映し，Daimler-Bernz の連結対象となる。

i. その他 [44]

会計原則の他の相違には，LIFO 適用棚卸資産，自己株式，少数株主持分に関する修正が含まれる。

---

40) Radebaugh et al. [1995], p.189.
41) FASB [1981], par.15.
42) Radebaugh et al. [1995], p.189.
43) Radebaugh et al. [1995], pp.189-190.
44) Radebaugh et al. [1995], p.190.

j. 繰延税金 [45]

ドイツ GAAP では一般に内部利益相殺のため繰延税金が認識される。他の繰延税金は，連結繰延税金負債が連結繰延税金資産を超える場合にのみ認識される。米国 GAAP では SFAS 109 [46] のとおり，実効税率に基づき，資産負債法によりすべての一時差異に関して繰延税金は認識される。

2.3.3 Daimler-Benz 上場に対する市場反応

ドイツ GAAP の相互承認の実現に拘泥せず，米国 GAAP への調整を実施した Daimler-Benz の行動は，波紋を投じた [47]。たとえば定期刊行誌 *Capital* で，主要ドイツ企業の財務担当取締役 (Bayer, Siemens) は，Daimler-Benz 上場は，相互承認の将来の実現とドイツ GAAP の承認を巡る SEC と EU の交渉に有害である，と述べた。確固たる証拠はないが，Daimler は深刻な資本不足のため，SEC の調整条件を受け入れた，と雑誌で報じられた。Daimler-Benz の開示については，種々の議論がなされたが，そのほとんどは Daimler 発行の媒体で簡単に引用され，ドイツの金融雑誌において異例扱いされなかった。投資家数の増加を目論み，NYSE に上場した Daimler の行動を疑問視する声もあがった。Nestle, Siemens などの一部企業は，相当な数の米国投資家をもつが（それぞれ 16％，9％），NYSE に上場する Fiat などの他企業の米国投資家は少数である (2.5％) と指摘した [48]。

I/B/E/S (the Institutional Brokerage Estimate System) で報告された Daimler-Benz の利益に関するアナリスト予測数は，1986 年から 1993 年にかけて安定して増加したが，アナウンス日（1993 年 3 月 25 日）と上場日（1993 年 10 月 5 日）周辺において劇的に変化しなかった [49]。図表 2-9 に示されるとおり，アナリストの利益予測数は，1987 年末の 12 から 1993 年末の 33 まで増

---

45) Radebaugh et al. [1995], p.190.
46) FASB [1992], par.87-90.
47) Radebaugh et al. [1995], p.181.
48) Radebaugh et al. [1995], p.182.
49) Radebaugh et al. [1995], p.182.

図表2-9 I/B/E/Sによるアナリストの利益予測数の推移

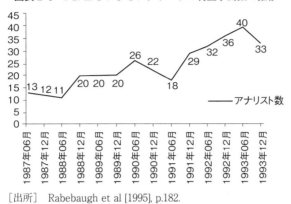

［出所］ Rabebaugh et al [1995], p.182.

加した。アナリストの予測数は，1992年末の36から1993年中頃の40までに及ぶが，アナウンス日と上場日が含まれる1993年中には36-39の間で安定していた。上場日のアナリスト予測数は30まで下がり，1993年末までに33に再上昇し，1994年中頃に37まで上昇した。

Daimler-BenzのNYSE上場に対する株主の反応が，標準的イベント・スタディーを使って分析された。日次異常リターン（daily abnormal returns）は，調査期間の期待正常リターン（'normal' returns）と観察された実績リターン（actual returns）の差として計算される。期待正常リターンを計算するために，市場モデルが使われる[50]。

$A_{i,t} = R_{i,t} - [a_i + b_i \times R_{m,t}]$

$A_{i,t}$：株式iのt日における残差リターン（abnormal return）

$R_{i,t}$：株式iのt日における日次リターン（daily return）

a_i：回帰切片

b_i：回帰係数

---

50) Radebaugh et al. [1995], p.183.

図表 2-10　評価・調査期間とイベント

| 評価期間 | 調査期間 | | | | |

t_{-260}　　　　t_{-31}　t_{-30}　　t_0　　　　t_3　　　　t_{138}　　　t_{260}

　　　　　　　　　　　　上場見込　　NY記者会見　　NYSE初上場

［出所］Radebaugh et al. [1995], p.183.

　　$R_{m,t}$：t 日における市場リターン

　関連するイベント日は，1993年3月25日のSECとの合意見込アナウンスである（t_0）。New YorkにおけるDaimler-Benzの記者会見日1993年3月30日（t_3）とNYSEにおけるDaimler株式の初上場日1993年10月5日（t_{138}）の株価データも調査された。配当および資本増加未修整昼間現物相場（Mid-day spot quotations）が用いられ，FAZ-Indexが市場リターンの代理変数とみなされ，Datastreamからデータが入手された。

　このモデルの回帰係数の計算対象期間は，1992年3月20日（t_{-260}）から1993年2月10日（t_{-31}）であり，調査期間は1993年2月11日（t_{-30}）から1994年3月28日（t_{260}）であった[51]。

　$R^2=0.75577$，$b_i=1.4009$，$t(b_i)=26.56$，$s(b_i)=0.05274$，Durbin-Watson統計量=1.61046で，回帰結果は有意であった。市場モデルを使って，正の異常リターンがイベント日 t_0（2.09％）とイベントの3日前 t_{-3} に確認された（累積異常リターンは4.16％）。

　記者会見日（t_3）に対して負の異常リターンが認識された[52]。記者会見日後の負の異常リターンの連続は著しい。上場発表直後の累積異常リターンは，マイナスである。負の異常リターンは，NYSE初上場日（t_{138}）と上場4日後にも見られた。この5日間の累積異常リターンは−6.71％である。この結果は，

---

51) Radebaugh et al. [1995], p.183.
52) Radebaugh et al. [1995], p.184.

NYSEにおけるDaimler上場に対し，資本市場がプラスでなく，マイナスの反応をしたことを示す。しかし，単一イベントの結果は，ランダムな力により全面的に左右される可能性があるので，調査期間中に観察された異常リターンが重要性もつとは断定できない。

　上場のアナウンスと実際の上場が株価ボラティリティとベータに及ぼす影響も調査された[53]。Daimler-Benz株はNYSE上場後，22.8%上昇した（1.722から2.115）。一方，同期間のFAZ-indexの分散は，76.9%上昇した（0.563から0.996）。

　Daimler-BenzとFAZ-indexのリターンの差として計算されるベータにより測定されるシステマティック・リスクは，アナウンス後と上場後に減少した。ベータは，1993年10月5日上場前116日次リターンを使うと1.42で，1993年10月5日上場後116日次リターンを使うと1.18であった。ベータは，1993年3月25日のアナウンス前230日次リターンを使うと1.40で，アナウンス後230日次リターンを使うと1.26であった。この期間は，アナウンス後の230日次リターンに含まれたので，アナウンス後の期間のベータの減少は，上場後の期のベータの減少と関係する[54]。

2.4　小　　括

　本章ではForm 20-F調整表作成規則第17項および第18項について概説し，Daimler-Benzの事例を中心に分析した。外国証券市場への上場を促進するのは一般にマーケティング，パブリックリレーションズ，政治的関係，および雇

---

53) Radebaugh et al. [1995], p.184.
54) Radebaugh et al. [1995], p.185. NYSE上場は単一のイベントであり，他の要因をコントロールしてないので，異常業績または分散およびベータのシフトに関する結論は，慎重に扱われるべきである。たとえば当時Daimler-Benzは，大規模な会社再構築を発表しており，NYSE上場のアナウンスおよび上場よりも，会社再構築の方が，ベータと分散の変化に重大な影響を及ぼした可能性を否定できない。

用関係であるが,Daimler-Benz の場合,以下の要因が上場を促した[55]。

- ドイツ証券市場が飽和状態にあるという経営者の認識
- 主要資本提供者への過度な依存(とくに Deutsche Bank AG, Emirate of Kuwait)
- 国際化戦略の一環としての金融国際化の促進

　Daimler-Benz の米国 GAAP 利益は,ドイツ GAAP 利益と大きく乖離しており,米国 GAAP 利益は,1992 年と 1993 年において相対的に低く,1991 年は相対的に高かった。株主持分は,ドイツ GAAP 準拠額より米国 GAAP 準拠額の方が高かった。純利益に影響を与えた主要因は利益剰余金,のれん,企業買収,年金,金融商品,繰延税金であった。利益剰余金の変動は 1991 年と 1992 年に正で,1993 年に負であった。株主持分の場合,利益剰余金の変動が支配的であったが,のれん,企業買収,年金,繰延税金も重要であった。これらの相違は,ドイツ GAAP の保守主義性,利益平準化仮説の妥当性を裏付けた。
　Daimler-Benz は NYSE で Global Share を最初に発行したドイツ企業であるが,Daimler-Benz の後に続くドイツ企業は多くなかった[56]。Daimler-Benz は,ドイツ企業最大規模の Global Share の発行により持分市場においておよそ20億ドルの資金を調達した。既存株主により行使されない新株引受権は,預託銀行,Deutsche Bank により購入され,米国株主の増加に使われた。Daimler-Benz の事例は,米国が NYSE という世界に冠たる証券市場を擁することにも

---

55) Radebaugh et al. [1995], p.185.
56) Radebaugh et al. [1995], p.186. 2004 年 12 月 28 日現在で ADR と GS を発行していたドイツ企業は 15 社にすぎなかった(図表 2-11)。Daimler-Benz に追随するドイツ企業が少なかったのは,NYSE 上場に伴うベネフィットが追加開示コストを上回らないと経営者が判定した結果であろう。Daimler-Benz は 1998 年 11 月に Chrysler と合併し,DaimlerChrysler AG となったが,2007 年には Daimler と Chrysler との合弁を解消し,Daimler AG に社名を変更した。経営者が期待したほど出来高は伸びず,その割に上場維持・管理費用の負担が大きく,Daimler AG は 2010 年に NYSE 上場を廃止した。

図表 2-11　NYSE 上場ドイツ企業

2004/12/28　　　　　　　　　　　　(14ADR & 2 non-ADR Issuers)

Issuer	Industry	Listed	Share type
Allianz AG	Insurance	2000/11/3	A
Altana AG	Pharmaceuticals & Chemicals	2002/5/22	A
BASF AG	Chemicals	2000/6/7	A
Bayer AG	Health Care	2002/1/24	A
DaimlerChrysler AG	Automotive/Transportation&S	1998/11/17	GS
Deutsche Bank AG	Financial Services	2001/10/3	GS
Deutsche Telekom AG	Telecommunications Svcs.	1996/11/18	A
E.ON AG	Holding Co./Multi-Industry	1997/10/8	A
EPCOS AG	Passive Components Production	1999/10/15	A
Fresenius Medical Care AG	Medical Products	1996/9/17	A
Fresenius Medical Care AG（PFD）	Medical Products	1996/11/25	A
Infineon Technologies AG	Semiconductor Mfg./Mktg.	2000/3/14	A
Pfeiffer Vacuum Technology AG	Vacuum Technology	1996/7/16	A
SAP AG	Computer Systems	1998/8/3	A
Schering AG	Pharmaceuticals	2000/10/12	A
SGL CARBON AG	Carbon/Graphite Products Mfg.	1996/6/5	A
Siemens AG	Electrical Engineering Electron	2003/12/1	A

A：American Depositary Receipt/Share
GS：Global Share
［出所］https://beta.nyse.com/get-started/international/documents-reports
　　　囲みは著者。DaimlerChrysler AG の上場日は 1998/11/17 と記されている。

支えられ，国際的に認められる会計基準設定を巡る覇権争いにおいて，当時，圧倒的優位に立っていたことを物語っているといえよう。

第 3 章

米国 GAAP 調整表開示規制の有用性

■ 3.1 はじめに

　FASB と IASB は，2002 年 10 月にノーウォーク合意を交わし，米国基準と国際会計基準の収斂を中長期的に進展させることを表明した。FASB は，ノーウォーク合意時には外国上場企業が IFRS または非米国 GAAP を適用し財務諸表を作成する際に，Form 20-F において利益および株主持分の米国 GAAP 調整表を開示することを要求し続けていた。

　2005 年 4 月に米国 SEC の Donaldson 会長と EU の McCreevy コミッショナーは，2009 年を目処に米国 GAAP 調整表開示を免除するロードマップ[1]について合意した。ロードマップを受けて FASB と IASB は，2006 年 2 月に会計基準の収斂に向けた覚書（MoU）を公表し，米国 GAAP と IFRS の差異を解消するためのプロジェクトに着手しているが，2014 年においても差異のすべてが解消されているわけではない。

　本章では，まず米国 GAAP 調整表開示に対する市場反応を分析した先行研究を整理する。その後，先行研究のモデルを修正し，米国 GAAP 調整表開示規制の有用性を検証する。さらに，米国 GAAP 調整表開示要求撤廃の影響に関する分析結果を要約し，米国 GAAP 調整表開示要求の撤廃が時宜を得てい

---

1) ロードマップについては Nicolaisen [2005], p.686, FASB [2006], 杉本 [2008], 221-224 頁，および橋本 [2006], 68-70 頁を参照。Pacter [2005], p.79 によると, SEC の Chief Accountant は，2004 年 8 月の米国会計学会年次大会において，2010 年までに調整表の開示要求を撤廃する意向を示していた。

たかについても論究する。

3.2 先行研究の分類と検証結果

　米国GAAP調整表が投資家にとって有用であるかに関する研究は，3つのタイプに分けられる。第1のタイプは，外国GAAPと米国GAAPの差異に関する調整表の価値関連性（株価または株式リターン説明力）に焦点を当てた研究である。第2のタイプは，出来高アプローチ（trading volume approach）を採用し，公表利益の情報内容を分析する研究である。第3のタイプは，IASと米国GAAPのパフォーマンスの相対比較に焦点を当てる。

　第1のタイプにはMeek [1983], Amir et al. [1993], Chan and Seow [1996] など多数の論文がこの範疇に含まれるが，調整表が価値関連性をもつか否に関する検証結果は一致していない。

　第2のタイプはBeaver [1968], Atiase and Bamber [1994], Cready and Hurtt [2002] などによる利益公表に対する出来高反応分析を基礎とする。

　Atiase and Bamber [1994] は，1980年から1989年にかけて年次利益を公表した834社，5,282事業年度を対象に出来高反応を調査した。Compustatの利益公表日を基準日 $t=0$ と定義し，公表日の前日（$t=-1$）と公表当日（$t=0$）の2日間，または公表日の前日から5日後（$t=-1$ から $t=5$）の7日間にわたる企業$_i$の株式出来高率（売買株数÷発行済み株式数）から同期間の証券市場全体の株式出来高率を控除し，$MKADJVOL_{it}$ が算定される[2]。

　Etter and Rees [1999] では，利益公表日とForm 20-F提出日を基準日と定義し，ISSM tapesを利用し，取引件数（number of transactions）の推移を，それぞれ98社と86社について分析した。対象年度は1983年から1992年にかけての10年間で，サンプルには日本企業8社が含まれた。アニュアル・レポー

---

2) Atiase and Bamber [1994], p.314. 日本では音川 [2004], 音川・若林 [2005], 須田他 [2004b] において決算報告の出来高への影響が分析されている。

ト開示の前日（$t=-1$）から5日後（$t=5$）には，サンプル期間全体にわたって個人投資家および機関投資家による取引件数の有意な増加が見られた。1988年以降の米国以外の企業の時価総額の急激な上昇に伴い，1989年6月30日以後のForm 20-F提出日の1日後から3日後（$t=1$から$t=3$），9日後（$t=9$）などには，取引件数の有意な増加が見られた[3]。

利益と株価（株式リターン）の関連性に関わる実証研究においては，利益報告に新情報が含まれていれば，利益公表日に株価は大幅に変動すると暗黙のうちに仮定される。利益公表日には，株価と同様に，出来高も上昇すると推定されるが，株価が投資家の信頼の平均を反映するのに対し，出来高は投資家の活動の総和（summation）を反映するので，出来高の方が利益報告に対し，敏感に反応すると推定される[4]。Hora and McEwen [2004] では，以上を根拠に出来高に着目し，1988年から1995年にかけてForm 20-Fを提出した企業の米国GAAP調整利益の情報内容が分析された。Form 20-F提出日の残差回転率（期待符号は正）に対し，影響を与えると推定される4変数を含む下記モデルによって，以下の仮説が検証された[5]。

$$ABVOL = \beta_0 + \beta_1 SYSTEM - \beta_2 NOANA + \beta_3 RECNI + \beta_4 DISP + \varepsilon \qquad (1)$$

$$ABVOL_i = VOL_i - md(VOL_i) \qquad (2)$$

VOL_i はイベント期間中の企業 i の株式の回転率を，$md(VOL_i)$ は会計年度のうち，イベント期間外の連続する7日間における企業 i の株式のメディアン回転率を意味する。

---

3) Etter and Rees [1999], p.124.
4) Hora et al. [2004], p.73.
5) Hora et al. [2004], pp.76-77. 彼らはDoupnik and Salter [1993] に従って各国会計制度をミクロ指向国とマクロ統一指向国に二分した。

仮説 1　Form 20-F 提出日前後の残差株式出来高率（*ABVOL*）は正である。

仮説 2.1　Form 20-F 提出日前後の残差株式出来高率は，会計制度（*SYSTEM*）の類似性と関連し，ミクロベース国に属する企業よりマクロ統一国の企業の方が大きい。

仮説 2.2　Form 20-F 提出前後の残差株式出来高率は，アナリスト数（*NOANA*）が増加するにつれて減少する。

仮説 2.3　Form 20-F 提出前後の残差株式出来高率は，外国 GAAP 利益と米国 GAAP 調整利益の差異（*RECNI*）が大きくなるにつれて増加する。

仮説 2.4　Form20-F 提出前後の残差株式出来高率は，アナリスト予測の散布度（*DISP*）とともに増加する。

　1988 年から 1995 年までに，米国 GAAP 調整表を含む Form 20-F を SEC に提出した米国以外の企業のうち米国 GAAP 完全準拠企業，外国 GAAP 適用企業，およびカナダ企業を除く 59 社，256 会計年度がサンプルとして選択された。英国企業 29 社がサンプルの約半数を占めた。*RECNI* および *DISP* の回帰係数は有意であり（5％水準），自由度調整済決定係数は 0.052 であった[6]。Atiase and Bamber [1994] による検証結果よりも自由度調整済決定係数は低かったが，外国 GAAP 利益から米国 GAAP 利益への調整率が高いと，残差株式出来高率が生じる傾向が見られた。

　第 3 のタイプは，企業価値モデルにより IAS と米国 GAAP の有用性を比較する。Ashbaugh and Olsson [2002] では，SEAQ International Equity Market において株式が売買され，IAS，米国 GAAP のいずれか，または両者を適用し，財務諸表を作成・開示する英米以外の企業 55 社（日本企業 10 社が含まれる）がサンプルとして選択された。分析年度は，大幅に会計基準が改訂されず，コ

---

[6]　Hora and McEwen [2004], p.82. ここでは Beaver [1968] のように特定企業の出来高を NYSE 市場全体の出来高から推計するモデルを使用していない。東証売買高に対する決算発表の情報効果に関する実証例は石塚 [2006]，100-105 頁に見られる。

ア・スタンダード・プロジェクトが完成される前の1997年であった。アニュアル・レポートが詳細に分析され，決算日の3ヶ月後のSEAQ Internationalにおける株価を推計する3つのモデル：利益資本化（earnings capitalization：EC）モデル，純資産簿価（book value：BV）モデル，残余利益（residual income：RI）モデルのパフォーマンスが比較検討された。

IAS適用企業26社に関しては，自由度修正済決定係数が最高（0.85）であったECモデルが優れていると推計された[7]。米国GAAP完全準拠企業12社に関してはRIモデル，BVモデル，ECモデルの順にパフォーンスが高いと判定された。米国GAAP調整表作成企業17社に対する3つのモデルの優劣順位は，米国GAAP完全準拠企業のそれと同じであったが，各モデルの自由度修正済決定係数は，米国GAAP完全準拠企業よりもいずれも低く，RIモデルの回帰係数の符号と期待と反対の負（−4.43）であった[8]。IASによる財務諸表を作成し，IASから米国GAAPへの調整表を開示している7社に関してはRIモデル，ECモデル，BVモデルの順に説明力が高いと推計された[9]。

3.3　Form 20-F 調整表開示企業と企業価値モデル

NYSEに上場する日本企業は，米国GAAPを適用し財務諸表を作成しており，日本企業の米国GAAP利益調整差額の株価・出来高反応に関する統計分析することは困難である[10]。以下では，米国GAAP完全準拠企業（日本企業を含む米国GAAP Reporter），米国GAAP調整表開示企業（本国GAAP利益またはIFRS利益から米国GAAP利益への調整表開示企業：米国GAAP Rec-

---

7) Ashbaugh and Olsson [2002], pp.116-119. ただしVuong検定によると，ECモデルの方がRIモデルより株価説明力が高いことを示す検証結果は示されなかった。Vuong検定の詳細については太田・松尾 [2005] を，その応用例については大日方 [2006] を参照。
8) Ashbaugh and Olsson [2002], p.120.
9) Ashbaugh and Olsson [2002], p.122.
10) Etter and Rees [1999], p.117には国別調整表開示率が記されている。彼らの調査時点においてオーストラリア，英国などの調整表開示率は高い（Table 1）。

onciler）に分けて企業価値モデルの相対的パフォーマンスを比較する[11]。

$$(EC モデル) \quad P_i = \alpha_E + \beta_E E_i + \varepsilon_i \tag{3}$$

$$(BV モデル) \quad P_i = \alpha_{BV} + \beta_{BV} BV_i + \nu_i \tag{4}$$

$$(RI モデル) \quad P_i = \alpha_{RI} + \beta_{RI} BV_i + \gamma_{RI} RI_i + \xi_i \tag{5}$$

$$(EC' モデル) \quad P_i = \alpha_E + \beta_E E_i + \gamma_E RCNC_i + \varepsilon_i \tag{6}$$

$$(BV' モデル) \quad P_i = \alpha_{BV} + \beta_{BV} BV_i + \gamma_{BV} RCNC_i + \nu_i \tag{7}$$

$$(RI' モデル) \quad P_i = \alpha_{RI} + \beta_{RI} BV_i + \gamma_{RI} RI_i + \delta_{RI} RCNC_i + \xi_i \tag{8}$$

上記の P_i は企業 i の決算日の3ヶ月後の株価を，E_i, BV_i, RI_i はそれぞれ1株当たり利益，純資産簿価，残余利益を，$RCNC_i$ は（GAAP利益調整差額／本国GAAP利益またはIFRS利益）の絶対値を期末株価で除した値を意味する。クリーンサープラス会計を仮定したRIモデルは，企業価値を次のように定義する[12]。

$$V_{i,t} = BV_{i,t} + \sum_{\tau=t+1}^{\infty} \frac{RI_{i,\tau}}{(1+r_i)^\tau} \tag{9}$$

ここで r_i は企業 i の期待割引率，$RI_{i,\tau}$ は τ 期における企業 i の見積残余利益を意味する。

ニューヨーク銀行（The Bank of New York）のwebからADRの全リストを入手した。NASDAQ市場で取り引きされるADRの中には，証券会社間でのみ売買され，Form 20-Fの継続的開示を義務付けられない銘柄が含まれており，先行研究[13]と同様にNASDAQおよびOTC（Over-The-Counter Mar-

---

11) Ashbaugh and Olsson [2002], p.110.
12) Ashbaugh and Olsson [2002], p.111. 残余利益モデル（オールソン・モデル）についてはOhlson [1995], p.667, 桜井 [2005], 49-51頁, 井上 [1998], 45-49頁などを参照。クリーンサープラス会計を仮定すると，残余利益モデルは配当割引モデルと一致する（上野 [2012], 166-167頁）。残余利益モデルの実用上の制約は，企業価値評価モデルの構築にあたり，利益予測を要することにある（八重倉 [2010], 160頁）。

ket）登録銘柄を対象から除き，NYSE Spnsored ADR（2006年9月現在335銘柄）に焦点を当てた。国際取引所連合（World Federation of Exchanges）の公式サイト（http://www.world-exchanges.org/publications/Ta1500.xls）から証券市場別の取引高合計に関する統計データを入手した。米国を除く上位4ヶ国，英国，日本，ドイツ，フランスにIFRS導入を2002年に決定したオーストラリアを加えた5ヶ国を分析対象国として選択し，106銘柄を抽出した。IFRS1：国際財務報告基準の初度適用の発効日（2004年1月1日）にあわせて2004年を対象年度として選択した。

(i) ADR発行企業の米国証券市場における株価，出来高をNYSEData.comの有料データベース：NYSE Volume SummaryおよびClosing Pricesを利用して検索・抽出した。NYSE Volume Summaryのカバーする期間は，2004年4月1日以降であり，2004年1月1日から2004年3月末の株価と出来高データは，NYSEData.comのClosing Pricesから入手した。

(ii) NYSEに上場する5ヶ国の企業が2004年1月1日から同年12月末までにSECに提出したForm 20-FをEDGARから検索・抽出した。EDGARから十分な情報が得られない場合は，当該企業のWeb，Standard and Poor'sのCompustat / Global Vantageを利用した。

それらのうち，普通株式以外の銘柄および±3σ範囲外の銘柄を除き，日本14社，英国36社，ドイツ13社，フランス15社，オーストラリア8社の合計86社（米国GAAP Reporter：23社のうち日本企業14社，米国GAAP Reconciler：63社）を最終サンプルとして選択した。

---

13) Olibe [2001], p.350.

図表 3-1　米国 GAAP Reporter

	定数項	E	BV	RI	修正済 R^2	n
EC モデル	14.816	14.424			0.735	23
	(2.779)***	(6.481)***				
BV モデル	13.183		1.057		0.611	23
	(1.942)*		(3.271)***			
RI モデル	8.972		1.464	9.103	0.819	23
	(2.305)*		(8.592)***	(3.882)***		
			Vuong Test Z（P 値）			
EC モデル against BV モデル				0.914	(0.360)	
EC モデル against RI モデル				−1.707	(0.100)	
BV モデル against RI モデル				18.720	(0.000)	

括弧内は White の標準誤差を修正した t 値
*10％水準，**5％水準，***1％水準で有意

図表 3-2　米国 GAAP Reconciler（米国 GAAP 調整利益変数を含まない）

	定数項	E	BV	RI	$Adj.R^2$	n
EC モデル	9.871	10.839			0.525	63
	(4.181)***	(5.923)***				
BV モデル	13.571		0.579		0.310	63
	(5.613)***		(2.205)**			
RI モデル	7.950		1.238	7.760	0.647	63
	(4.649)***		(8.213)***	(4.707)***		
			Vuong Test Z（P 値）			
EC モデル against BV モデル				1.489	(0.13)	
EC モデル against RI モデル				−2.44	(0.05)	
BV モデル against RI モデル				43.20	(0.00)	

括弧内は White の標準誤差を修正した t 値
* 10％水準，** 5％水準，*** 1％水準で有意

図表 3-3　米国 GAAP Reconciler（米国 GAAP 調整利益変数を含む）

	定数項	E	BV	RI	RCNC	$Adj.R^2$	n
ECa モデル	10.582	10.612			−4.585	0.526	63
	(4.189)***	(5.667)***			(−2.636)**		
BVa モデル	14.599		0.567		−8.118	0.329	63
	(5.733)***		(2.205)**		(−2.226)**		
RIa モデル	8.625		1.217	7.519	−4.362	0.649	63
	(4.666)***		(7.969)***	(4.587)***	(−2.304)**		

	Vuong Test Z	(P 値)
ECa モデル against BVa モデル	1.40	(0.16)
ECa モデル against RIa モデル	−2.23	(0.05)
BVa モデル against RIa モデル	41.98	(0.00)
EC モデル against ECa モデル	1.23	(0.26)
BV モデル against BVa モデル	2.75	(0.09)
RI モデル against RIa モデル	1.53	(0.21)

括弧内は White の標準誤差を修正した t 値
* 10%水準，** 5%水準，*** 1%水準で有意

3.4　Form 20-F 調整表開示規制撤廃の影響

　外国企業が IFRS に準拠して作成した連結財務諸表を，米国 GAAP への調整表なしで受け入れることを SEC が 2007 年 11 月に決定した。Form 20-F 調整表開示規制の撤廃後の会計年度に，財務報告の質が変化したかが俄かに注目されるようになった。Kang et al. [2012] は，Form 20-F 調整表開示規制の撤廃が報告利益，アナリスト予測に与える影響を分析した。EDGAR で 2008 年に IFRS を適用し，20-F 様式の財務報告を行った全企業（123 社）を検索・抽出し，金融業 21 社，2008 年以前には米国 GAAP を適用していた 14 社，本国 GAAP を適用していた 7 社, 2006 年または 2007 年に 20-F を提出していなかった 5 社，2009 年に 20-F を提出しなかった 7 社，2009 年に米国 GAAP 完全準拠に変更した 1 社，計 55 社を除く 68 社を最終サンプルとした[14]。彼らが検証した仮説と 1 年先の利益（キャッシュ・フロー），アナリスト予測の分散，を従属変数とするモデルは，次のとおりである[15]。

H1a: Form 20-F 調整表開示規制の撤廃後,利益の持続性は変化した。

H1b: Form 20-F 調整表開示規制の撤廃後,アナリスト予測の分散(利益予測の正確性)は変化した。

H2 : Form 20-F 調整表開示規制の撤廃後,利益の持続性/アナリスト予測の分散の安定性が向上したのは,投資家保護志向が弱い国の企業サンプルである。

$$EARN_{t+1} = \alpha_0 + \alpha_1 IFRS + \alpha_2 PR + \alpha_3 EARN_t + \alpha_4 IFRS*PR$$
$$+ \alpha_5 IFRS*EARN_t + \alpha_6 PR*EARN_t + \alpha_7 IFRS*PR*EARN_t + \varepsilon_1 \quad (10)$$

$$CFO_{t+1} = \beta_0 + \beta_1 IFRS + \beta_2 PR + \beta_3 EARN_t + \beta_4 IFRS*PR$$
$$+ \beta_5 IFRS*EARNt + \beta_6 PR*EARN_t + \beta_7 IFRS*PR*EARN_t + \varepsilon_2 \quad (11)$$

$$EARN_{t+1} = \gamma_0 + \gamma_1 IFRS + \gamma_2 PR + \gamma_3 CFO_t + \gamma_4 ACCRUALS_t$$
$$+ \gamma_5 IFRS*PR + \gamma_6 IFRS*CFO_t + \gamma_7 IFRS*ACCRUALS_t$$
$$+ \gamma_8 PR*CFO_t + \gamma_9 PR*ACCRUALS_t + \gamma_{10} IFRS*PR*CFO_t$$
$$+ \gamma_{11} IFRS*PR*ACCRUALS_t + \varepsilon_3 \quad (12)$$

$$CFO_{t+1} = \delta_0 + \gamma_1 IFRS + \delta_2 PR + \delta_3 CFO_t + \delta_4 ACCRUALS_t$$
$$+ \delta_5 IFRS*PR + \delta_6 IFRS*CFO_t + \delta_7 IFRS*ACCRUALS_t$$
$$+ \delta_8 PR*CFO_t + \delta_9 PR*ACCRUALS_t + \delta_{10} IFRS*PR*CFO_t$$
$$+ \delta_{11} IFRS*PR*ACCRUALS_t + \varepsilon_4 \quad (13)$$

$$DISP = \tau_0 + \tau_1 IFRS + \tau_2 PR + \tau_3 IFRS*PR + \tau_4 LNSIZE$$
$$+ \tau_5 LEV + \tau_6 GROWTH + \tau_7 ROA + \varepsilon_5 \quad (14)$$

---

14) 68社の内訳は英国19社,中国9社,仏7社,オーストラリア6社,アイルランド3社,ルクセンブルグ3社,スイス3社,デンマーク2社,ドイツ2社,イタリア2社,スペイン2社,ベルギー,フィンランド,ハンガリー,メキシコ,オランダ,パプアニューギニア,ニュージーランド,ポルトガル,ロシア,スゥエーデン各1社である(Kang et al. [2012], p.749)。

15) Kang et al. [2012], pp.748-749, pp.753-754. アナリスト予測の分散(DISP)は I/B/E/S から提供され,決算日の4ヶ月後のアナリスト予測の標準偏差により測定される。DISP は将来キャッシュ・フローの不確実性,財務報告システムのノイズから生じる。

説明変数の意味は以下のとおりである。

IFRS：外国民間発行体が 2006 年から 2009 年に IFRS を適用していれば 1，適用していなければ 0，
EARN：臨時損益控除前利益，
PR（Post Recon Period）：事業年度が 2008 年なら 1，2006 年なら 0 のダミー変数，
LNSIZE：総資産の自然対数，
LEV：負債／総資産，
GROWTH：売上高の成長率，
ROA：総資産利益率，
ACCRUALS：会計発生高[16]

利益が持続的なら，(10)式のα_3は正かつ有意に，利益と将来キャッシュ・フローの間に正の相関関係があれば，(11)式のβ_3は正かつ有意になる。(10)式と(11)式のα_5とβ_5は，利益の持続性に関する IFRS 適用 ADR 発行企業グループと米国 GAAP 適用 ADR 発行企業グループの差を示す。(10)式と(11)式のα_6とβ_6は，利益の持続性に関するマクロ経済の時系列的影響を表す。H1a と H1b の仮説の有意性は(10)式と(11)式のα_7とβ_7，すなわち差分の差推定法の項（difference-in-differences terms）に依存する[17]。

投資家保護志向の強弱を表す anti-self-dealing index[18]を使用し，サンプルを概ね均等に二分した。投資家保護志向の強い国のサンプルの相互作用項の係

---

16) 発生主義による利益は，営業活動によるキャッシュ・フローを，収益または費用として配分することによって算定され，発生主義による利益と営業活動によるキャッシュ・フローの差額は，会計発生高と称される（桜井［2009a］，7頁）。
17) Kang et al. [2012], p.753. 開示規制改訂の効果をより正確に推計するには，2007 年以前に Form 20-F において，調整表を開示していた企業と調整表を開示していなかった企業に区分し，両グループ間の説明変数の変動を比較することによって，調整表開示規制改訂後に利益，将来キャッシュ・フローの持続性が向上したかを推計する必要がある。差分の差推定法は Barth and Israeli [2013], pp.183-185 でも用いられている。

数のほとんどは，図表3-4 Panel A のとおり有意ではなく，2007年前後に利益の持続性（財務報告の質）が変化した証拠は見出されなかった。それに対して，投資家保護志向の弱い国のサンプルについては，相互作用項 IFRS*PR*EARN の係数の t 値は，図表3-4 Panel B の No.7 の（A）列と（C）列のとおり10％水準で有意であった。投資家保護志向が弱い国については，図表3-4 Panel B の No.14 の（B）列と（D）列のとおり，IFRS*PR*CFO の係数は1％水準で有意であり，利益の持続性（財務報告の質）が向上したと推計された。

投資家保護志向が弱い国のサンプルについては，(14)式の IFRS*PR の係数τ_3は有意でなかったが，すべてのサンプルと投資家保護志向が強い国のサンプルについては，5％または1％水準で有意であり，アナリストの利益予測の分散が高くなったと推計された[19]。

---

18) 投資家保護志向の尺度として Djankov et al. [2008] を参照したのは，それがパプアニューギニアを除いたすべてのサンプル国を含む最近の指標であるからである（Kang et al. [2012], p.756）。カット・オフポイントを0.5 とすると，サンプルのうち投資家保護志向が強い国には英国，中国，オーストラリア，アイルランド，ベルギーの5ヶ国が，投資家保護志向が弱い国にはフランス，ドイツ，イタリア，オランダなど15ヶ国が含まれる。
19) Kang et al. [2012], pp.759-760. 投資家保護志向が強い国のサンプル企業が調整表開示の免除に伴う情報損失を補うため自発的に情報を改善しなかったからであると推察される。

図表 3-4　将来利益・将来キャッシュ・フローと利益の構成要素の関係
Panel A：投資家保護志向が強い国の企業

No.	説明変数	従属変数			
		$EARN_{t+1}$		CFO_{t+1}	
		(A)	(B)	(C)	(D)
1	IFRS	−0.0973	−0.0964	−0.0172	0.1190
		(−2.16)**	(−2.35)***	(−0.45)	(2.51)**
2	PR	−0.0718	−0.0717	0.0695	0.1733
		(−2.22)**	(−1.99)**	(1.45)	(3.45)***
3	EARN	1.1662		1.0994	
		(8.13)***	(6.07)***		
4	IFRS*PR	0.0541	0.0755	−0.0694	−0.1919
		(0.94)	(1.48)	(−1.30)	(−3.44)***
5	IFRS*EARN	0.0280		−0.3483	
		(0.11)		(−1.76)*	
6	PR*EARN	−0.7233		−0.4720	
		(−4.73)***		(−2.37)**	
7	IFRS*PR*EARN	0.3032		0.3841	
		(0.92)		(1.60)	
8	CFO		1.2881		1.8194
			(8.38)***		(8.28)***
9	ACCRUALS		0.8318		−0.9322
			(2.96)***		(−2.25)**
10	IFRS*CFO		−0.7114		−1.0496
			(−0.31)		(−4.55)***
11	IFRS*ACCRUALS		−0.4807		0.8641
			(−0.84)		(1.98)**
12	PR*CFO		−0.7552		−1.0729
			(−4.40)***		(−4.30)***
13	PR*ACCRUALS		−0.6877		1.2335
			(−2.29)***		(2.76)***
14	IFRS*PR*CFO		0.3760		1.2076
			(1.28)		(4.47)***
15	IFRS*PR*ACCRUALS		0.9979		−1.1768
			(1.28)		(−2.28)**
16	切片	0.0753	0.0510	0.0402	−0.0987
		(2.75)***	(1.81)*	(0.98)	(−2.22)**
17	産業固有の影響	Included	Included	Included	Included
18	n	294	294	294	294
19	$Adj.R^2$	0.4483	0.4781	0.2564	0.6008

[出所] Kang et al. [2012], p.758. 一部加筆。

図表 3-4 将来利益・将来キャッシュ・フローと利益の構成要素の関係
Panel B:投資家保護志向が弱い国のサンプル

No.	説明変数	従属変数			
		$EARN_{t+1}$		CFO_{t+1}	
		(A)	(B)	(C)	(D)
1	IFRS	0.0046	0.0179	−0.0056	0.0706
		(0.22)	(0.58)	(−0.25)	(2.35)**
2	PR	−0.0142	0.0158	−0.0020	0.0143
		(−0.89)	(0.58)	(−0.14)	(0.80)
3	EARN	0.8790		0.7210	
		(6.32)***		(4.89)***	
4	IFRS*PR	−0.0293	−0.0946	−0.0730	−0.1667
		(−0.86)	(−2.19)**	(−1.77)*	(−3.56)***
5	IFRS*EARN	0.1632		0.1397	
		(1.14)		(0.90)	
6	PR*EARN	−0.4761		−0.3405	
		(−2.83)***		(−2.31)**	
7	IFRS*PR*EARN	0.6010		0.7435	
		(1.94)*		(1.84)*	
8	CFO		1.0822		0.9689
			(9.32)***		(7.67)**
9	ACCRUALS		0.5285		0.2322
			(2.70)***		(1.39)
10	IFRS*CFO		0.0598		−0.1402
			(0.48)		(−0.94)
11	IFRS*ACCRUALS		0.0803		0.8475
			(0.36)		(2.70)**
12	PR*CFO		−0.6083		−0.4397
			(−3.38)***		(−3.21)*
13	PR*ACCRUALS		−0.2284		−0.2339
			(−1.12)		(−1.33)*
14	IFRS*PR*CFO		1.0164		1.2028
			(3.34)***		(2.93)**
15	IFRS*PR*ACCRUALS		0.3641		−0.2461
			(1.15)		(−0.59)
16	切片	0.0150	−0.0281	0.0889	0.0297
		(1.15)	(−1.16)	(6.84)***	(1.74)*
17	産業固有の影響	Included	Included	Included	Included
18	n	260	260	260	260
19	$Adj.R^2$	0.6819	0.7071	0.6872	0.7599

[出所] Kang et al. [2012], p.759. 一部加筆。

3.5 小　　括

　Form 20-F 第17項および第18項の規定に基づく調整表開示が証券市場に及ぼす影響に関する先行研究を概観し，1997年を分析期間とした Ashbaugh and Olsson [2002] における知見が2004年度にも確認できるか検証しようと試みた。米国 GAAP 完全準拠企業（US GAAP Repoter）23社（うち日本企業14社），IFRS 準拠利益と米国 GAAP 準拠利益の差異にかかわる調整表を開示した企業5社，本国 GAAP による利益と米国 GAAP 利益の差異を開示した58社を合わせた63社を，米国 GAAP 調整表開示企業（米国 GAAP Reconciler）に分類し，合計86社をサンプルとして3つのモデルの株価説明力を比較した。

　BV モデルと EC モデルの優劣順位は先行研究と異なっていたが，RI モデル（Ohlson モデル）の株価説明力が秀でており，RI モデルの卓越性が窺われた。いずれのモデルにおいても，米国 GAAP 完全準拠型企業の説明力は，米国 GAAP 調整表開示企業のそれを凌ぎ（図表3-1，図表3-2），IFRS を軸とした会計基準の収斂が必ずしも米国投資家に便益をもたらさないことが示唆された[20]。

　米国 GAAP 調整表開示企業63社については，米国 GAAP 利益調整差額変数（RCNC）を追加し，EC' モデル，BV' モデル，RI' モデルの相対的パフォーマンスと増分情報内容を比較分析した。RI' モデルの株価説明力は，EC' モデルまたは BV' モデルのそれを超えた。Vuong 検定により増分情報内容を確認できなかったが，RCNC にかかる回帰係数は有意（5%水準）で，米国 GAAP 利益調整変数と株価の間に有意な関係が見出された（図表3-3）。検証結果は調査時点において米国 GAAP 調整表開示が一定の情報内容をもつことを示唆する。

　Kang et al. [2012] によると，Form 20-F 調整表開示要求の撤廃後，投資家

20）　八重倉 [2005]，25頁において優れた会計基準への収斂の必要性が強調されている。

保護志向が強い英国，オーストラリアなどでは，利益の持続性が向上し，アナリストの利益予測分散が縮小したとは推計されなかった。情報ロスを補うため，投資家保護志向が強い国のサンプル企業が自発的に情報を開示し，財務報告の質を改善させたことを裏付ける証拠は得られず，Form 20-F 調整表開示要求の撤廃は時期尚早である，という主張が支持された。

第4章

クロス上場企業の会計基準選択行動

4.1 はじめに

　IOSCOの支持を得てIASCが公表したIASは，NYSE，東京証券取引所を含む世界の主要資本市場において上場・起債するための基準として活用されることが期待されていた。しかし，IASを導入する基盤が十分に整備されておらず[1]，NYSEに上場する米国企業はIASに準拠することが認められず，NYSEに上場する外国企業が米国GAAPへの調整なしで，IASを適用した財務諸表を提出することも，長らく容認されなかった。米国資本市場に上場する我が国の企業には，米国GAAPによる連結財務諸表の提出を特例的に認める措置が講じられたが，東京証券取引所に上場する我が国の企業は，日本基準により連結財務諸表を作成するのが原則で，IASへの準拠は容認されなかった。

　世界有数の資本市場であるロンドン証券取引所を擁する英国は，米国および日本とは異なり，本国GAAPの他に，米国GAAPまたはIFRSsを適用し，連結財務諸表を作成・開示する選択肢を上場企業に与えた。国際的に認められた会計基準設定を巡る覇権争いにおいて，SEC/FASBとIASC/IASBのいずれが優位に立っているかは，英国のように会計基準選択に関する自由裁量権が付与される場合，クロス上場外国企業（cross-listed foreign firms）が本国の

---

1) 平松・柴［2004］において，広範な実態調査により，我が国のIAS導入に関する理論的・実践的問題が詳細に検討された。小津・梅原［2011］，33頁では，上場企業の経理担当責任者を対象に質問票を郵送し，連結財務諸表，業績報告，過年度遡及修正，収益認識などがIFRS導入の困難な領域と認識された。

GAAP，米国 GAAP，IFRSs のうち，いずれを選択する傾向があるかを探ることによって，見極められるであろう。

そこで，本章の以下の節では，先行研究を手掛かりに，母国市場だけでなく，ロンドン証券市場においても資金調達を行うクロス上場外国企業の会計基準選択行動について検討する。さらに後の節では，"国際的" GAAP（米国 GAAPまたは IAS）を選択適用する企業の属性を析出し，"国際的" GAAP 適用が財務諸表の情報提供機能を高めたかについて検討する。本章の最後の節では，Form 20-F 調整表開示規制撤廃後の会計基準選択行動を分析し，国際的に認められる会計基準設定を巡る SEC/FASB と IASB の競争の現状を探る。

4.2 先行研究

4.2.1 Ashbaugh [2001]

1993 年にロンドン証券取引所に上場し，SEAQ インターナショナル外国株市場で取引されていた外国企業（米国企業，イタリア企業などを除く）がサンプルとして抽出され（図表4-1），(1)式および(2)式に示されるロジット・モデル分析によって，次の仮説が検証された[2]。

H_1　IAS または米国 GAAP 準拠財務情報を開示する確率 $P\ (CHOICE)$ は，企業の株式が売買される外国証券市場の数と正の相関を示す[3]。

H_2　$P\ (CHOICE)$ は，企業の株式発行事象と正の相関を示す[4]。

H_3　$P\ (CHOICE)$ は，本国 GAAP の財務報告要求と関連する[5]。

---

[2] Ashbaugh [2001], p.140, p.147. (1) 式と (2) 式の従属変数は異なるので，(2) 式で検証する H_1, H_2, H_3 では，$P\ (CHOICE)$ が $P\ (IAS^*)$ に置き換えられる。日本企業へのロジット・モデル分析の適用については，須田 [2000], 285-292 頁を参照。

[3] Ashbaugh [2001], p.133.

[4] Ashbaugh [2001], p.134.

[5] Ashbaugh [2001], p.138.

$$P(CHOICE) = \beta_0 + \beta_1 NMARKETS + \beta_2 ISSUE + \beta_3 SET$$
$$+ \beta_4 RELSIZE + \beta_5 USXCH + \varepsilon \qquad (1)$$
$$P(IAS^*) = \beta_0 + \beta_1 NMARKETS + \beta_2 ISSUE + \beta_3 USSET$$
$$+ \beta_4 RELSIZE + \beta_5 USXCH + \varepsilon \qquad (2)$$

$P(CHOICE)$："国際的" GAAP を採用している場合を 1 ($n=92$)，"国際的" GAAP を採用していない場合を 0 とする二値変数 ($n=119$)

$P(IAS^*)$：IAS 準拠財務諸表を開示している場合 ($n=52$) を 1，米国 GAAP を選択する場合 ($n=36$) を 0 とする二値変数

$NMARKETS$：株式が売買される外国証券市場の数

$ISSUE$：1993 年または 1994 年において株式を発行していれば 1，発行していなければ 0；

SET：図表 4-2 の IASDIS と図表 4-3 の IASCON の合計

$USSET$：図表 4-2 の USDIS と図表 4-3 の USCON の合計

$RELSIZE$：1993 年 12 月末現在における本国証券市場の時価総額で除した，企業の本国証券市場での時価の割合

$USXCH$：企業が Form 20-F の提出を要求されていれば 1，要求されていなければ 0 とする二値変数

説明変数の記述統計は図表 4-4 参照。

(1)式の検証モデルは有意で ($\chi^2=62.93$；有意水準 1%，Pseudo $R^2=0.21$)，SET に関する回帰係数 β_3 が有意かつ正であったことは（図表 4-5-1），開示・測定基準が厳格でない国の企業が，"国際的" GAAP に準拠して財務報告を行うことを示唆する。

(2)式によるロジットモデル分析の検証結果が図表 4-5-2 に示される。(2)式の検証モデルは有意であり ($\chi^2=58.86$；有意水準 1%，Pseudo $R^2=0.49$)，説明変数の係数は次のように解される[6]。$NMARKETS$ の係数は負かつ有意で，株式が売買される市場の数は，IAS 準拠企業の方が米国 GAAP 財務情報を開

図表 4-1　国別企業分布

国	会計基準選択						合計	
	IAS		米国 GAAP		本国 GAAP			
	n	%	n	%	n	%	n	%
オーストラリア	5	9	1	3	13	11	19	9
ベルギー	1	2	1	3	3	3	5	2
バミューダ	5	9	0	0	0	0	5	2
デンマーク	1	2	1	3	0	0	2	1
フィンランド	8	14	0	0	1	1	9	4
フランス	11	20	6	16	11	9	28	13
ドイツ	0	0	0	0	22	18	22	10
香港	1	2	1	3	8	7	10	5
日本	5	9	16	43	34	28	55	26
ルクセンブルグ	0	0	1	3	0	0	1	0
オランダ	0	0	2	6	14	12	16	8
ニュージーランド	0	0	1	3	1	1	2	1
ノルウェー	3	5	1	3	5	4	9	4
シンガポール	1	2	0	0	0	0	1	0
スペイン	0	0	1	3	1	1	2	1
スウェーデン	7	12	4	11	5	4	16	8
スイス	8	14	0	0	1	1	9	4
合計	56	100	36	100	119	100	211	100

［出所］Ashbaugh [2001], p.140.

示する企業より少ない。*ISSUE*の係数は正かつ有意で，公募発行を行う場合には，IAS財務情報を開示すると推計される。*USSET*の係数は負かつ有意で，本国GAAPと比べて米国GAAPの開示項目と会計測定方法の制約が多ければ，IAS準拠財務情報を開示する。*USXCH*の係数は負かつ有意であり，米国GAAP準拠財務諸表のSECへの提出が要求されない場合，IAS準拠財務情報を開示する傾向がある。*RELSIZE*の係数は正かつ有意で，本国市場全体の時価総額に占める自社株の時価総額の割合が高い企業は，米国GAAPではなくIASに準拠した情報を開示する。

---

6)　Ashbaugh [2001], pp.147-148.

図表 4-2　開示項目の差異（本国 GAAP と IAS または米国 GAAP の比較[*a]）

国[*c]	追加開示[*b]（IAS）								IASDIS[*d]	追加開示（米国 GAAP）			USDIS[*d]
	1	2	3	4	5	6	7	8		9	10	11	
オーストラリア					X[*e]				1				1
ベルギー		X			X		X		3		X		4
バミューダ									0			X	1
デンマーク					X	X			2			X	3
フィンランド	X		X	X	X	X	X		6	X		X	8
フランス	X			X	X	X			4			X	5
ドイツ	X			X	X	X			3		X	X	5
香港	X				X		X		3			X	4
日本				X	X				2	X			3
ルクセンブルグ	X			X	X		X		4		X	X	6
オランダ	X				X				2		X	X	4
ニュージーランド				X	X				2			X	3
ノルウェー	X	X		X	X	X	X		7	X		X	9
シンガポール	X			X					2				2
スペイン				X	X		X		3	X	X		5
スウェーデン	X			X	X		X		5		X	X	7
スイス	X			X	X			X	4		X	X	6

[*a]：ソース：Coopers and Lybrand [1993], Price Waterhouse [1996]
[*b]：開示要求項目
[*c]：検討対象国は，実証研究に含まれた企業の所在国
[*d]：IASDIS と USDIS は，各国の GAAP が IAS, 米国 GAAP に要求される追加開示合計
[*e]：(1)本国 GAAP では開示が要求されないか，
　　　(2)本国 GAAP 要求が IAS または米国 GAAP より厳格でない

1＝キャッシュ・フロー計算書，2＝会計方針，3＝会計方針の変更の影響，
4＝評価方法の変更，5＝過年度修正項目，6＝後発事象，7＝関連当事者取引，
8＝セグメント情報，9＝廃止事業，10＝1株当たり利益，11＝偶発事象に対する引当金

［出所］Ashbaugh [2001], p.135.

図表 4-3　測定方法の制約（本国 GAAP 対 IAS または米国 GAAP [a]）

国[c]	会計測定上の制約[b]（IAS）				会計測定上の制約[b]（米国 GAAP）				
	1	2	3	4	IASCON [d]	5	6	7	USCON [d]
オーストラリア			X[e]	X	2	X		X	4
ベルギー	X		X	X	3	X			4
バミューダ					0			X	1
デンマーク		X		X	2		X		3
フィンランド	X	X	X	X	4	X	X		6
フランス	X	X	X		4	X	X	X	6
ドイツ	X				1				1
香港				X	1	X	X	X	4
日本		X	X		2				2
ルクセンブルグ			X	X	2			X	3
オランダ			X		1	X	X	X	4
ニュージーランド				X	1	X	X	X	4
ノルウェー			X		1	X	X	X	4
シンガポール					0	X	X	X	3
スペイン			X		1		X	X	3
スウェーデン		X	X		2	X	X		4
スイス	X	X	X	X	4		X	X	6

[a]：ソース Coopers and Lybrand [1993], Price Waterhouse [1996]
[b]：会計測定上の制約
1＝特別償却，2＝リース会計，3＝年金会計，4＝研究開発費の会計，
5＝有形固定資産に対し取得原価主義の適用を要求，
6＝研究開発費以外の無形固定資産，7＝投資の会計
[c]：検討対象国は，実証研究で含まれた企業の所在国
[d]：IASCON と USCON は，それぞれ IAS および米国 GAAP に準拠した場合の制約
[e]：X＝IAS 選択が本国 GAAP に準拠と比べて会計測定方法を制約する

［出所］Ashbaugh [2001],p.137.

図表 4-4　記述統計

変数	IAS/米国 GAAP 企業（n=92）				本国 GAAP 企業（n=119）			
	平均	メディアン	標準偏差	最小/最大	平均	メディアン	標準偏差	最小/最大
NMARKETS++	3.64	3.00	1.99	1/9	2.77	2.00	1.68	1/8
ISSUE++	0.35	0.00	0.48	0/1	0.21	0.00	0.41	0/1
SET+++	5.93	5.00	2.38	0/10	4.76	5.00	1.55	3/10
USXCH+++	0.35	0.00	0.47	0/1	0.07	0.00	0.25	0/1
RELSIZE	0.03***	0.01###	0.04	0.00/0.24	0.01	0.00	0.01	0.00/0.05

変数：NMARKETS は 1993 年に当該企業の株式が売買されている外国証券市場の数
ISSUE：企業が 1993 年または 1994 年に株式を発行していれば 1，発行していなければ 0
SET：図表 4-2，図表 4-3 における IASDIS と IASCON の合計
RELSIZE：1993 年末における本国市場上場企業株式の時価を本国市場の時価総額で除した値
USXCH：企業が Form 20-F の提出を要求されていれば 1，要求されていなければ 0
++ 尤度比検定：IAS / 米国 GAAP 企業と本国 GAAP 企業の離散変数とバイナリー変数の間に差はないという仮説を棄却する（有意水準 5％）
+++ 尤度比検定：IAS / 米国 GAAP 企業と本国 GAAP 企業の離散変数とバイナリー変数の間に差 はないという仮説を棄却する（有意水準 1％）
*** T 検定：IAS / 米国 GAAP 企業と本国 GAAP 企業の RELSIZE の平均に差はないという仮説を棄却する（有意水準 1％，片側検定）
###Wilcoxon 符号付順位検定：IAS / 米国 GAAP 企業と本国 GAAP 企業の RELSIZE の分布に差はないという仮説を棄却する（有意水準 1％，片側検定）

［出所］Ashbaugh [2001], p.143.

図表 4-5-1　IAS または米国 GAAP 準拠財務情報を開示する確率

仮説	説明変数	予想される符号	パラメータ	標準誤差
	Intercept	Unsigned	−3.676###	0.691
H_1	NMARKETS	+	0.227**	0.104
H_2	ISSUE	+	0.510*	0.365
H_3	SET	±	0.375###	0.094
	RELSIZE	+	15.782**	9.441
	USXCH	+	1.706***	0.468
最尤推定値			適合度	
カイ自乗	62.93		Pseudo R^2	0.22
有意水準	0.00		Concordant	80%

従属変数：IAS または米国 GAAP の確率，アニュアル・レポートで IAS または米国 GAAP 財務情報を開示している企業は 1 (n=92)，開示してなければ 0 (n=119)
NMARKETS：1993 年に当該企業の株式が売買されている外国証券市場の数
ISSUE：企業が 1993 年または 1994 年に株式を発行していれば 1，発行していなければ 0
SET：図表 4-2，図表 4-3 における IASDIS と IASCON の合計
RELSIZE：1993 年末の本国市場における株式の時価総額を本国市場全体の時価総額で除した値
USXCH：企業が Form 20-F の提出を要求されていれば 1，要求されていなければ 0
有意水準 1%（両側検定）
* 有意水準 10%，** 有意水準 5%，有意水準 1%（片側検定）
［出所］Ashbaugh [2001], p.144.

1993 年にロンドン証券取引所に上場していた外国企業のうち，IAS に準拠していた企業は 52 社であるのに対し，米国 GAAP に準拠していた企業数は 36 社であり，IAS 準拠企業数の方が多かった。(2)式における USSET および USXCH の係数が負かつ有意であったことは，開示要求が広範囲で，測定ルールが厳格な米国 GAAP の適用を回避したことを示唆する。サンプル企業の会計基準選択行動を見る限りでは，国際的に認められる会計基準の設定に関し，IASC が優位に立っていたといえるであろう。

4.2.2　Ashbaugh and Pincus [2001]

IAS の適用はアナリストの EPS 予測の精度を向上させ，利益に関する財務報告の質を高めるかが検討された。IASC がウェブサイトで公開していたリス

図表 4-5-2　IAS 準拠財務情報を開示する確率

仮説	説明変数	予想される符号	パラメータ	標準誤差
	Intercept	Unsigned	6.310###	1.666
H_1	*NMARKETS*	Unsigned	−0.493##	0.220
H_2	*ISSUE*	Unsigned	2.571###	0.834
H_3	*USSET*	±	−0.602###	0.180
	RELSIZE	Unsigned	20.633##	9.302
	USXCH	−	−3.142***	0.808
	最尤推定値		適合度	
	カイ自乗	58.86	Pseudo R^2	0.49
	有意水準	0.00	Concordant	92%

従属変数：アニュアル・レポートで IAS 準拠財務情報を開示している企業は 1（n＝52），米国 GAAP 準拠企業は 0（n＝36）
NMARKETS：1993 年に当該企業の株式が売買されている外国証券市場の数
ISSUE：企業が 1993 年または 1994 年に株式を発行していれば 1，発行していなければ 0
USSET：図表 4-2，図表 4-3 における USDIS と USCON の合計
RELSIZE：1993 年末の本国市場における株式の時価総額を本国市場全体の時価総額で除した値
USXCH：企業が Form 20-F の提出を要求されていれば 1，要求されていなければ 0
有意水準 1%（両側検定）
* 有意水準 10%，** 有意水準 5%，有意水準 1%（片側検定）
［出所］Ashbaugh [2001], p.148.

トに基づき，1993 年に IAS を適用していたとみなされた 80 社がサンプルとして抽出された[7]。サンプル企業の IAS 適用初年度比率は 1990 年 2％，1991 年 50％，1992 年 33％，1993 年 15％であった。図表 4-6 はサンプル企業の国別分布を示す。上位 3 ヶ国はスイス（28.75％），フランス（21.25％），カナダ（15.00％）で，日本は 3.75％を占める。

GAAP 間の相違を数量化した指標を説明変数（図表 4-7 参照）とし，次の仮説を立てた[8]。

H_1　アナリストの予測誤差の絶対値は，IAS と本国 GAAP の差異の大きさ

---

7) Ashbaugh and Pincus [2001], p.421. IAS から米国 GAAP への調整を行った企業の実証分析については八重倉［1999］を参照。
8) Ashbaugh and Pincus [2001], p.420.

図表 4-6　IAS 採用サンプル企業 80 社の国別分布（1990-1993 年）

国	数	%
オーストラリア	5	6.25
カナダ	12	15.00
デンマーク	2	2.50
フィンランド	6	7.50
フランス	17	21.25
香港	2	2.50
日本	3	3.75
マレーシア	4	5.00
ノルウェー	1	1.25
シンガポール	1	1.25
スペイン	2	2.50
スウェーデン	2	2.50
スイス	23	28.75
合計	80	100.00

［出所］Ashbaugh and Pincus [2001], p.422.

と正の相関を示す。

上記の仮説は，次のモデルにより検証された[9]。

$$FERROR_{i,t-1} = \alpha + \beta_1 NUM_{i,t-1} + \beta_2 MVE_{i,t-1} + \beta_3 X_i + \varepsilon_{i,t-1} \tag{3}$$

$t-1$	：IAS 適用前年
$FERROR_{i,t-1}$	：｜$EPS_{i,t-1}$ －アナリスト予測 $EPS_{i,t-1}$ のメディアン｜／株価$_{i,t-1}$
$NUM_{i,t-1}$	：$t-1$ 年に企業 i の利益予測を提供するアナリストの数
$MVE_{i,t-1}$	：企業 i の $t-1$ 年 12 月末の持分の時価の自然対数
X_i	：IAS と企業 i の開示方針（$DISCLOSE$），測定方法（$METHODS$）または報告基準全般（$IASSET$）の相違に関する指標

---

9) Ashbaugh and Pincus [2001], p.425.

図表 4-7　会計基準のバリエーション：IAS 対本国 GAAP

国	$DISCLOSE$	$METHODS$	$IASSET$
オーストラリア	1	2	3
カナダ	0	0	0
デンマーク	2	2	4
フィンランド	6	4	10
フランス	4	3	7
香港	3	1	4
日本	2	2	4
マレーシア	2	0	2
ノルウェー	7	1	8
シンガポール	2	0	2
スペイン	3	1	4
スウェーデン	5	2	7
スイス	4	4	8

1993年1月1日に有効な基準に基づく。
会計基準のバリエーション：IAS 対本国 GAAP
$DISCLOSE$ と $METHODS$ はそれぞれ本国 GAAP の会計方針と比べた追加開示要求と測定方法の制約の合計
$IASSET$ は $DISCLOSE$ と $METHODS$ の合計

［出所］Ashbaugh and Pincus [2001], p.423.

図表 4-8　IAS と本国 GAAP のアナリスト予測の正確性に関する仮説（H_1）

(a) Disclosure model：
$FERROR_{i,t-1} = \alpha + \beta_1 NUM_{i,t-1} + \beta_2 MVE_{i,t-1} + \beta_3 DISCLOSE_i + \varepsilon_{i,t-1}$
(b) Methods model：
$FERROR_{i,t-1} = \alpha + \beta_1 NUM_{i,t-1} + \beta_2 MVE_{i,t-1} + \beta_3 METHODS_i + \varepsilon_{i,t-1}$
(c) Set model：
$FERROR_{i,t-1} = \alpha + \beta_1 NUM_{i,t-1} + \beta_2 MVE_{i,t-1} + \beta_3 IASSET_i + \varepsilon_{i,t-1}$

	期待符号	モデル (a)	モデル (b)	モデル (c)
α	?	0.1192 (2.088)**	0.1356 (2.349)**	0.1187 (2.055)**
NUM_{it-1}	−	−0.0008 [−0.876]	−0.0008 [−0.821]	−0.0008 [−0.883]
MVE_{it-1}	−	−0.0077 [−1.725]*	−0.0083 [−1.842]*	−0.0076 [−1.694]*
$DISCLOSE_i$	+	0.094 [2.909]***		
$METHODS_i$	+		0.0088 [2.313]**	
$IASSET_i$	+			0.0052 [2.811]***
n		80	80	80
修正済 R^2		19.40	16.32	18.87

サンプルは 1990，1991，1992 または 1993 年に IAS を採用した 80 社
大括弧内の数値は片側検定 t 値，*，**，***は有意水準 10%，5%，1%
括弧内の数値は両側検定 t 値，**は有意水準 5%

［出所］Ashbaugh and Pincus [2001], p.427.

図表 4-8 は(2)式の推定結果である。

開示方針，測定方法，および会計方針全般の相違に関するモデルの自由度修正済み決定係数 R^2 は，それぞれ 19.40%，16.32%，18.87%である。

NUM に関する回帰係数は，いずれのモデルにおいても有意ではない。*MVE* の回帰係数は，期待どおり負である。*DISCLOSE* に関する回帰係数は，正かつ有意である（$t=2.909$　片側 p 値 $<.01$）。これは企業が本国 GAAP に準拠し，IAS よりも開示項目を減少させるにつれて，アナリストの利益予測の正確性が損なわれることを示す。*METHODS* に関する有意な相関（$t=2.313$　片側 p 値 $<.05$）は，本国 GAAP にもとづく測定方法選択の柔軟性が増えるに従って，アナリストの予測誤差の絶対値が増加することを示す。*IASSET* に関する回帰係数（$t=2.811$　片側 p 値 $<.01$）は，企業本国の GAAP と IAS の乖離が大きくなるにつれて，アナリストの予測誤差が大きくなることを示唆する。

　図表4-9 は，サンプル 80 社の記述統計を示す。IAS は，サンプル企業の本国 GAAP と比べて，およそ 3 つの領域において（平均 *DISCLOSE* ＝ 3.12，メディアン＝2）追加開示を要求し，平均すると，2 つの領域において経営者による測定方法の選択を制限している（平均 *METHODS* ＝ 2.45，メディアン＝2）。*IASSET* に反映されるとおり，全体的に見ると，サンプル企業は IAS 適用時に，12 の財務報告領域のうち，6 つの開示・測定方法（メディアン＝7.00）を変更している。

　IAS 適用前年のアナリスト（*NUM*）は，およそ 14 である。IAS 適用年のアナリスト（*NUM*）平均は 17，メディアンは 15 である。*NUM* の増加は有意である。*MVE* は期末持分時価の自然対数表示である。*MVE* は，I/B/E/S から得た株価と発行済株式，WorldScope から得た為替相場をもとに計算される。IAS 適用前年から IAS 適用年にかけて企業規模が相当増加した。

　IAS 適用前後の年度において，サンプル企業の営業環境が著しく変化しなかったかについて調査するため，事業別・地域別セグメント数が検索された。サンプル企業 80 社中 64 社のセグメントデータが WorldScope から入手された[10]。このサブサンプルについて，IAS 適用前と IAS 適用後の事業別・地域別セグメント数に統計的に有意な差は見出されない（図表 4-9 参照）。さらに，

10）　Ashbaugh and Pincus [2001], p.425.

図表 4-9　企業の特徴に関する記述統計

変数	N	IAS 適用前			IAS 適用前		
		平均	標準偏差	メディアン	平均	標準偏差	メディアン
DISCLOSE	80	3.12	1.79	2.00	0	0	0
METHODS	80	2.45	1.55	2.00	0	0	0
IASSET	80	5.56	3.16	7.00	0	0	0
NUM	80	13.79	7.83	13.50	17.11***	8.80	15.00##
MVE	80	13.24	1.37	13.14	13.67**	1.24	13.66##
外国上場	80	2.16	1.66	2.00	2.20*	1.68	2.00
事業別セグメント	64	3.74	2.62	3.00	3.91	2.26	3.00
地域別セグメント	64	3.20	2.52	3.00	3.56	2.47	3.00
外国売上高比率（%）	54	59	29	64	56	50	59

サンプル企業は IAS 適用前後に各 1 回含まれる。
IAS 適用後の会計相違指標はゼロ。*NUM* は企業の決算月に年次利益
*, **, *** は t 検定の有意水準 0.10, 0.05, 0.001（両側）
##, ### は Wilcoxon 符号付順位検定有意水準 0.05, 0.001（両側）
［出所］Ashbaugh and Pincus [2001], p.424.

　総売上高／外国売上高についても，分析期間における変化は見出されない。事業別・地域別セグメント，外国売上の変化が，サンプル企業の営業活動全般を反映する限り，これらの変数に有意な差が見られなかったことは，アナリストの利益予測能力に影響を与える重要な営業上の変化が生じなかったことを示す。

　IAS 適用後の予測精度について以下の仮説を立てた[11]。

　H_2：**アナリスト予測の正確性は IAS 適用後，変化する。**

　H_2 の検証のため，構築された推定モデルは次のとおりである[12]。
$$CHFERROR_i = \alpha + \beta_1 CHNUM_i + \beta_2 CHMVE_i + \beta_3 CHX_i + \varepsilon_i \tag{4}$$

---

11)　Ashbaugh and Pincus [2001], p.421.
　　IAS 適用後，予測精度が向上することは前提とされない。
12)　Ashbaugh and Pincus [2001], p.428.

$CHFERROR_i$：$FERROR_{i,t} - FERROR_{i,t-1}$

$CHNUMi$　：$t-1$ 年から $t+1$ 年における企業 i の利益予測を提供したアナリスト数の変化

$CHMVEi$　：企業 i の $t-1$ 年 12 月末から $t+1$ 年 12 月末における株式時価総額（百万米ドル表示）の自然対数の変化

$CHXi$　：IAS 適用後の企業 i の開示方針（$DISCLOSE$），測定方法（$METHODS$），または報告基準全般（$IASSET$）の相違に関するインデックスの変化（$CHX_i = 0 - X_i$）

H_2 どおりなら $\beta_3 \neq 0$ である。アナリストの予測誤差の変化は，開示方針，測定方法，会計基準全般の変化と関連する。

図表 4-10 は(4)式を評価した結果である。自由度修正済 R^2 はおよそ 10-11％である。$CHNUM$ に関する回帰係数は有意ではないが，$CHMVE$ に関する回帰係数は有意であり，時価総額の上昇とともに，アナリストの予測誤差が減少したことを示す。$CHDISCLOSE$ と $CHMETHODS$ の回帰係数は，$CHIASSET$（t＝2.029　両側 p 値＜.05）と同様にそれぞれ（t＝1.823　両側 p 値＜.10）正でかつ有意である。β_3 の有意性は，IAS と異なる会計方針の数が減るにつれて，アナリストの予測誤差が減少したことを示す。

2 つのモデルの推定結果は，IAS よりも開示規制が厳格ではなく，測定方法の選択肢が広い会計基準をもつ国の企業の利益予測精度が IAS 適用によって高まり，多くのベネフィットの獲得を期待できることを示唆する。(4)式で示されたモデルでは，β_2 も有意であり，株式時価総額の上昇とともにアナリスト予測誤差が減少すると推定された。

4.2.3　Tarca [2004]

"国際的" GAAP 適用企業の属性，証券規制の "国際的" GAAP 適用に与える影響が二項ロジスティック回帰モデルにより分析された。"国際的" GAAP 適用と国際化の進展度の相関について次の仮説が設定された[13]。

図表 4-10 H_2 の検定結果

(a) Disclosure の変化：
$CHFERROR_i = \alpha + \beta_1 CHNUM_i + \beta_2 CHMVE_i + \beta_3 DISCLOSE_i + \varepsilon_i$
(b) Methods の変化：
$CHFERROR_i = \alpha + \beta_1 CHNUM_i + \beta_2 CHMVE_i + \beta_3 CHMETHODS_i + \varepsilon_i$
(c) Set の変化：
$CHFERROR_i = \alpha + \beta_1 CHNUM_i + \beta_2 CHMVE_i + \beta_3 CHIASSET_i + \varepsilon_i$

	予測符号	モデル (a)	(b)	(c)
α	?	0.0008 (0.093)**	0.0007 (0.077)	0.0023 (0.260)
$CHNUM_i$	−	0.0018 [1.454]	0.0013 [1.171]	0.0017 [1.429]
$CHMVE_i$	−	−0.0180 [−1.939]**	−0.0189 [−2.093]**	−0.0184 [−1.896]*
$CHDISCLOSE_i$	−/+	0.0055 (1.823)*		
$CHMETHODS_i$	−/+		0.0061 (1.952)**	
$CHIASSET_i$	−/+			0.0033 [2.029]**
n		80	80	80
修正済 R^2		10.18	10.73	11.07

IAS 適用がアナリストの利益予測正確性に与える影響
IAS 適用前年（$t-1$）から適用 1 年後（$t+1$）までの変化
$CHFERROR$：実績 EPS とアナリスト予測 EPS（メディアン）の差の絶対値を株価でデフレートした値の変化
$CHNUM$：決算月に年次利益予測を提供したアナリスト数の変化
$CHMVE$：持分の期末時価（百万米ドル表示）の自然対数の変化
$CHDISCLOSE$：0−$DISCLOSE$（IAS と本国 GAAP の開示上の差）
$CHMETHODS$：0−$METHODS$（IAS と本国 GAAP の測定上の制約の差）
$CHIASSET$：0−$IASSET$（IAS 適用前期の企業の所在国の全体的会計基準指標：図表 4-7 参照）

［出所］Ashbaugh and Pincus［2001］, p.429.

H_1　外国売上高比率の高い企業は，"国際的" GAAP を適用する傾向がある。
H_2　外国証券市場上場企業は，"国際的" GAAP を適用する傾向がある。

---

13)　Tarca [2004], p.69.

"国際的" GAAP 適用と証券市場上場の相関についてさらに 2 つの仮説が設けられた[14]。

H_3 米国証券市場に上場・登録する外国企業は，本国市場単独上場企業より米国 GAAP を適用する傾向がある。

H_4 米国以外の外国証券市場に上場する企業は，本国単独上場企業よりも IAS を適用する傾向がある。

サンプルは，5 ヶ国の 7 つの証券市場（ロンドン，パリ，フランクフルト，東京，オーストラリア，ニューヨーク，NASDAQ）に上場・登録する合計 506 社である。国別内訳は英国 108，フランス 96，ドイツ 92，日本 100，オーストラリア 100 である[15]。

各国証券市場の開示規制が財務報告に与える影響を勘案し，サンプルは，以下の 4 つのカテゴリーに分類された[16]。

Group1 NYSE：NYSE または NASDAQ に上場・登録し，米国 GAAP 会計規制の対象となる（米国 GAAP 財務諸表または米国 GAAP 調整表作成）

Group2 OTC：米国店頭市場または NASDAQ において売買され，米国 GAAP 会計規制の対象外（1983 年 10 月 5 日以前に NASDAQ 上場）

Group3 NON-US：米国以外の外国証券市場に上場

Group4 DOM：1 つ以上の本国証券市場にのみ上場

規模（時価総額の対数），レバレッジ，企業の所在国，産業が独立変数として追加された。$\chi^2 = 213.57$, $p < 0.001$, $R^2 = 0.499$, 分類の正確性 = 80.0%（図表 4-11 参照）で，全体的にはモデルは有意である。"国際的" GAAP を適用する企業は，外国証券市場に上場する規模（時価総額）が大きく，外国売上高比

---

14) Tarca [2004], p.70.
15) Tarca [2004], p.72 の Table3 を参照。
16) Tarca [2004], pp.69-70. 国内単独上場 Group4 は 253 社で Group1：98 社，Group2：123 社，Group3：32 社の合計と同数を選択。

率の高い企業であることが推定され，H_1 と H_2 は支持された[17]。

"国際的" GAAP 適用企業を次の2つに区分し，2番目の回帰分析が行われた。

① "国際的" GAAP 採用企業：注記または監査報告書において，本国 GAAP の代わりに米国 GAAP または IAS を適用している，と記述している企業
② "国際的" GAAP 補足適用企業：本国 GAAP に準拠して作成した連結財務諸表において，"国際的" 基準を一部適用している企業，"国際的" GAAP への調整表を開示する企業，"国際的" GAAP および本国基準に基づく2組の連結財務諸表を作成する企業

外国売上高比率と NYSE 上場の回帰係数は，正かつ有意で，規模と産業1の回帰係数は，負かつ有意であった。SEC の開示要求が "国際的" GAAP の採用を促していると推定された[18]。$\chi^2 = 135.664$, $p < 0.001$, $R^2 = 0.745$, 分類の正確性 = 86.7％であり，モデルは有意であった。日本企業とドイツ企業は "国際的" GAAP を採用する傾向が見られた[19]。

4.3　リサーチ・デザインと検証結果

IASB のウェブサイトでは，対象期間の IFRSs 適用企業リストの公開が停止されており，"国際的" GAAP 選択と未選択企業を正確に識別し，実証分析を行うことは困難である[20]。以下では，サンプル期間を IASC 再編に合わせて2001年度とし，Ashbaugh and Pincus [2001] で提示されたモデルを用いて *FERROR* を推計し[21]，会計基準の差異が縮小するにつれてアナリストの EPS

---

17)　Tarca [2004], p.75.
18)　Tarca [2004], p.77.
19)　Tarca [2004], p.78.
20)　Street et al. [1999] は，1996年の12ヶ国の主要企業49社の報告実践を調査した。会計方針に関する注記または監査報告書において，IAS に準拠していると記している20社（41％）でさえ，IAS の測定・開示基準に準拠していない顕著な例が見られた。

図表4-11 "国際的" 基準適用

独立変数 (期待される符号)	全 Coef.	全 Wald	英 Coef.	英 Wald	仏 Coef.	仏 Wald	独 Coef.	独 Wald	日 Coef.	日 Wald	豪州 Coef.	豪州 Wald
外国売上率%(+)	0.010	3.564++	0.026	4.312++	0.090	0.574	0.018	1.510	-0.001	0.005	0.007	0.251
NYSE 外国上場(+)	3.570	84.400++	4.512	21.840++	2.361	11.201++	3.165	6.580++	4.889	12.246++	3.802	13.909++
OTC 外国上場(+)	1.689	27.412++	0.914	0.598	1.352	3.130++	2.715	8.396++	3.410	14.688++	1.602	2.536+
NON-US 外国上場(+)	1.380	8.297++	-6.140	0.035	1.074	1.140	0.458	0.113	4.764	15.191++	-6.406	0.360
規模(時価総額対数)(+)	0.339	4.169++	-0.296	0.398	0.425	0.846	0.201	0.296	1.601	5.785++	0.514	1.535
レバレッジ(-)	-0.021	0.001	0.014	1.936+	-0.053	1.358	0.029	6.859++	0.029	3.586ª	—	2.883ª
英国企業	0.027	0.003	NA	NA	NA	NA	NA	NA	NA	NA	NA	NA
仏企業	1.372	8.644**	NA	NA	NA	NA	NA	NA	NA	NA	NA	NA
独企業	2.933	38.392**	NA	NA	NA	NA	NA	NA	NA	NA	NA	NA
日企業	1.420	9.070**	NA	NA	NA	NA	NA	NA	NA	NA	NA	NA
産業1	-0.775	2.464	-0.434	0.143	-0.404	0.135	2.351	2.096	-6.636	0.032	-1.893	2.550
産業2	-0.049	0.026	-1.555	2.549	-0.150	0.057	2.062	4.735**	0.592	0.561	-1.073	1.130
産業3	0.206	0.204	2.328	1.962	-1.915	2.516	5.014	8.960**	-1.391	1.159	-0.631	0.181
定数項	-4.550	45.214**	-2.334	1.396	-3.575	4.153**	-0.041	0.001	-11.016	10.668**	-5.563	12.012**
Nagelkerke R^2	0.499		0.650		0.284		0.509		0.680		0.497	
正確予測 (50% cut-off)	80.0		88.5		70.9		77.4		86.0		90.7	
モデルのカイ自乗	213.570		56.473		20.224		38.380		68.875		35.836	
有意確率	0.000		0.000		0.017		0.000		0.000		0.000	
会社数	474		96		86		84		100		108	
1 = "国際的" 基準適用	168		25		34		56		37		16	
0 = 自国基準適用	306		71		52		28		63		92	

++ 有意水準 5%(片側検定)、+ 有意水準 10%(片側検定)、**有意水準 5%(両側検定)
** 有意水準 5%(両側検定)、NA:not applicable
ª:回帰係数は有意であるが、反対の符号
産業1:資源と公益事業、産業2:製造・建設業、産業3:銀行、金融、保険
Coef.:回帰係数、Wald:標準誤差に対する回帰係数の比率の自乗
[出所] Tarca [2004], p.80.

図表 4-12 "国際的" GAAP 適用と米国 GAAP または IAS 選択を分析する回帰モデル

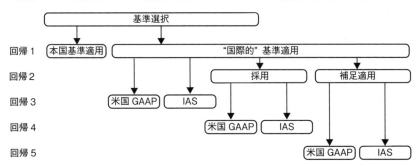

予測の精度が改善され,利益に関する財務報告の質が高まったかを検証する。

$$FERROR_{i,t} = \alpha + \beta_1 NUM_{i,t} + \beta_2 MVE_{i,t} + \beta_3 DIF_{i,t} + \varepsilon_{i,t} \quad (5)$$

Ashbaugh [2001] および Ashbaugh and Pincus [2001] で用いられた IAS と各国基準の相違に関する指標 X は,1993 年に有効な基準のみを対象とし,その後公表された基準は,考慮されない。Street [2002] において要約された GAAP [2001][22] の会計基準差異指標（DIF と定義）を用いる。

GAAP 2001 は,多くの企業に影響を及ぼす差異と特定の企業にもたらされる差異に二分する(図表4-12)。カラム1が最大のロシアから順に62ヶ国がソートされる。日本のカラム1とカラム2の合計は28で,詳細は図表4-13に示される。

---

21) Das and Saudagaran [1998] では,実績利益発表に近づくにつれて予測の正確性が改善されること (horizon effect) が指摘されている。本章では,決算月のアナリスト予測 EPS と実績 EPS の差の絶対値を株価でデフレートした値を従属変数とする。

22) 須田 [2004a] においても GAAP 2001 がクラスター分析に利用されている。

図表 4-13　IAS をベンチマークとした 62 ヶ国の会計基準の差異

No	国	clm.1	clm.2	No	国	clm.1	clm.2	No	国	clm.1	clm.2
1	ロシア	42	10	22	インド	28	0	43	スウェーデン	18	7
2	スイス	41	2	23	ベルギー	26	11	44	ニュージーランド	17	6
3	スペイン	38	2	24	日本	26	2	45	パキスタン	17	2
4	ギリシャ	37	4	25	ベネズエラ	26	2	46	イスラエル	16	4
5	ルクセンブルグ	37	0	26	モロッコ	26	2	47	タイ	16	0
6	ポーランド	36	7	27	マレーシア	26	0	48	英国	15	6
7	オーストリア	36	6	28	リトアニア	26	0	49	アイルランド	15	5
8	フィンランド	35	5	29	トルコ	24	5	50	香港	14	4
9	ハンガリー	34	10	30	中国	24	2	51	韓国	14	3
10	チリ	34	3	31	エジプト	24	1	52	シンガポール	14	0
11	アルゼンチン	33	10	32	サウジアラビア	24	1	53	米国	13	9
12	ドイツ	32	8	33	フィリピン	24	1	54	オランダ	11	11
13	イタリア	31	4	34	台湾	23	8	55	インドネシア	14	6
14	スロベニア	31	1	35	デンマーク	23	4	56	ノルウェー	12	7
15	フランス	30	10	36	ブルガリア	23	2	57	メキシコ	9	4
16	ラトビア	30	7	37	ウクライナ	23	0	58	ペルー	5	1
17	ブラジル	30	3	38	オーストラリア	22	6	59	南アフリカ	5	0
18	チェコ	29	6	39	エストニア	22	2	60	キプロス*	0	0
19	スロバキア	29	1	40	カナダ	21	4	61	ケニア**	0	0
20	ポルトガル	28	5	41	チュニジア	19	2	62	ルーマニア**	0	0
21	アイスランド	28	3	42	イラン	19	2				

clm.1：多くの企業に影響を及ぼす差異，clm.2：特定の企業にのみ及ぼす差異
*：上場企業に対し証券規制当局が IAS 準拠を要求，未上場企業に IAS 準拠推奨
**：監査報告書（無限定意見）において IAS 完全準拠が表明

[出所] Street [2002], p.80. 一部表示様式を変更。

サンプル選択

(1) 2004 年 9 月現在におけるロンドン証券取引所に上場する外国企業：ロンドン証券取引所のウェブサイトから 1,292 社のリストを入手，英国企業 842 社および米国企業 59 社を除き 391 社をまず抽出。
(2) 初上場日が 2001 年 12 月末以前の企業，
(3) GAAP 2001 の対象となる企業，
(4) I/B/E/S に収録され，アナリストの EPS 予測，株価などのデータが提供される企業，COMPUSTAT GLOBAL に含まれ，株価，株式時価総額

などを入手できる企業のみを対象とした。

国別サンプル数はオーストラリア (5), カナダ (4), 中国 (3), チェコ (3), デンマーク (1), エジプト (4), フランス (1), ドイツ (7), ギリシャ (4), ハンガリー (3), インド (9), イスラエル (2), 日本 (19), マレーシア (2), オランダ (5), ノルウェー (2), ポーランド (5), アイルランド (21), ロシア連邦 (2), 南アフリカ (11), 韓国 (1), スウェーデン (3), スイス (2), 台湾 (7), 計126社である。

日本企業は東レ, ソニー, 東芝, ホンダ, NEC, 富士通, TDK, 住友信託銀行, 三菱電機, 三菱商事, 大和証券グループ, キリンビール, 鹿島, 全日空, NTT, オートバックスセブン, コナミ, トヨタ自動車, 武富士, 計19社である。

Ashbaugh and Pincus [2001] と整合する結果が得られた (図表4-14, 図表4-15)。自由度調整済決定係数は0.1487で, Ashbaugh and Pincus [2001] と類似している (図表4-8)。NUMにかかるβ_1の符号は, 期待どおり負で, EPS予測を発表するアナリスト数が増えるにしたがって, 予測誤差が縮小する傾向が見られたが, 統計的に有意でなかった。MVEにかかるβ_2の符号は, 期待どおり負かつ有意であった。株式時価総額が高くなるにつれて, アナリスト予測誤差が小さくなる傾向が見られた。DIFにかかるβ_3の符号は, 期待どおり正かつ有意であった。"国際的"GAAPとの差異が減少する (あるいは解消される) につれて, アナリストのEPS予測の誤差が縮小し, 利益に関する財務報告の質が高まると推計された。

図表 4-14　国際会計基準と日本の会計基準の差異

認識・測定ルールがない（6）	
取得（買収）または持分プーリングという企業結合の分類	IAS 22.8
取得とみなされた企業結合の引当金の設定	IAS 22.31
資産の減損	IAS 36
売上割引引当金	IAS 37.45
リース・インセンティブの認識	SIC 15
退職給与以外の従業員給付会計	IAS19
開示規定がない（5）	
株主持分変動計算書	IAS 1.7
LIFO 適用棚卸資産の FIFO 適用額またはカレント・コスト	IAS 2.36
投資不動産の公正価値	IAS 40.69
廃止事業	IAS 35
セグメント別負債	IAS 14.56
多くの企業に影響を与えるルールの相違（15）	
海外子会社に対する異なる会計方針の適用を容認	IAS 27.21
例外的に土地再評価が行えるが，適用期限が定められている	IAS 16.29
開業前費用が資産計上	IAS 38.57
借手に所有権が移転しない限り，オペレーティング・リース処理	IAS 17.12/28
棚卸資産が原価と正味実現可能価額のうち低い方以外で評価	IAS 2.6
棚卸資産原価には製造費用の他に間接費が含まれる	IAS 2.6
工事契約収益の認識に際し，工事完成基準が適用	IAS 11.22
一部の営業債務は公正価値評価されるが，カテゴリが未定義	IAS 39.93
取締役会の決定により債務発生前に引当金の設定可	IAS 37.14
連結財務諸表における予定配当	IAS 10.11
過去5年以内の変動を考慮し，従業員給付債務の割引率を修正可	IAS 19.78
過去勤務費用は平均残存勤務年数以内の年数で毎期費用処理	IAS 19.96
転換社債のうち実質的に資本である割合が計算されない	IAS 32.23
異常損益項目の広範囲な定義	IAS 8.6/12
セグメント報告における基本的・補足的報告様式	IAS 14.26
特定の企業に影響を与えるルールの相違（2）	
株主のミスリードをもたらす場合，子会社の連結除外が容認	IAS 27.14
超インレーション国に所在する子会社の財務諸表換算に関する要求なし	IAS 21.36

［出所］GAAP 2001, pp.75-76.

図表 4-15 実証結果の記述統計

	NUM	DIF	MVE
平均	13.5238	7.4656	22.4603
メディアン	12.0000	7.4475	24.0000
最大	45.0000	12.7367	42.0000
最小	1.0000	2.5534	5.0000
標準偏差	9.954	2.1931	9.2153
n	126	126	126

図表 4-16 実証結果

変数	符号	回帰係数	標準誤差	t 値	有意確率	n	$Adj.R^2$
定数項	?	0.0613	0.0183	3.3450	0.0011	126	0.1487
NUM	−	−0.0006	0.0005	−1.1671	0.2455	126	
MVE	−	−0.0070	0.0025	−2.7097	0.0077	126	
DIF	+	0.0010	0.0004	2.4911	0.0141	126	

図表 4-17 相関分析

	NUM	DIF	MVE
NUM	1.0000		
DIF	0.2546	1.0000	
MVE	0.6837	0.1763	1.0000

4.4 2007 年以後の FPI の会計基準選択

米国証券市場に上場する外国民間発行体（Foreign Private Issues：FPI）は，2007 年 11 月 15 日以降に終了する事業年度から，連結財務諸表の作成・開示にあたり，一部の基準をカーブアウトしない Pure IFRS，米国 GAAP，本国 GAAP（米国 GAAP への調整表を添付）の 3 つの選択肢を付与された。調整表の開示を免除され，Pure IFRS を適用する FPI が増加し，米国 GAAP または本国 GAAP（米国 GAAP への調整表を添付）を適用する FPI は，減少すると予想された。

Kaya and Pillhofer [2013] は 2009 年（2010 年）の 12 月 31 日現在において，SEC 登録していた 51 ヶ国 966 社（50 ヶ国 970 社）の FPI をまず抽出し，アニュアル・レポートが入手できなかった 63 社（87 社）を除き，903 社（883 社）

が3つの選択肢のうち，いずれを選択したかを調査した。本国の連結財務諸表作成基準によると，(a) IFRS適用が原則的に要求される国，(b) IFRSの任意適用が認められる国，(c) IFRSの適用が禁止される国，それぞれの2010年における対前年IFRS適用会社数の増減は，(a) が35社（＝142社－107社）増加，(b) が8社（＝29社－37社）減少，(c) が3社（＝9社－6社）増加し，合計ではIFRS適用会社数は30社（＝180社－150社），20％（＝30/150×100）の増加にとどまった。30社は連結財務諸表の作成基準を米国GAAPからIFRSへ変更した会社18社と本国GAAP（米国GAAPへの調整表を添付）からIFRSへ変更した12社の合計であり，対前年比で米国GAAP適用企業は4％減，本国GAAP（米国GAAPへの調整表を添付）適用企業は7％減少したにすぎない。

米国GAAPまたは本国GAAP（米国GAAPへの調整表添付）からIFRSへ変更は，適用基準選択オプションの行使だけなく，IFRS適用に関する本国基準が改正されたことに起因しても行われるはずである。そこで，図表14-7のサンプル企業からIFRS適用規制が改正された国のサンプル企業を除き，3つの選択肢の分布状況が調査された。本国の連結財務諸表作成基準によると，(a)，(b)，(c)，それぞれの2010年における対前年IFRS適用企業数は，(a) が2社（＝109社－107社）増加，(b) が8社（＝29社－21社）増加，(c) が3社（＝9－6社）増加し，合計ではIFRS適用企業数は13社（＝147社－134社），10％（＝13/134×100）の増加にとどまった。13社は連結財務諸表の作成基準を米国GAAPからIFRSへ変更した企業8社と本国GAAP（米国GAAPへの調整表を添付）からIFRSへ変更した5社の合計であり，対前年比で米国GAAP適用企業は3％減，本国GAAP（米国GAAPへの調整表を添付）適用企業は2％減少したにすぎない。

図表 4-18　FPI の基準選択(IFRS適用規制改正国サンプルを含む)

本国の IFRS 適用規制	IFRS		米国 GAAP		本国 GAAP		計	
	社	%	社	%	社	%	社	%
2010 年								
IFRS 適用要求国	142 (79%)	82	28 (9%)	16	3 (1%)	2	173 (23%)	100
IFRS 任意適用国	29 (16%)	6	266 (82%)	50	233 (90%)	44	528 (69%)	100
IFRS 適用禁止国	9 (5%)	15	31 (9%)	50	22 (9%)	35	62 (8%)	100
合計(A)	180 (100%)	23	325 (100%)	43	258 (100%)	34	763 (100%)	100
2009 年								
IFRS 適用要求国	107 (71%)	78	27 (8%)	20	3 (1%)	2	137 (18%)	100
IFRS 任意適用国	37 (25%)	7	255 (76%)	47	250 (91%)	46	542 (71%)	100
IFRS 適用禁止国	6 (4%)	7	55 (16%)	66	23 (8%)	27	84 (11%)	100
合計(B)	150 (100%)	20	337 (100%)	44	276 (100%)	36	763 (100%)	100
2 年間の変動数(比)								
IFRS 適用要求国	35		1		0		36 (26%)	
IFRS 任意適用国	−8		11		−17		−14 (−3%)	
IFRS 適用禁止国	3		−24		−1		−22 (−26%)	
変動数(C = A − B) 変動比(C/B)	30 (20%)		−12 (−4%)		−18 (−7%)		0 (0%)	

[出所] Kaya and Pillhofer [2013], p.282.

図表 4-19 FPI の基準選択（IFRS 適用規制改正国サンプルを除く）

本国の IFRS 適用規制	IFRS		米国 GAAP		本国 GAAP		計	
	社	%	社	%	社	%	社	%
2010 年								
IFRS 適用要求国	109 (74%)	80	25 (8%)	16	3 (1%)	2	137 (19%)	100
IFRS 任意適用国	29 (20%)	6	244 (82%)	50	233 (90%)	46	506 (72%)	100
IFRS 適用禁止国	9 (6%)	15	31 (10%)	50	22 (9%)	35	62 (9%)	100
合計(A)	147 (100%)	21	300 (100%)	43	258 (100%)	37	705 (100%)	100
2009 年								
IFRS 適用要求国	107 (80%)	78	27 (9%)	20	3 (1%)	2	137 (19%)	100
IFRS 任意適用国	21 (16%)	4	248 (80%)	47	237 (90%)	47	506 (72%)	100
IFRS 適用禁止国	6 (4%)	10	33 (11%)	66	23 (9%)	37	62 (9%)	100
合計(B)	134 (100%)	19	308 (100%)	44	263 (100%)	37	705 (100%)	100
2 年間の変動数(比)								
IFRS 適用要求	2		−2		0		0 (0%)	
IFRS 適用容認	8		−4		−4		0 (0%)	
IFRS 適用禁止	3		−2		−1		0 (0%)	
変動数(C＝A−B) 変動比(C/B)	13 (10%)		−8 (−3%)		−5 (−2%)		0 (0%)	

［出所］Kaya and Pillhofer [2013], p.284.

4.5 小　　括

　Ashbaugh [2001] では，ロンドン証券取引所に上場する外国企業の会計基準選択行動が分析された。サンプル企業は，厳格な米国 GAAP の適用を回避し，IAS を選択する傾向が見られ，国際的に認められる会計基準設定にあたり IASC が優位に立っていることが示唆された。

　Ashbaugh and Pincus [2001] では，IAS 適用がアナリストの EPS 予測精度を向上させ，利益に関する財務報告の質を改善させるかが検討された。IAS よりも開示規制が緩やかで，測定方法の選択肢が広い会計基準をもつ国の企業は，IAS 適用によって利益予測精度が高まり，財務報告の質が向上したと推計された。サンプル期間を 2001 年度とし，Ashbaugh and Pincus [2001] で提示されたモデルを用いて FERROR を推計した結果，会計基準の差異が縮小するにつれてアナリストの EPS 予測の精度が改善され，利益に関する財務報告の質が高まったことが示唆された。

　Tarca [2004] は，"国際的" GAAP を適用する企業の属性と "国際的" GAAP の適用形態を浮き彫りにした。①5ヶ国の "国際的" GAAP を適用する企業は，規模（時価総額の自然対数）が大きく，外国売上高比率が高いという属性を有していた。企業が製品市場の拡大，低コストの資金調達を求めて，"国際的" GAAP を適用し，情報の標準化を図ろうとしていたことが伺えた。② "国際的" GAAP の適用形態は，国により異なり，ドイツ企業および日本企業が "国際的" GAAP を採用するのに対し，他の3ヶ国は "国際的" GAAP を補足適用することを示す実証結果が得られた。③全体的には IAS より米国 GAAP が適用されていた。米国 GAAP 選好は，グローバル・ビジネスにおける米国の影響の大きさを反映していると解される。

　Kaya and Pillhofer [2013] の調査結果から，調整表開示要求撤廃後，IFRS を適用する FPI は急増しなかったことが明らかになった。その第1の理由は，IFRS が重要性を帯びてくる以前から米国 GAAP が一組の高品質な国際的基準として機能していると FPI の経営者が認識し，継続的に米国 GAAP または本

図表 4-20　IFRS 適用各国規制改正後の米国上場外国企業の開示行動

会計基準	IFRS 適用規制 2010 年		2009 年	
ブラジル	IFRS 適用要求		IFRS 適用容認	
IFRS	22	88%	8	32%
米国 GAAP	3	12%	7	28%
本国 GAAP から米国 GAAP へ調整	0	0%	10	40%
小計	25	100%	25	100%
チリ	IFRS 適用要求		IFRS 適用容認	
IFRS	11	100%	8	73%
米国 GAAP	0	0%	0	0%
本国 GAAP から米国 GAAP へ調整	0	0%	3	27%
小計	11	100%	11	100%
日本	IFRS 適用容認		IFRS 適用禁止	
IFRS	0	0%	0	0%
米国 GAAP	22	100%	22	100%
本国 GAAP から米国 GAAP へ調整	0	0%	0	0%
小計	22	100%	22	100%
合計	58		58	

［出所］Kaya and Pillhofer [2013], p.283.

国 GAAP（米国 GAAP 調整表の添付）を適用したからである。第 2 の理由は，米国 GAAP または本国 GAAP（米国 GAAP への調整表を添付）から IFRS への移行コストが移行により得られるであろうベネフィットを超えると FPI の経営者が認識したからである[23]。第 3 の理由は，米国の製品・金融市場へ参入し，自社の知名度アップ，資金提供者の拡大を図る FPI は，home bias frictions[24] の緩和を意図して米国 GAAP を選好したからである。

---

23) Kaya and Pillhofer [2013], p.282. IFRS への移行は教育訓練・監査コストを上昇させる。米国 GAAP は裁量の余地が少なく，実務指針が多いなどのメリットをもつともいわれる。
24) Kaya and Pillhofer [2013], p.283. 投資家は母国の GAAP に準拠した財務諸表を作成しない外国企業への投資に慎重な姿勢を崩さず，母国企業に投資する傾向がある。

第5章

欧州企業のIFRSs初度適用事例の分析

■ 5.1 はじめに

　21世紀の幕開けとなる2001年にIASCはIASBに組織変更された。IASBは，IASCのように緩やかに予定調和を目指す調和化（harmonization）を旗印として掲げず，資本市場参加者のために，より統一的な基準を策定する「収斂」（convergence）を志向した。「調和化」から「収斂」へのパラダイム転換は，2005年以降のEU域内上場企業へのIFRSs適用義務化の発表を契機に，まずEU加盟国に浸透し，さらにEU加盟国以外にも拡充していった。

　グローバル・スタンダードの確立にあたり重要な役割を演じてきた2大会計基準設定機関すなわちIASBとFASBは，2002年にノーウォーク合意を交わし，さらにはSECを含めて，互いに歩み寄る姿勢を示した。「調和化」から「収斂」への世紀をまたがる大変革は，FASBとIASBが協調路線体制を強めるなかで，さらに「収斂」から「採用・導入」（adoption）へのシフトをもたらし，新たな局面を迎えつつあることを想起させた。

　第2章から第4章では，このような潮流の中で，SEC及びFASBが米国の会計規制をどのように変容させたか，それに呼応して企業がどのような会計行動をとり，証券市場，投資家がそれをどのように評価したかを分析しようと試みた。翻って，国際的に認められる会計基準設定を巡る覇権争いのもう一方の主体であるIASBは，IFRSsの普及に向けてどのように会計基準を整備し，欧州企業の財務諸表にどのような変化が生じたのだろうか。本章では，IASC／IASBの動向に着目する。まず，IFRSsの初度適用に関するIFRS 1の公表の

目的と内容について概説する。次に IFRSs の初度適用が EU 域内上場企業の純利益および純資産に及ぼす影響を分析する。

5.2 IFRS1 の公表

　IASC は，1998 年 7 月に，解釈指針第 8 号（SIC 8）「会計の基礎としての国際会計基準の初度適用」(First-time Application of IASs as the Primary Basis of Accounting) を公表し，企業が最初に主要な会計基準として，IAS を適用する際の財務諸表の作成・表示方法を規定した。SIC 8 は，初度適用時に効力を発していた IAS に準拠して財務諸表を表示し，合理的に過年度修正金額を算定できないなどの例外を除き，基準および解釈指針の遡及適用を求めた。そして，IAS に準拠することに伴い生じる調整額を，直近の留保利益の修正として処理すべきとした。IAS および SIC の発効日を含む決算期には，たとえば，1995 年以前に取得したのれんの資本償却を認めるなどの移行措置を設けた。

　その後 IASB は，2003 年 6 月 19 日に，SIC 8 に代わる IFRS 1「IFRS の初度適用」(First-time Adoption of International Financial Reporting Standards) を公表した。IFRS 1 は，高品質な情報を最初の IFRS 財務諸表（first IFRSs financial statements）および中間（四半期）報告に含めることを目的として掲げた（IFRS 1, par.1）。高品質な情報は，作成コストが便益を超えず，透明かつ比較可能で，IFRS による会計処理の適切な出発点として利用者に提供される情報を意味する。

　IFRS 1 を初めて適用し，財務諸表を作成する企業，すなわち，初度適用企業（firs-time adopter）は，次の要件を充足し，IFRSs 移行日現在の開始貸借対照表（opening IFRSs balance sheet）を作成することが求められた。

(a) IFRSs が規定するすべての資産と負債を認識する
(b) IFRSs が規定しない資産，負債は認識しない
(c) 資産と負債の分類は，IFRSs の規定に従う

(d) 資産と負債の測定は，IFRSs の規定に従う

IFRSs の初度適用企業は，最初の IFRSs 財務諸表において，少なくとも，IFRSs 移行直前の年度の IFRSs に基づく比較情報を表示する必要がある。IFRSs の初度適用企業は，最初の IFRSs 財務諸表の期末時点に効力を発していた IFRSs を，遡及適用しなければならない。ただし，以下の諸領域においては，IFRSs の遡及適用の免除が容認される[1]。

(a) 企業結合
(b) 有形固定資産，投資不動産，無形固定資産のみなし原価
(c) 従業員給付
(d) 在外子会社などの為替換算調整勘定
(e) 複合金融商品
(f) 子会社，関連会社，ジョイント・ベンチャーの資産と負債
(g) 以前に認識された金融商品の分類の指定
(h) 株式報酬
(i) 保険契約

IFRSs への移行の結果，発生した調整額は，留保利益（または純資産の部）に属する項目に直接計上される。次の諸領域においては，IFRSs を遡及適用することが禁止された[2]。

---

1) 利用者が負担する費用が利用者が得るであろう便益を超えないように，IFRS 1 では，SIC 8 で明示されなかった遡及適用免除の容認項目を定めた。
2) Jermakowicz and Gornik-Tomaszewski [2006], pp.176-177.
IFRS 1 の概要については増村 [2013] なども参照。
IASB は，2009 年 7 月 23 日に，IFRSs 移行に伴うコストまたは作業負担の軽減を目的に，IFRS 1 を改訂し，以下の企業に対し，IFRSs の遡及適用を免除する任意規定を追加公表した。
全部原価法（full-cost method）を採用企業に，石油・ガス資産に対する IFRSs の遡及適

(a) 金融資産・金融負債の認識中止
(b) ヘッジ会計
(c) 見積り
(d) 売却目的保有資産と廃止事業

5.3 FTSEurofirst 80 Firms の純利益への影響

2002年7月に,EC規則1606／2002において,加盟国の上場企業の連結財務諸表に対し,IFRSsの適用を義務化することを発表して以降,100ヶ国を超える国々でIFRSsの採用が義務化,あるいは容認された。IFRSsを適用する欧州企業が増えるに連れて,各国GAAPからIFRSsへの移行が欧州企業の会計数値に与える影響の分析が焦眉の急となった。

先駆的な研究のひとつとして,Hung and Subramanyam [2007] は,ドイツ企業80社を対象に,IFRSsの自発的採用が純利益に与える影響を分析した。その結果,IFRSsの自発的採用が1998年から2002年までのドイツ企業の純利益をわずかに増加させたことを見出した[3]。

Hung and Subramanyam [2007] の研究の深化を意図して,O'Connell and Sullivan [2008] は,分析期間を,IFRSsが強制適用される年度に変更するとともに,分析対象国を複数とした[4]。

O'Connell and Sullivan [2008] は,FTSEurofirst 80 index[5]の構成企業のうち,

---

　　用を免除する。本国の会計基準に準拠した場合と同様なら,リース契約を締結する企業に,IFRIC 4「契約にリースが含まれているか否かの判断」に基づくリース契約分類の再評価を免除する。
　　IASBは,改訂IFRS 1の適用時期を,2010年1月1日以降に開始する年度の事業年度からと定めた(ただし,早期適用可)。
3) Hung and Subramanyam [2007], p.636.
4) 彼等は自らの研究の3つの利点をあげる。第1に,IFRSsの自発的採用企業ではなく,IFRSs強制移行企業に焦点を当てている。第2に,単一の国ではなく,複数のEU加盟国を対象としている。第3に,サンプル期間がより最近である(O'Connell and Sullivan [2008], p.19.)。

以下の規準を満たすサンプル企業を選択・抽出し，強制的なIFRSsへの移行が純利益に与える影響について調査した。(a) IFRSs初度適用企業，(b) サンプル選択日において，国内基準とIFRSsの両方に準拠した2004年の純利益を自発的に公表している。

上記の選択規準は，7ヶ国のGAAP（とくにベルギー，オランダ，フランス，ドイツ，イタリア，ポルトガル，スペインGAAP）に従うサンプル企業37社をもたらした。強制的にIFRSsへ移行する前に，コンバージェンスの程度が一定の水準に達していたことを考慮し，英国・アイルランドGAAPに準拠して報告する企業は，サンプルから除かれた[6]。

FTSEurofirst 80 indexの構成企業が当初のサンプルとされた理由は，次のように説明される[7]。

(a) FTSEurofirst 80 indexは，EU最大企業のヨーロッパ全土のインデックスである。(b) このインデックスに含まれる全企業は，ヨーロッパ大陸グループの構成員として分類される。(c) このインデックスは，英国・アイルランド企業を除いている。

2005年末までは，これらの企業は，IFRSsに関するEU指令に従い，2004年の比較数値の公表を義務付けられなかった。しかし，多くの企業は自発的に，2005年5月末（最終的なサンプル選択日）までの2004年比較IFRSs純利益を公表していた。比較情報は，プレスリリース，スペシャルレポート，アナリスト向けプレゼンテーション，2004年アニュアル・レポートなど，多様な方法により公表された[8]。

FTSEurofirst 80 indexの構成企業のうち，37社が2つの規準を満たした。

---

5) FTSEurofirst indexはFTSE groupとEuronextのジョイント・ベンチャーである（http://www.ftse.com/）。
6) O'Connell and Sullivan [2008], p.19.
7) O'Connell and Sullivan [2008], p.19.
 FTSEurofirst 80 indexの構成企業であるTESCOの純利益にIFRSs適用が与えた影響については，五十嵐［2009］，164-165頁参照。
8) O'Connell and Sullivan [2008], p.19.

図表 5-1　サンプル選択と国別内訳

Panel A：サンプル選択	
サンプル選択日における FTSEurofirst 80 社	80
サンプル選択日に比較情報がない企業	(16)
2004 年より前に IFRSs に移行した企業	(13)
IFRSs 移行を遅らせなければならない企業	(11)
合併審議などによりデータが欠損した企業	(2)
英国 GAAP を適用した企業	(1)
サンプル企業数合計	37
Panel B：国別内訳	
フランス GAAP	17
オランダ GAAP	6
スペイン GAAP	5
イタリア GAAP	4
ドイツ GAAP	3
ポルトガル GAAP	1
ベルギー GAAP	1
サンプル企業数合計	37

［出所］O'Connell and Sullivan [2008], p.20.

43社が除かれた理由は，図表 5-1 の Panel A に，国別サンプル企業数は，図表 5-1 の Panel B に示される。

フランス GAAP により報告した企業がもっとも多い。ドイツはフランスと比較して，早期に会計基準の収斂への取り組みを開始したといわれるが[9]，ドイツ企業のサンプルは 3 社のみである。

O'Connell and Sullivan [2008] は，各国 GAAP 純利益と IFRSs 純利益の差異を数量化するため，比較可能性指標（Comparability Index：CI）を用いる[10]。

---

[9] たとえば，Delvaille et al. [2005], p.143 を参照。ドイツとフランスはともに，組織原理重視型，間接金融，成文法，利害調整などの特徴をもつ大陸型システムの類型に属するが（藤井［2007］，202-203頁），会計基準の収斂へのスタンスは異なる。

[10] CI は Gray が保守主義を表す指標（conservatism index）として考案したものであるが，後に比較可能性を示す指標に名称変更され，Weetman et al. [1998], Haverty [2006] などでも用いられた。保守主義指標を用い，IAS 純利益が米国 GAAP 純利益より保守的かを明らかにしようとした研究の成果については，杉本［2009a］，108-109 頁などを参照。CI を活用した研究には Adams et al. [1999] もある。O'Connell and Sullivan [2008] は CI を Index of Comparability：IC と略記したが，本章では CI と略記する。

第5章 欧州企業の IFRSs 初度適用事例の分析　89

　CI は各国の会計基準に準拠した純利益と IFRSs に準拠した純利益の差異を測定するための指標であり，次のように計算される[11]。

$$1-\left(\frac{純利益_{各国GAAP}-純利益_{IFRSs}}{純利益_{各国GAAP}}\right) \quad (1)$$

　各国の GAAP による各企業の純利益は，上記の式の分母であることに留意すべきである。これは，サンプル企業が IFRSs を初めて適用した純利益の差異は，IFRSs からの乖離というより，各国基準との乖離と見るのが適切と考えられたからである[12]。1 を超える CI は，IFRSs に基づき調整されたときの純利益がより高いことを意味し，1 より小さい CI は，各国 GAAP から IFRSs へ調整後，純利益がより低くなることを表す。各国 GAAP 純利益と IFRSs 純利益が一致していれば，CI は 1 となる。

　CI を尺度として用い，次の仮説を検証する。

　H_1：各国 GAAP 純利益と IFRSs 純利益に差異はない（CI = 1）。

　CI の要約検定統計量が図表 5-2 の Panel A に示される。37 社全体の純利益の CI の平均（メディアン）は，1.23（1.10）である。しかし，この数値は 2 つの外れ値（Alcatel と Vivendi Universal の 2 社）の強い影響を受けている[13]。外れ値を除いた後の CI の平均（メディアン）は，1.09（1.08）である。この値は，IFRSs を適用した 2004 年サンプル企業の純利益が，各国 GAAP を適用した純利益より平均で 9％高いことを示す。

　図表 5-2 の Panel B の統計量は，37 社のうち 27 社が IFRSs に移行したときに純利益を増加させ，9 社が純利益を減少させ，1 社の IFRSs 移行後の純利益が不変であったことを示す。

　ほぼ 75％のサンプルの各国 GAAP 準拠純利益が，IFRSs 純利益より高いことを報告している（5％水準で有意）。一方で，IFRSs に準拠した場合，純利益

---

11) O'Connell and Sullivan [2008], p.19.
12) O'Connell and Sullivan [2008], p.19.
13) O'Connell and Sullivan [2008], p.21.

図表 5-2　比較可能性指標の要約統計量

Panel A：要約統計量

	平均	標準偏差	第1四分位	メディアン	第3四分位
全サンプル（n=37）	1.23	0.70	1.00	1.10	1.24
外れ値を除く（n=35）	1.09	0.20	0.98	1.08	1.21

Panel B：純利益の比較可能性指標の度数分布

重要性の水準	Index Values	
IFRSs 適用により，各国 GAAP 純利益の 10％以上が増加	＞＝1.100	18
IFRSs 適用により，各国 GAAP 純利益の 5％以上，10％未満が増加	1.050-1.099	6
IFRSs 適用により，各国 GAAP 純利益の 0.1％超，5％未満が増加	1.001-1.049	3
各国 GAAP 純利益と IFRSs 純利益が等しい	1.000	1
IFRSs 適用により，各国 GAAP 純利益の 0.1％超，5％以下が減少	0.950-0.999	5
IFRSs 適用により，各国 GAAP 純利益の 5％超，10％未満が減少	0.901-0.949	2
IFRSs 適用により，各国 GAAP 純利益の 10％以上が減少	＜＝0.900	2
合計		37

［出所］O'Connell and Sullivan [2008], p.20.

を減少させた企業が4社見られた（5％水準で有意）。

　各国 GAAP から IFRSs へ移行すると，純利益の増加が見込まれる企業は，IFRSs への調整表を速やかに開示し，IFRSs への移行により，純利益の減少が見込まれる企業は，IFRSs への調整表開示を回避すると予測された[14]。しかし，37社のうち9社は，IFRSs に準拠することにより純利益が減少したことを公表し，減益企業も情報開示の義務化の前に，IFRSs への調整表を利害関係者に積極的に開示した。

　H_1 の t 検定による外れ値を含む t 値は 1.96，外れ値を除く t 値は 2.61 で，それぞれ 10％水準および 5％水準で統計的に有意である（図表 5-3 の Panel A）。正規分布を前提としない Wilcoxon 符号付順位検定によると（これに対する帰無仮説は，メディアンが 1 と等しい），Z 値は 3.46（外れ値を含む）と 3.15（外れ値を除く）で，5％水準で有意である。全体的に見て，t 検定と Wilcoxon 符号付順位検定は，H_1 を棄却した。したがって，サンプル企業については，各国 GAAP から IFRSs に移行することによって，2004年の純利益が高くなっ

---

14) O'Connell and Sullivan [2008], p.21.

図表5-3 （仮説1）CI=1の検定結果

	全サンプル（n=37）	外れ値を除く（n=35）
t値	1.96*	2.61**
Wilcoxon符号付順位Z値	3.46***	3.15***

*10％水準で有意，**5％水準で有意，***1％水準で有意
[出所] O'Connell and Sullivan [2008], p.21.

図表5-4 比較可能性指標の国別統計量

	フランスGAAP	オランダGAAP	スペインGAAP	イタリアGAAP	ドイツGAAP	ベルギーGAAP	ポルトガルGAAP
メディアンCI	1.13	1.15	1.08	0.99	0.94	0.70	1.10
平均CI	1.40	1.21	1.13	1.11	0.80	n/a	n/a
標準偏差	0.99	0.15	0.13	0.26	0.34	n/a	n/a

[出所] O'Connell and Sullivan [2008], p.21.

たと推計される。

図表5-4は，サンプル37社に代表される7ヶ国のGAAPの国別平均CI，メディアンCI，標準偏差を示す。外れ値の影響を受けにくいメディアンに着目すると，オランダGAAPとフランスGAAPが，それぞれ1.15と1.13で高い。もっともCIのメディアンが低い企業は，ベルギーGAAPとドイツGAAPに従い報告した企業であり，それぞれ0.70と0.94である。ただし，ベルギーGAAPおよびドイツGAAPに従い報告した企業数は，それぞれ1社，3社であり，IFRSsへの移行の純利益に対する影響は，国により異なるとは解釈できない。

37社のうち17社は，詳細な調整表を提出し，個々の基準が各国GAAP純利益とIFRSs純利益の差異に与える影響を明瞭に示していた[15]。17社について，以下のPartial Comparability Index (PCI) を用い，個々の基準の影響が分析された。

$$1-\left(\frac{Partial\ Adjustment}{|純利益_{各国GAAP}|}\right) \tag{3}$$

---

15) O'Connell and Sullivan [2008], p.22

PCIは，各国GAAP準拠純利益の比率として，各基準と関連するPartial adjustmentを測定する。図表5-5は，関連情報を提供する17社に対し，19の異なる調整項目が見られたことを示す。図表5-5の第1列と第2列は，特定の調整項目と関連する個々のIFRSs（または複数のIFRSs）を示し，第3列は，各項目の修正をした企業数（17社中）の内訳である。平均とメディアンPCIは第4列と第5列に示されるが，重要な純利益の増加または減少（5%水準）をもたらした修正の度数が図表5-5の第6列と第7列に記される。

　図表5-5から以下のことが示唆される[16]。第1に，19の調整のうち，12の平均PCIが1以上であり，IFRSsへの過半数の調整が，純利益を押し上げたことを示す。第2に，純利益をもっとも増加させた基準が，IFRS 3（企業結合）で，平均（メディアン）partial indexが1.13（1.10）であった。17社のうち，2社を除くすべての会社がIFRS 3関連修正をし，第6列からIFRSsが10社の純利益を5%以上増加させた。第3に，IFRSsに移行し，純利益を減らした（PCI値1）7つのうち，もっとも重要な調整項目は，IAS 12（法人所得税）であった。9社はIAS 12に関連する調整をし，うち4社はIFRSsに準拠し，5%以上純利益を下げた。第4に，IAS 17（リース）の平均partial indexは0.94で，各国GAAP純利益を5%以上押し下げた（ただし，IAS 17に関連する調整をした企業は3社のみ）。

　公正価値測定を多用するIFRSsは，純利益のボラティリティーを拡大させると批判されるが[17]，IFRSsの適用義務化直後には，そうした批判が的を射ていると判断するに十分なほど，データは蓄積されていなかった。IFRSsへの移行は，短期的には，貸借対照表項目，とりわけ純資産に重大な影響を与えると解し，Aisbitt [2006] は，IFRSs初度適用が純資産に与える影響の分析を主眼とする研究成果を発表した。

---

16) O'Connell and Sullivan [2008], p.22.
17) 金融危機に対応した時価会計の停止措置と公正価値論争については，斎藤 [2009]，20-22頁および伊藤 [2009]，33頁を参照。

図表5-5 項目別比較可能性指標

基準	内容	調整企業数(17社中)	PCI 平均	PCI メディアン	PCI >1.05	PCI <1.05
IFRS 3	企業結合	15	1.13	1.10	10	0
IFRS 2	株式報酬	12	0.98	0.99	0	0
IAS 19	従業員給付	12	1.01	1.01	3	1
IAS 12	法人所得税	9	0.98	0.99	1	4
IAS 38	無形固定資産	9	1.01	1.01	1	1
IAS 32, 39	金融商品の開示／認識／測定	6	1.01	1.00	1	0
IAS 18	収益	5	1.01	1.00	0	0
IAS 36	資産の減損	5	1.03	1.03	2	0
IAS 37	引当金, 偶発債務, 偶発資産	5	0.99	0.99	0	0
不特定	持分法の影響	4	1.01	0.99	1	0
IAS 2	棚卸資産	3	1.01	1.00	0	0
IAS 16	有形固定資産	3	0.97	0.97	0	0
IAS 17	リース	3	0.94	0.99	0	1
IAS 21	外国為替相場変動の影響	3	1.02	1.03	1	0
IAS 23	借入費用	1	1.00	n/a	0	0
IAS 41	農業	1	1.00	n/a	0	0
IFRS 2, 19	2つの基準の影響	1	0.98	n/a	0	0
IAS 27, 28, 31	3つの基準の影響*	1	1.01	n/a	0	0
不特定	その他	14	1.00	1.00	0	0

＊IAS 27 連結財務諸表・個別財務諸表, IAS 28 関連会社投資, IAS 31 ジョイント・ベンチャーへの投資
[出所] O'Connell and Sullivan [2008], p.22.

5.4 FTSE 100 Firms の純資産への影響

Aisbitt [2006] は, 以下を2つの主要な研究課題とした[18]。

第1の研究課題は, IFRSs 移行が純資産（資本）にどのような影響を与えるかである。貸借対照表の数値の変化は, 企業の財政状態に関するアナリストまたは投資家の認識だけでなく, 企業の債務制限条項に関する認識にも影響を及ぼす[19]。

---

18) Aisbitt [2006], p.119.
19) Ormrod and Taylor [2004], pp.77-80 では, IFRSs によると英国 GAAP と比べて, 繰延税金引当金水準の増加が必要で, IFRSs 移行は財務制限条項に影響を与えると指摘される。

第2の研究課題は，IFRSs移行が個別の貸借対照表項目に与える影響を認識することにおかれる。

　サンプルは，2005年1月1日における英国FTSE 100 indexを構成する企業から選択された[20]。

　英国GAAPに準拠した貸借対照表項目の金額を，IFRSs準拠金額に組み替えるための調整表を，3つのデータ・ソース（アニュアル・レポート：12，中間財務諸表：7，独立したIFRSs移行文書／プレス・リリース／プレゼンテーション：73）から収集し，IFRSs初度適用前後の金額が比較された[21]。

　以下の2点については注意を要する[22]。第1に，サンプル企業の決算日は，必ずしも一致しておらず，決算日が異なることは，すべてのサンプルのIFRSsに移行時期の統一性が保たれていないことによる結果の解釈を制約する可能性がある。第2に，サンプル企業は，IFRS 1で認められた適用除外について異なるアプローチを採用し，たとえば，一部の企業は，IAS 32／9の影響を組み込むが，他の企業は，それらの基準の適用を延期した。

　FTSE／DJ産業分類ベンチマークに従い，サンプル企業を10業種に分類し，業種の相違が見られるかが分析された[23]。しかし，業種固有の特徴は見出せなかった。業種がIFRSsへの調整後の純資産の増減を決定する要因とはみなせなかったことは，IFRSs調整後の純資産の増減が，会計基準の国際的相違ではなく，個々の企業の会計方針・状況に起因したことを示唆した[24]。

　以下の規準に従い，IFRSs移行後の開示水準（スコア1から3）と純資産変動の相関関係が分析された[25]。

---

20)　FTSE 100は適格基準を満たし，市場価値をもつ英国トップ100社からなる。indexの構成企業は四半期ごとに見直される。indexルールの詳細な情報はwww.ftse.com参照。
21)　Aisbitt [2006], p.120.
22)　Aisbitt [2006], p.121.
23)　全サンプル92社の業種別内訳はConsumer services 25社，Financials 20社，Industrials 12社，Consumer goods 11社，Basic materials 7社，Utilities 7社，Telecommunications 4社，Health care 3社，Oil and gas 2社，Technology 1社である（Aisbitt [2006], p.121）。
24)　Aisbitt [2006], p.121.

図表 5-6 アニュアル・レポートにおける純資産の変動と開示水準の関係

	R^{2a}		
	金融機関	一般事業会社	全企業
2004年の開示水準と米国GAAP純資産構成比率で示される純資産変動の相関関係	0.200	0.013	0.014
2004年の開示水準と絶対額で示される純資産変動の相関関係 [b]	0.222	0.001	0.076

a：相関係数 Pearson の自乗
b：2004年1月のポンドに対する米ドルの換算レートは 1.9199
　　2004年3月のポンドに対する米ドル換算レートは 1.8896
　　2004年1月のポンドに対するユーロの換算レートは 1.4125
［出所］Aisbitt [2006], p.122.

1. 大まかな：移行について述べているが，認識・測定問題がどのような影響を企業に与えるかについては明らかにしていない。
2. 十分な：個別の認識・測定問題が確認された。
3. 詳細な：個別の認識・測定問題が確認され，問題が何であったか，起こり得る影響は何かについても論じられている（通常，これらに関する数量化を伴う）。

金融機関は，一般事業会社とは相当異なる特殊な資産・負債をもっているので，金融機関と一般事業会社を区分し，各勘定科目への影響が分析された。図表 5-6 は，IFRSs 移行前の開示水準が，純資産変動の全体的影響の指標たりえないことを示唆する。ただし，金融機関が相対的に少ないこと（20社），金融機関が行う財務活動が多様であることに起因して，結論を導くには証拠が不十分であることを考慮すると，ここでの発見事項は，一般事業会社に限られる。

企業間比較を容易にするために，貸借対照表の各項目の IFRSs 調整額の対純資産比率が企業別に求められた。その後，サンプル企業間の各項目別調整額の対純資産比率平均が計算され，純資産に影響を与えた上位20項目が図表 5-7 に示された。IFRSs 調整額の対純資産比率の平均値が最大の項目は，退職

---

25) Aisbitt [2006], p.122.

図表5-7　IFRSs移行に伴う貸借対照表項目の調整上位

No.	貸借対照表項目	勘定科目別平均調整 （英国GAAP純資産に対する百分率）
1	退職給付債務［固定］	-15.45
2	有形固定資産	10.58
3	現金及び現金同等物［流動］	8.03
4	他の金融資産［流動］	-7.11
5	繰延税金資産［固定］	6.26
6	借入金［固定］	-5.97
7	繰延税金負債［固定］	-5.89
8	のれんと無形固定資産［固定］	-4.41
9	営業債務及びその他の債務［流動］	3.97
10	デリバティブ金融商品［固定］	3.80
11	営業債権及びその他の債権［流動］	-3.44
12	営業債権及びその他の債権［固定］	-3.24
13	年金資産［固定］	2.88
14	負債性・費用性引当金［固定］	2.49
15	売却目的固定資産	2.46
16	金融商品［流動］	-2.29
17	営業債務及びその他の債務［固定］	2.09
18	引当金［流動］	-1.89
19	未払税金	-1.57
20	繰延税金資産［流動］	-0.94

全項目は対純資産比率表記で，借方増は正，貸方増は負。
［出所］Aisbitt [2006], p.123. No. を追加。

給付債務であった[26]。監査人の重要性の判定基準は5％から10％であり，最初から7項目が監査上，重要と考えられる[27]。

退職給付債務は，英国GAAPによれば，財務諸表の脚注において，企業年金基金の財務諸表に限定して認識されてきたが，IFRSsによると，勤務期間中に，従業員を雇用してきた企業の貸借対照表において認識される[28]。

---

[26] 日本でも，純利益業績の測定・表示に関連する未解決の課題のひとつとして，過去勤務費用と保険数理計算上の差異に関する遅延認識の廃止問題の重要性が指摘される（桜井 [2009b]，15頁）。実証研究により，年金債務の即時認識が義務付けられると，純利益の振幅が大きくなり，純利益の持続性が保てなくなる可能性があり，年金費用を，経常費用と一次修正損益に区分表示すべきであると提案されている（須田 [2009], 42頁）。

[27] Aisbitt [2006], p.123.

[28] Aisbitt [2006], p.124.

図表 5-8　IFRSs 移行に伴う調整額の標準偏差上位 20 項目

No.	貸借対照表項目	勘定科目別調整平均 (英国 GAAP 純資産に対する百分率)
1	のれんと無形固定資産［固定］	112.88
2	有形固定資産	79.41
3	現金及び現金同等物［流動］	61.43
4	他の金融資産［流動］	59.13
5	営業債務及びその他の債務［流動］	47.98
6	デリバティブ金融商品［固定］	39.23
7	借入金［固定］	34.99
8	退職給付債務［固定］	29.70
9	年金資産［固定］	21.80
10	営業債権及びその他の債権［固定］	21.18
11	営業債務及びその他の債務［固定］	14.45
12	繰延税金負債［固定］	13.37
13	繰延税金資産［流動］	13.17
14	デリバティブ金融商品［固定］	12.78
15	繰延税金資産［固定］	12.43
16	売却目的保有固定資産	11.62
17	負債性・費用性引当金［固定］	10.50
18	借入金［流動］	7.78
19	未払税金	7.10
20	棚卸資産［流動］	7.09

［出所］Aisbitt [2006], p.124. No. を追加。

　IFRSs 移行に伴う調整額の対純資産比率の標準偏差が追加的に求められ，その結果が図表 5-8 にまとめられる。図表 5-7 に示された調整額の対純資産比率が高い項目は，図表 5-8 の標準偏差も高いことが示される。図表 5-7 では，のれんおよび無形固定資産は上位を占めなかったが，図表 5-8 では，説明的開示で，頻繁に取り上げられた差異のひとつであるのれん[29]および無形固定資産が最上位に示される。

　IFRSs に移行する前の FTSE 100 のアニュアル・レポートを分析し，もっとも頻繁に脚注に記載された項目が認識された。金融機関と一般事業会社は，双方ともに IAS 39 による金融商品の会計処理には問題があると認識し，金融商

---

29)　Aisbitt [2006], p.125.

図表 5-9　英国 GAAP から IFRSs への純資産調整

| | | 調整額平均 | | |
| | | (英国GAAP 純資産に対する百分率) | | |
No.	会計基準	一般事業会社平均	金融機関平均	全体平均
1	IAS 19, IFRS2 従業員給付と株式報酬	-11.74	-4.22	-10.10
2	IAS 10 後発事象	7.06	4.20	6.43
3	IAS 18 収益	-5.46	0.06	-4.26
4	IAS 12 税金	-3.93	-1.58	-3.42
5	IAS 16 有形固定資産	4.10	-0.14	3.18
6	IAS 32/39 金融商品	2.63	0.38	2.14
7	IAS 21 外国為替レート変動の影響	-2.10	0.00	-1.65
8	IAS 17 リース	-0.45	-0.51	-0.46
9	その他	0.51	-0.51	0.29
10	IAS 37 引当金, 偶発債務・資産	0.10	0.42	0.17
11	IFRS 1 初度適用	0.19	0.00	0.15
12	IAS 27/36/38, IFRS3 連結／減損／無形資産	-0.03	0.77	0.15
13	IAS 28/31 関連会社投資／ジョイントベンチャー持分	0.12	0.02	0.10
14	IFRS 4 保険契約	0.00	-0.47	-0.10
15	IFRS 5 売却目的固定資産と廃止事業	0.05	-0.02	0.04
16	IAS 1 財務諸表の表示	0.00	-0.01	0.00
17	IAS 11 工事契約	0.00	0.00	0.00
18	IAS 40 投資不動産	0.00	-0.02	0.00
19	IAS 41 農業	0.00	0.00	0.00

［出所］Aisbitt [2006], p.126. No. を追加。

品の利用を抑制し，IAS 39 適用を回避した。その結果，金融商品に関するIFRSs への調整額は，低く抑えられたと思料される[30]。

　一般事業会社，金融機関，すべてのサンプルについて，個々の会計基準と関連する対純資産平均調整額を算定し，順位付した結果が，図表 5-9 に示される。

　図表 5-10 は，図表 5-9 の項目別平均調整額の分析において認識された IAS 19 ／ IFRS 2：従業員給付／株式報酬，IAS 16：有形固定資産と関連する調整額などの重要性を再確認させるとともに，新たな項目の重要性を注視させ

---

[30]　Aisbitt [2006], p.125. 金融商品の表示，認識・測定に関する会計基準の財務諸表への影響は，予想に反して軽微であったが，金融機関と一般事業会社の間には，著しい差が見られた（Aisbitt [2006], p.127）。金融商品に関する論点については Walton [2004]，越智 [2012] などを参照。

図表 5-10 英国 GAAP から IFRSs への移行による調整額の標準偏差

		調整額の標準偏差 調整額平均 (英国GAAP純資産に対する百分率)		
No.	会計基準	一般事業会社平均	金融機関平均	全体平均
1	IAS 27/36/38, IFRS3 連結／減損／のれん	47.08	4.10	41.63
2	IAS 18 収益	34.48	0.24	30.86
3	IAS 19, IFRS2 従業員給付と株式報酬	28.26	6.87	25.35
4	IAS 16 有形固定資産	26.95	0.51	23.87
5	IAS 10 後発事象	25.26	2.88	22.38
6	IAS 32/39 金融商品の開示／認識／測定	22.96	3.38	20.36
7	IAS 21 外国為替レート変動の影響	18.74	0.00	16.58
8	IAS 12 法人所得税	8.64	5.98	8.17
9	その他	3.53	2.56	3.36
10	IAS 17 リース	2.32	1.14	2.11
11	IAS 28/31 関連会社投資, ジョイントベンチャー持分	0.08	0.00	1.98
12	IAS 37 引当金, 偶発債務・資産	0.65	2.76	1.39
13	IFRS 1 初度適用	1.35	0.00	1.19
14	IFRS 4 保険契約	0.00	1.32	0.63
15	IFRS 5 売却目的固定資産と廃止事業	0.49	0.07	0.44
16	IAS 1 財務諸表の表示	0.02	0.06	0.03
17	IAS 40 投資不動産	0.00	0.07	0.03
18	IAS 41 農業	0.04	0.00	0.03
19	IAS 11 工事契約	0.02	0.00	0.02

[出所] Aisbitt [2006], p.128. No. を追加。

る[31]。収益に関する英国 GAAP と IAS 18 の相違が重要である。IAS 10 で分類された修正は，通常，当期純利益から支払うべき配当金繰入額の戻し入れである。IFRSs によると，以下の理由により，戻し入れは行われない。(a) 宣言された配当は，負債の定義を満たさない。(b) IAS 37 は，法的または推定的債務の存在を要求し，IASB は推定的債務としての'経済的強制'を考慮しない。

IAS 32/39 に関する活発な議論を所与とすれば，金融商品の表示，認識・測定に関する会計基準の財務諸表への影響は，予想に反して軽微であった。フランスなどでは，金融商品に対して'カーブアウト'された EU 版 IFRSs が適用

---

31) Aisbitt [2006], p.127.

されるが，英国では IFRSs が厳格に適用され，金融商品に関する会計基準の業種別差異は，生じにくいはずである。それにもかかわらず，金融機関と一般事業会社の間には，著しい差が見られた[32]。

特定の会計基準に関する調整額の標準偏差は図表 5-10 のとおりである。図表 5-10 は，一般事業会社より金融機関の標準偏差が小さいことを示す。

5.5 小　　括

証券監督者国際機構（IOSCO）は，1987 年に IASC が公表するコア・スタンダードを支持することを表明し，以後数十年にわたり，会計基準の収斂を進展させ，世界で承認されるシングルセットの会計基準を確立し，証券上場の'グローバル・パスポート'を実現させるための活動を展開してきた。IASC および IASB が公表する IFRSs は，アングロ・サクソンモデルを偏重しているといわれる。

本章では，IFRSs の適用が義務化されている欧州上場企業を対象に，IFRSs への移行が純利益および純資産に与えた影響について検討した。FTSEUrofirst 80 index 構成企業をサンプルとし，比較可能性指標（CI）を測定し，t 検定と符号付順位検定を行った O'Connell and Sullivan [2008] の調査結果によれば，各国 GAAP から IFRSs への移行は，純利益を有意なほど増加させた。PCI の測定結果から，のれんおよび無形固定資産，従業員給付および株式報酬に関連する項目が IFRSs 移行後の純資産を変動させたことが析出された。

Aisbitt [2006] は O'Connell and Sullivan [2008] には含まれなかった英国企業を対象に，IFRSs への移行が純利益に対してではなく，純資産に対して与えた影響を CI，PCI を測定する手法によらず分析した。FTSE 100 index を構成する英国企業をサンプルとした Aisbitt [2006] の調査結果によると，英国 GAAP 純資産と IFRSs 純資産の間に統計的に有意差があるとは推計されなかっ

---

32) Aisbitt [2006], p.127.

た[33]。しかし,基準別に見ると IAS 19/IFRS 2:従業員給付／株式報酬, IAS 10:後発事象, IAS 18:収益, IAS 12:税金, IAS 16:有形固定資産への移行は,英国 GAAP 適用企業の純資産に少なからず影響を与えたことが示唆された[34]。

---

33) Aisbitt [2006], p.122.
　　t 値は 0.8842 であり両者の平均の間に有意な差はないと推計された。
34) ヨーロッパ大陸型モデルに属する我が国においては,より一層純利益および純資産を変動させ,情報作成者と利用者の混乱を招くと予想される。IFRSs と我が国の基準の同等性向上と IFRSs に関する教育が喫緊の課題といえる。

第 6 章

IFRSs 初度適用時の利益調整の情報内容

■ 6.1 はじめに

　IFRSs の適用に関する規則（EC）No.1606 / 2002 が 2002 年に採択され，EU 域内上場企業は，2005 年 1 月以降の決算期から IFRSs に準拠し，連結財務諸表を作成することが義務付けられた[1]。前章では，(EC) No.1606 / 2002 の趣旨に沿い，EU 域内上場企業が IFRSs を適用した結果，純利益および純資産にどのような影響が及んだか，純利益および純資産を変動させる主因は何かについて検討した。本章では，先行研究の手法を用い，2005 年度前後の欧州企業の財務報告を分析し，IFRSs の初度適用時の利益（純資産）調整が新たな相対的情報内容（relative information content），増分情報内容（incremental information content）をもつかについて検討する。

　企業会計審議会は，2013 年 6 月に「国際会計基準（IFRS）への対応のあり方に関する当面の方針」を公表し，IFRSs の任意適用を積み上げるとともに，IFRSs の個別基準について受け入れ可能か判断し，必要に応じ一部の基準を削除または修正し，採択するエンドースメントの仕組みを設けることを提案した。これを受けて企業会計基準委員会は，2014 年 7 月に公開草案「修正国際基準（国際会計基準と企業会計基準委員会による修正会計基準によって構成される会計基準）（案）」の公表を承認した。

---

[1] IAS32 金融商品：表示，IAS39 金融商品：認識および測定の適用に反対する意見もあり，準拠すべき IFRSs からそれらの基準を除外した（カーブアウトした）EU 版 IFRS を採用する金融機関もあった。

欧州企業によるIFRSsの自発的適用，任意適用，強制適用に伴う利益調整差額に関する知見は，我が国におけるIFRSsアドプションの課題を探るうえでの有効な材料となると思われる。本章では，欧州企業の導入事例を手掛かりに，先行研究の手法を援用して利益調整差額の情報内容を検証し，我が国のIFRSsアドプションの理論的・制度的課題についても言及する。考察にあたり，まず利益（純資産）調整差額情報に関する先行研究を整理する。

6.2　利益調整差額情報に関する研究分類

　利益（純資産）調整差額情報に関する先行研究は，欧州各国のGAAPから米国GAAPへの調整に関する研究（類型A），IFRSsから米国GAAPへの調整に関する研究（類型B），欧州各国のGAAPからIFRSsへの移行・調整に関する研究（類型C）に大別され，比較可能性，価値関連性が検証される[2]。

(1) 類型A

　SECは，米国GAAP以外を適用し，連結財務諸表を作成する外国民間発行体に対し，Form 20-Fにおいて米国GAAPに組み替えた利益（純資産）調整差額を開示することを要求してきた。Form 20-F調整表に示された各国基準利益と米国GAAP利益の差異が価値関連性をもつかが検証された[3]。

(2) 類型B

　SECは，投資家が意思決定を行うため，一組の高品質な会計基準により作成された比較可能な財務情報を求めていることを前提に，米国GAAPとIFRSsの収斂を進展させようとした。国際財務報告における比較可能性が改善されるかが，米国企業にIFRSsの早期適用を認める判断基準となるとSECは

---

[2] IFRSs純利益に関する調整表の開示様式例についてはChristensen et al. [2009], p.1197のAcambis PLCおよびBAE Systems PLCの調整表を参照。

[3] たとえばAmir et al. [1993], Rees and Elgers [1997] を参照。

述べた[4]。類型Bの研究では，IFRSs早期適用実施の可否判断材料の1つである「比較可能性」が鍵概念となり，IFRSsと米国GAAPの差異がどの程度あるかを指標によって示すこと，IFRSsから米国GAAPへの調整差額情報の価値関連性を検証することが主な課題である。

Plumlee and Plumlee [2008] は，IFRSsを2006年に適用し，Form 20-Fを提出した外国民間発行体のうち，ランダムに抽出した100社を対象に，22の調整項目の発生頻度，調整額と符号を調査した。規模の相違をコントロールするために，純利益および純資産に関する調整額を，IFRSs純利益の絶対値およびIFRSs期末純資産で除した値に基づき，大・中・小の3つの区分にグルーピングし，産業別に同様の調査を行った。外国民間発行体が頻繁に調整項目としてあげるカテゴリーが年金・退職給付，のれん・無形資産であることを見出した。企業規模が重大で，調整項目の発生頻度，調整額と符号は，規模グループ間で異なることが観察された。

Gray et al. [2009] は，NYSEまたはNASDAQに上場する欧州企業のうち，2005年度に，初めてIFRSsを適用したForm 20-FをSECに提出した107社を対象に，IFRSs強制適用前を含む2001年から2006年までの米国GAAP利益（純資産）と欧州各国GAAPまたはIFRSs利益（純資産）の比較可能性を下記の式を用いて指標化した。

$$CI = 1 - \left(\frac{純利益_{米国GAAP} - 純利益_{欧州各国GAAPまたはIFRSs}}{|純利益_{米国GAAP}|} \right) \quad (1)$$

$$CI = 1 - \left(\frac{純資産_{米国GAAP} - 純資産_{欧州各国GAAPまたはIFRSs}}{|純資産_{米国GAAP}|} \right) \quad (2)$$

---

4) Ball [2006], p.11. 投資家にとってのIFRSsの利点は正確で，包括的かつタイムリーな財務情報をもたらすこと，機関投資家ほど事情に精通したうえで財務情報の予測を行うことが困難な小口投資家のリスクを軽減すること，会計基準と報告様式の国際的相違の除去により，企業の財務内容の国際比較可能性を向上させるための情報処理コストを低下させ，もって市場の効率性を高めることであり，一般にIFRSsは比較可能性を高めるとされる。

H_1：米国 GAAP 純利益と欧州各国 GAAP または IFRSs 純利益の間に差はない（CI = 1）。

H_2：米国 GAAP 純資産と欧州各国 GAAP または IFRSs 純資産の間に差はない（CI = 1）。

2004 年度（2005 年度）の IFRSs 純利益は，全サンプルについては，米国 GAAP 利益より平均 12%（平均 13%）高いと推計された[5]。

Henry et al. [2009] は，2004 年から 3 年間継続的に米国で上場し，全期間にわたり IFRSs から米国 GAAP への調整表が利用可能な EU 企業 75 社，計 225 事業年度を分析対象とした。CI の平均（メディアン）は，2004 年から 2006 年にかけて, 2.54 (1.13) から 1.26 (1.08) に推移し，変化は有意であった（$p = 0.03$）[6]。PCI によって，各項目が純利益に与える影響を数量化し，連結，無形資産，年金などの PCI は，1 と有意に異なると推計した[7]。

$$PCI = 1 - \frac{Partial\_adjustment}{|純利益_{米国GAAP}|} \qquad (3)$$

Liu [2009] は，米国上場外国企業のうち，2004 年から 2006 年の Form 20-F において，IFRSs から米国 GAAP への調整表を開示した IASB-IFRSs 適用 15 社を抽出し，それらと同業種・同規模の EU-IFRSs 適用企業 15 社を選び，両者を比較分析した。IFRSs から米国 GAAP への調整の価値関連性を下記の式により評価した[8]。

$$MV = a_1 NA_{IFRSs} + a_2 NI_{IFRSs} + a_3 NA_{米国GAAP-IFRSs}$$
$$+ a_4 NI_{米国GAAP-IFRSs} + e \qquad (4)$$

---

5) Gray et al. [2009], pp.440-441. 2004 年度（2005 年度）の英国・アイルランド企業については，IFRSs によると平均 15%（平均 20%）高い。
6) Henry et al. [2009], p.130.
7) Henry et al. [2009], p.134. IFRSs から米国 GAAP への調整が価値関連性をもつ証拠も提供した（Henry et al. [2009], pp.144-148）。
8) Liu [2009], pp.77-78. ヘッジ会計，企業結合会計などについて IASB-IFRSs の適用を除外したのが EU-IFRSs である。

第6章 IFRSs初度適用時の利益調整の情報内容　107

図表6-1　*MV*の回帰分析結果

変数	係数	標準誤差	t値	p値	
NA_{IFRSs}	6.884	1.563	4.404	0.000	**
NI_{IFRSs}	−3.715	5.221	−0.190	0.480	
$NA_{米国GAAP-IFRSs}$	11.726	7.570	1.549	0.127	
$NI_{米国GAAP-IFRSs}$	145.547	42.776	3.403	0.001	***
決定係数 R^2	0.503	F値	15.694**		

**：1％水準で有意
［出所］Liu [2009], p.80.

MV：t年度の決算日から起算して6ヶ月後における企業$_i$の株式時価総額，NA_{IFRSs}：企業$_i$のt時点におけるIFRSsに基づく1株当たり純資産，NI_{IFRSs}：企業$_i$のt時点におけるIFRSsに基づく1株当たり純利益，$NA_{米国GAAP-IFRSs}$：企業$_i$のt時点における米国GAAPに基づく1株当たり純資産とIFRSsに基づく1株当たり純資産の差，$NI_{米国GAAP-IFRSs}$：企業$_i$のt時点におけるIFRSsに基づく1株当たり純利益と米国GAAPに基づく1株当たり純利益の差

NA_{IFRSs}と$NI_{米国GAAP-IFRSs}$の係数は有意であり，IFRSs純利益から米国GAAP利益への調整が価値関連性をもつことが示唆された[9]。CIを用い，会計基準が異なる国の企業の利益および純資産を比較した[10]。

$$CI = 1 - \left(\frac{純利益_{米国GAAP} - 純利益_{IFRSs}}{|純利益_{米国GAAP}|} \right) \quad (5)$$

$$CI = 1 - \left(\frac{純資産_{米国GAAP} - 純資産_{IFRSs}}{|純資産_{米国GAAP}|} \right) \quad (6)$$

Wilcoxon符号付順位検定によれば，IASB-IFRSs適用企業とEU-IFRSs適用企業の純利益に関するCIの平均値の差は，5％水準で有意であり，両者に違いが見出された。しかし，IASB-IFRSs適用企業とEU-IFRSs適用企業の純資

---

9) Liu [2009], p.78.
10) Liu [2009], p.79. CIが1を超えれば，IFRSs利益が米国GAAP純利益より大きいことを示し，CIが1を下回れば，IFRSs利益が米国GAAP純利益より小さいことを示す。米国GAAP純利益（純損失）がゼロに近似すると，CIは極端な値となる可能性があるが，サンプル企業についてはほとんど該当しない。

図表 6-2　Wilcoxon 符号付順位検定結果

	IASB-IFRSs	EU-IFRSs	Z 値	p 値
純利益	1.010	0.989	−2.509*	0.012
純資産	1.110	3.054	−1.507	0.132

*：5％水準で有意
［出所］Liu [2009], p.81.

図表 6-3　Friedman 検定結果

	平均ランク			カイ自乗値	有意水準
	2006 年	2005 年	2004 年		
純資産					
全サンプル	2.30	2.00	1.70	5.40	0.067
IASB-IFRSs 適用企業	2.33	2.00	1.67	3.33	0.189
EU-IFRSs 適用企業	2.27	2.00	1.73	2.13	0.344
純利益					
全サンプル	2.38	1.86	1.76	6.41	0.040*
IASB−IFRSs 適用企業	2.07	2.07	1.86	6.43	0.807
EU−IFRSs 適用企業	2.67	1.67	1.67	10.00	0.007**

*：5％水準で有意，**：1％水準で有意
［出所］Liu [2009], p.81.

産に関する CI の平均値の差は，5％水準で有意ではなかった[11]。

　Friedman 検定によると，全サンプル 30 社および EU-IFRSs 適用 15 社については，2004 年から 2006 年までの純利益に関する CI の変化が 5％水準，または 1％水準で有意であった。Friedman 検定によっても，全サンプル企業，IASB-IFRSs 適用企業，および EU-IFRSs 適用企業の純資産に関する 2004 年から 2006 年の CI の変化は，5％水準で有意ではなかった[12]。

　Liu et al. [2010] は，EDGAR を利用し，2006 年の Form 20-F において純利益（純資産）に関する IFRSs から米国 GAAP への調整表を開示した米国上場 EU 企業 50 社をランダムに選択した[13]。Haverty [2006] による先行研究で用

---

11)　Liu [2009], p.81.
12)　Liu [2009], p.82.
13)　Liu et al. [2010], p.57. 回帰分析を行う際には，CI を測定し，CI が 0.95 から 1.05 の BHP Bilton PLC, Konikliike KPN, Rvanair, および Telefonica の計 4 社がサンプルから除かれた。

いられた 6 つの調整項目に，サンプル企業が 20-F 調整表で頻繁に開示した 3 項目を加え，9 つの項目を IFRSs 利益と米国 GAAP 利益の差をもたらす主要因と捉え，(7) 式で定義される $DIFF_{NIi}$ を従属変数とし，(8) 式により 9 項目を説明変数とする回帰分析を行った[14]。

$$DIFF_{NIi} = \frac{純利益_{米国GAAP} - 純利益_{IFRSs}}{純資産_{IFRSs}} \quad (7)$$

$$DIFF_{NIi} = \beta_1 DIFF_{GWi} + \beta_2 DIFF_{DTi} + \beta_3 DIFF_{FEi} + \beta_4 DIFF_{RDi}$$
$$+ \beta_5 DIFF_{Pi} + \beta_6 DIFF_{TAi} + \beta_7 DIFF_{MIi} + \beta_8 DIFF_{Hi}$$
$$+ \beta_9 DIFF_{BCi} + e_i \quad (8)$$

ここで $DIFF_{GWi}$，$DIFF_{DTi}$，$DIFF_{FEi}$，$DIFF_{RDi}$，$DIFF_{Pi}$，$DIFF_{TAi}$，$DIFF_{MIi}$，$DIFF_{Hi}$，$DIFF_{BCi}$ はそれぞれ，企業 i ののれん，繰延税金，為替換算調整，研究開発費，年金，無形資産の再評価，少数株主持分，ヘッジ会計，企業結合に関する差額であり，e_i は残差項である。

(8) 式の決定係数 R^2 は 0.66 で，モデルの適合度は高く，VIF テストおよび説明変数間の相関分析により，多重共線性は認識されなかった[15]。$DIFF_{RDi}$ と $DIFF_{Pi}$ の係数は 1%水準で，$DIFF_{DTi}$ と $DIFF_{BCi}$ の係数は 5%水準で有意であり，IFRSs 純利益と米国 GAAP 純利益の差異は研究開発費支出と企業結合により最もよく説明されると推計された[16]。

(3) 類型 C

Hung and Subramanyam [2007] は，1998 年から 2002 年に IAS を初めて適用したドイツ企業について，以下のモデルを用い，会計基準選択に関するプロ

---

14) Liu et al. [2010], p.56. 企業規模の相違が純利益に及ぼす影響を考慮し，IFRSs 純利益と米国 GAAP 純利益の差を IFRSs 純資産で除している。
15) VIF テストおよび説明変数間の相関分析を行った結果の詳細は示されていない。
16) Liu et al. [2010], p.58.

図表 6-4　差異をもたらす主要因に関する回帰分析結果

変数	n	最小	最大	標準偏差	β	t値	有意水準
$DIFF_{NIi}$	46	−0.22	0.12	0.06			
$DIFF_{GWi}$	46	−0.03	0.05	0.01	0.11	1.30	0.202
$DIFF_{DTi}$	46	−0.04	0.11	0.02	0.18	2.05	0.048*
$DIFF_{FEi}$	46	−0.01	0.01	0.00	−0.03	−0.34	0.734
$DIFF_{RDi}$	46	−0.25	0.00	0.04	0.58	6.60	0.000**
$DIFF_{Pi}$	46	−0.09	0.00	0.02	0.53	5.99	0.000**
$DIFF_{TAi}$	46	−0.01	0.03	0.01	0.07	0.76	0.455
$DIFF_{MIi}$	46	−0.22	0.00	0.03	−0.15	−1.76	0.087
$DIFF_{Hi}$	46	−0.03	0.10	0.02	0.06	0.72	0.479
$DIFF_{BCi}$	46	−0.06	0.02	0.02	0.20	2.33	0.025*

$F=10.70$, $p<0.01$, $R^2=0.66$, **1％水準, *5％水準
[出所] Liu et al. [2010], p.57.

ビット分析を行った[17]。

$$Select_{i,t}=a_0+a_1ROA_{i,t}+a_2 LEV_{i,t}+a_3Size_{i,t}+a_4CrossListed_{i,t}+a_5CS\_D_{i,t}$$
$$+a_6 Debt\_D_{i,t}+a_m(\Sigma DIndustry)+a_n(\Sigma DYear)+e_{i,t} \qquad (9)$$

繰延税金，年金，有形固定資産，引当金，のれん，無形資産，リース，工事契約，外貨換算に関する IAS の自発的採用が，ドイツ企業 80 社の純利益（資本）に与えた影響を分析し，IAS への移行は，1998 年から 2002 年までの純利益を相当増加させたことを見出した[18]。

Horton and Serafeim [2010] は，2006 年 12 月 31 日現在においてロンドン証券取引所に上場し，FTSE 350 を構成する企業のうち，英国 GAAP 非適用企業，

---

17)　Hung and Subramanyam [2007], p.641. size と CS_D_{it} の係数が有意で，R^2 は 0.239。
　　Hung and Subramanyam [2007] が対象としたドイツ企業 80 社の検証結果からは，IAS 利益への調整により価値関連性が増加したとは推計されなかった（加賀谷 [2011], 92 頁）。ドイツ企業の IAS 選択については Leuz [2003] も参照。
18)　Hung and Subramanyam [2007], pp.637-638. t 検定と Wilcoxon 符号付順位検定の結果は Hung and Subramanyam [2007], p.633 の表を参照。

図表 6-5 英国 GAAP から IFRS への調整の価値関連性

	期待符号	After disclosure
n		292
切片	±	0.002
		(11.68)***
BV^{UK}	+	0.36
		(2.31)**
ERN^{UK}	+	5.5
		(7.86)***
$BV^{IFRS-UK}$	+	−0.06
		(−0.16)
$ERN^{IFRS-UK}$	+	2.23
		(2.32)**
$Adj.R^2$		65.32%
F 値		138.01***

*5%水準, **2%水準, ***1%水準
[出所] Horton and Serafeim [2009], p.744.

投資信託会社，米国 GAAP 適用企業などを除く 297 社を対象に利益（純資産）調整情報が価値関連性をもつか否かを次のモデルにより検証した[19]。

$$P_{i,t+5} = \alpha_0 + \beta_1 BV_{i,t}^{UK} + \beta_2 ERN_{i,t}^{UK} + \beta_3 ERN_{i,t}^{IFRS-UK} \\ + \beta_4 ERN_{i,t}^{IFRS-UK} + \varepsilon_{i,t} \quad (10)$$

ここで，$P_{i,t+5}$：英国 GAAP から IFRS への調整情報公表 5 日後の企業 i の株価，$BV_{i,t}^{UK}$：企業 i の t 時点における英国 GAAP 準拠 1 株当たり純資産簿価，$ERN_{i,t}^{UK}$：企業 i の t 時点における英国 GAAP 準拠 1 株当たり純利益，$ERN_{i,t}^{IFRS-UK}$：企業 i の t 時点における英国 GAAP 準拠 1 株当たり純利益と IFRS 準拠 1 株当たり純利益の差

$BV^{IFRS-UK}$ の係数は有意ではなかったが，$ERN^{IFRS-UK}$ の係数の符号は，正

---

19) Horton and Serafeim [2010], p.734. イベント・スタディも行われている。サンプル企業が英国 GAAP から IFRS への調整情報を開示した日を t とし，t 日とその前後 5 日間，合計 11 日間について累積残差リターンを計測した（Horton and Serafeim [2010], pp.739-740 の Table3 参照）。

かつ有意であり，IFRS 利益調整は英国 GAAP を超える価値関連性を有していると推計された[20]。

Barth et al. [2014] は，2005 年に IFRSs を強制適用し，英文財務諸表を公表した 15 ヶ国 1,201 社をサンプル[21]に，2 つのモデルを検証した。

$$Price_i = \sum_j \alpha_{0,j} C_{j,i} + \sum_k \alpha_{0,j} I_{k,i} + \alpha_1 BVE\_DOM_i + \alpha_2 NI\_DOM_i \\ + \alpha_3 NIDIFF_i + \alpha_4 BVEDIFF_i + \varepsilon_i, \tag{11}$$

$$Price_i = \sum_j \alpha_{0,j} C_{j,i} + \sum_k \alpha_{0,k} I_{k,i} + \alpha_1 BVE\_DOM_i + \alpha_2 NI\_DOM_i \\ + \sum_{j=3}^{13} \alpha_j NIDIFF_i^j + \alpha_{14} BVEDIFF_i + \varepsilon_i, \tag{12}$$

(11) 式[22]では，$Price$：2004 年度の決算日から起算して 4 ヶ月後の株価，BVE_DOM：自国基準に基づく 2004 年度末の純資産，NI_DOM：自国基準に基づく 2004 年度の純利益，$NIDIFF$：自国基準から IFRS への移行による 2004 年度純利益の調整額，$BVEDIFF$：自国基準から IFRS への移行による 2004 年度末純資産の調整額，$C_{j,i}$：企業$_i$がj国を本拠とすれば 1，そうでなければ 0，産業$_{k,i}$：企業$_i$がk産業に属すれば 1，そうでなければ 0

(12) 式[23]では，(11) 式の右辺の第 5 項の説明変数が変更される。IFRSs 適用に伴う純利益調整は主として，IAS 39：金融商品，IFRS 3：企業結合，IAS 19：従業員給付，IFRS 2：株式報酬，IAS 2：棚卸資産，IAS 12：税金，IAS 16：有形固定資産，IAS 17：リース，IAS 37：引当金，偶発債務，偶発

---

20) サンプル企業が英国 GAAP から IFRS への調整情報を開示した日を event day とし，その 3 ヶ月後について (10) 式を推計しても結果同様であった (Horton and Serafeim [2010], p.743)。
21) Barth et al. [2014], p.309. サンプルは英国グループ (591 社)：アイルランド，オランダ，英国，スカンジナビア・グループ (232 社)：デンマーク，フィンランド，ノルウェー，スウェーデン，およびフランス／ドイツ・グループ (378 社)：ベルギー，フランス，ドイツ，ギリシャ，イタリア，ポルトガル，スペイン，スイスの 3 グループに分けられる。
22) Barth et al. [2014], p.305.
23) Barth et al. [2014], p.307.

資産, IAS 38：無形資産から成る。それらの基準に関する調整以外を other とし, NIDIFF の項目別分析が行われた。

(11) 式の検証の結果, NIDIFF と BVEDIFF の係数は金融機関, 非金融機関の双方ともに有意であり, 純利益および純資産の自国基準から IFRSs への調整額が価値関連性をもつことを示唆した[24]。BE_DOM の係数は金融機関, 非金融機関の双方ともに正かつ, 有意であったが, NI_DOM の係数は非金融機関についてのみ, 正かつ有意であった[25]。

(12) 式の検証の結果, 業種により価値関連性をもつ基準が異なる証拠が示された。正かつ有意であった NIDIFF の構成要素は, 金融機関については $NIDIFF^{IAS39}$：金融商品のみであり, 非金融機関については, $NIDIFF^{IFRS3}$：企業結合, $NIDIFF^{IAS17}$：リース, $NIDIFF^{Other}$ であったと推計された[26]。

Christensen et al. [2009] は, ロンドン証券取引所に上場する 137 社をサンプルとして, 英国 GAAP 純利益から IFRSs 純利益への調整が負債契約, 財務制限条項に与える影響について検討し, IFRSs への調整表が将来利益の予測に役立つかについても検証した[27]。

$$\frac{NI05IFRSs_i}{TA04UK_i} = \gamma_1 \frac{NI04UK_i}{TA04UK_i} + \gamma_2 \Delta\pi_i + \gamma_0 \frac{1}{TA04UK_i} + \varepsilon_i \quad (13)$$

$NI05IFRSs_i$：2005 年度の IFRSs 純利益

$NI04UK_i$　　：2004 年度の英国 GAAP 純利益

$\Delta\pi_i$　　　　：2004 年度の IFRSs 純利益と英国 GAAP 純利益の差を 2004 年末の英国 GAAP 総資産でデフレート

$TA04UKi$　：2004 年末における英国 GAAP 総資産

全サンプル企業については, IFRS 純利益と英国 GAAP 純利益の差の係数

---

24) Barth et al. [2014], p.313.
25) Barth et al. [2014], p.313. 金融機関の NI_DOM の係数の符号は期待に反して負であった。
26) Barth et al. [2014], p.316.
27) Christensen et al. [2009], pp.1183-1184.

図表 6-6　IFRSs 純利益調整の価値関連性分析結果

変数	金融機関	非金融機関	差異
BE_DOM	0.16 **	1.02 ***	−0.86 **
	(2.42)	(3.33)	
NI_DOM	−0.02	3.94 **	−3.96 **
	(−0.04)	(2.55)	
NIDIFF	5.90 ***	6.66 ***	−0.76
	(5.17)	(2.96)	
BVEDIFF	3.99 ***	1.39 **	2.60 **
	(3.38)	(2.22)	
n	276	925	
自由度修正済 R^2	0.70	0.77	

***1％水準，**5％水準，*10％水準
［出所］Barth et al. [2014], p.315.

γ_2 は，正かつ有意であった。英国 GAAP 純利益から IFRS 純利益への調整額の符号が負のサンプルについては，γ_2 は有意でなく，英国 GAAP 純利益から IFRS 純利益への調整額の符号が正のサンプルについては，γ_2 は有意であった。IFRS への調整の有意性は調整額の符号に左右された。

6.3　IFRSs 利益調整の有用性の検証

　制度環境が異なる国の比較に伴う問題を回避するため，英国に限定する[28]。英国は活発な証券市場，投資家保護などの特徴をもつ慣習法国家に属し，英国の報告制度は IFRSs と類似するといわれる。Aisbitt [2006] と同様に，英国 FTSE 100 index 構成企業を対象とする。サンプル企業の業種内訳は図表 6-7 のとおりである。

　Mergent Online^{TM}，*EDGAR*，各企業の公式 web からアニュアル・レポートを入手し，英国 GAAP 純利益から IFRSs 純利益への調整情報を得た。

　IFRSs 初度適用時の純利益調整額をもとに CI を測定し，以下の仮説を単変量検定により検証する。

---

28)　Hung and Subramanyam [2007] は同様の主旨からドイツのみを対象とする（p.624）。

図表 6-7　IFRSs 調整の将来利益の予測能力

	符号		すべて	負の調整	正の調整
$\dfrac{NI04UK}{TA04UK}$	γ_1	+	1.0025**	1.0309***	0.8841***
			(13.79)	(11.54)	(8.13)
$\Delta\pi$	γ_2	+	0.4731**	−0.6558	0.6190***
			(2.21)	(−1.65)	(2.78)
切片	γ_0	?	1,611.21	154.20	3,351.79
			(1.75)	(0.21)	(3.21)***
n			132	39	93
$Adj.R^2$			0.7509	0.7813	0.7430
F 値			88.89***	119.20***	98.19***

［出所］Christensen et al. [2009], p.1184.

図表 6-8　サンプル企業選択

FTSE 100 index 構成企業（2005 年 1 月 1 日現在）	100
Aisbitt [2006] のサンプルに含まれない	(8)
買収などによりデータ入手不可	(9)
計	83
業種別サンプル内訳（FTSE/DJ Industries）	
Basic materials	6
Consumer goods	9
Consumer services	21
Financials	20
Health care	3
Industrials	12
Oil and gas	2
Technology	1
Telecommunications	3
Utilities	6
計	83

H_1：英国 GAAP 純利益と IFRSs 純利益に差はない（CI＝1）。

H_2：各カテゴリの英国 GAAP と IFRSs に差はない（PCI＝1）。

　各会計基準が純利益に与える影響を PCI により数量化し，PCI が 1 と有意に異なる会計基準を析出する。IFRSs の任意選択期には，自己選択バイアス[29]が生じるので，強制適用期の 2005 年度を分析期間とする。IFRS 1 の適用は，2005 年の 1 月 1 日以降に最初に開始される事業年度からである。決算

図表6-9 比較可能性指標（CI）

Panel A：要約統計量

	平均	標準偏差	最小	メディアン	最大
全サンプル（n＝83）	1.74	3.553	0.06	1.10	31.63
外れ値を除く（n＝75）	1.15	0.246	0.51	1.08	1.89

Panel B：CIの度数分布

CIの範囲	n
IFRSsの適用による純利益の増加率が10％以上	40
IFRSsの適用による純利益の増加率が5％以上，10％未満	4
IFRSsの適用による純利益の増加率が0％超，5％未満	11
IFRSsの適用による純利益の増減率が0％	3
IFRSsの適用による純利益の減少率が0％超，5％未満	14
IFRSsの適用による純利益の減少率が5％以上，10％未満	7
IFRSsの適用による純利益の減少率が10％以上	4
合計	83

図表6-10 仮説1（CI＝1）の検定結果

	全サンプル（n＝83）	外れ値を除く（n＝75）
t値	1.907*	5.353***
Wilcoxon signed rank Z値	5.274***	4.863***

*10％水準で有意，**5％水準で有意，***1％水準で有意

日が12月末以外の企業は，2006年に，IFRSsを初めて適用する決算日を迎え，12月末決算の企業とは適用される会計基準が相違するかもしれない。しかし，先行研究と同様に，決算日が異なる企業をサンプルに含める。

Christensen et al. [2009] に従い，英国GAAP利益からIFRSs利益への調整の予測能力を検証する。

$$\frac{NI\_IFRSs_{i,t}}{TA\_UK_{i,t-1}} = \gamma_1 \frac{NI\_UK_{i,t-1}}{TA\_UK_{i,t-1}} + \gamma_2 \Delta\pi_{i,t-1} + \gamma_0 \frac{1}{TA\_UK_{i,t-1}} + \varepsilon_{i,t-1} \quad (14)$$

---

29) 任意適用期間にはサンプルの自己選択問題が生じ，IFRSs導入効果を適切に評価できない（北川 [2010]，p.78 および Bradshaw et al. [2010]，pp.120-121）。杉本 [2010]，pp.32-36 ではIFRSs任意適用の経済的帰結に関する先行研究を範疇化し，明瞭に整理されている。

図表 6-11　各会計基準の純利益に与える影響 (PCI＝1)

No.	基準	頻度	全企業 平均	メディアン
1	IAS 19 従業員給付	50	1.0037	1.0010
2	IFRS 2 株式報酬	58	1.0421	1.0124**
3	IAS 10 後発事象	1	0.1340	0.1340
4	IAS 18 収益	7	1.0414	1.0167
5	IAS 12 税金	44	1.0053	1.0001
6	IAS 16 有形固定資産	7	0.9287	0.9962
7	IAS 32/39 金融商品	16	0.9846	0.9996
8	IAS 21 外国為替レート変動の影響	13	1.0195	1.0015
9	IAS 17 リース	14	1.0041	1.0048
10	その他	34	0.9889	1.0006
11	IAS 37 引当金，偶発債務・資産	4	0.9311	1.0002
12	IFRS 1 初度適用	2	0.9913	0.9913
13	IAS 27/36/38，IFRS3 連結／減損／無形資産	56	0.8730	0.8871***
14	IAS 28/31 関連会社投資／ジョイントベンチャー持分	16	1.0259	1.0024
15	IFRS 4 保険契約	4	0.8898	0.9399
16	IFRS 5 売却目的保有資産と廃止事業	10	0.7969	0.9966
17	IAS 1 財務諸表の表示	5	0.9071	0.9982
18	IAS 11 工事契約	1	0.9978	0.9978
19	IAS 40 投資不動産	2	0.8247	0.8247
20	IAS 41 農業	2	1.0023	1.0023

図表 6-12　記述統計

変数	n	平均	メディアン	最大	最小	標準偏差
$\dfrac{NI\_UK_{i,t-1}}{TA\_UK_{i,t-1}}$	75	0.06631	0.0607	0.2654	−0.0420	0.0545
$\Delta\pi$	75	0.0075	0.0027	0.0659	−0.0172	0.0137

$NI\_IFRS_{si,t}$　：t 年度の IFRSs 純利益

$NI\_UK_{i,t-1}$　：$t-1$ 年度の英国 GAAP 純利益

$\Delta\pi_{i,t-1}$　：$t-1$ 年度の IFRSs 純利益と英国 GAAP 純利益の差を $t-1$ 期末の英国 GAAP 総資産でデフレート

$TA\_UK_{i,t-1}$　：$t-1$ 期末における英国 GAAP 総資産

6.4　欧州の先行事例と我が国における IFRSs 導入

　SEC は，2007 年 7 月 3 日に公表した公開草案に関する種々のコメントを分析し，意見を反映させた後に，ルールを変更したと述べた[30]。しかし，ルールの変更は，論議を巻き起こし，ルール変更の決定は時期尚早である，という意見も寄せられた[31]。

　2008 年 11 月 14 日に，SEC は米国企業に IFRSs を強制適用するためのロードマップを公表した[32]。

　SEC の方針転換は，我が国に衝撃を与え，金融庁の企業会計審議会企画調整部会は，2009 年 6 月 30 日に「我が国における国際会計基準の取り扱いに関する意見書（中間報告）」[33] を公表した。

　上記の意見書において，IFRSs の任意適用対象企業・時期に関する方針が明らかにされた。市場・企業の競争力強化の観点から，次のような条件を満たす上場企業には，2010 年 3 月期から国際会計基準の任意適用を認めることが適当であるとされた。日本基準に従い継続的に適正な財務諸表を作成・開示している，IFRSs に基づく会計処理方法の社内マニュアルなどを定め，有価証券報告書等で開示し，IFRSs により財務報告を行うに適切な体制を整備している，EU 域内または米国で上場・公募による資金調達を行い，国際的投資家に広く

30）http://sec.gov/news/press/2007/2007-128.htm
31）たとえば，米国会計学会（AAA）の財務会計・報告部会（FARS）は，SEC の提案に対して，"投資家などにとっての調整表の有用性に関する証拠に基づき，米国 GAAP-IFRSs 調整要求の撤廃は，時期尚早である，米国が IFRSs を採用するか，米国企業に IFRSs への調整を求めるまでは，調整表開示要求の撤廃は，比較可能性を減退させ，コンバージェンスとコンプライアンスに関し，重要な問題が生じる"と回答した（Hopkins et al. [2008], pp.237-238.）。
32）一定の要件を満たす米国上場企業は，2009 年 12 月 15 日以降に終了する年度から任意適用可能とされた（山田 [2009]，53 頁）。杉本 [2009b]，64 頁では，Nicholaisen による調整表作成開示要求の撤廃のためのロードマップを，IFRSs 適用ロードマップ案の公表の起点と位置づけ，明瞭に図式化している。
33）意見書では IFRSs を国際会計基準と総称している。意見書の概要，金融商品取引法会計，会社法会計における IFRSs の任意適用については，安藤 [2009]，18-23 頁を参照。

図表6-13 IFRSs調整の将来利益の予測能力

	期待符号	すべて	負の調整	正の調整
$\dfrac{NI\_UK_{i,t-1}}{TA\_UK_{i,t-1}}$	γ_1 +	1.1446	1.2468	1.0280
		(12.610)***	(3.9071)***	(10.5970)***
		[0.0000]	[0.0009]	[0.0000]
$\Delta \pi$	γ_2 +	0.7404	-2.7510	1.3676
		(1.1540)	(-0.4046)	(3.6111)***
		[0.2523]	[0.6902]	[0.0007]
切片	γ_0 ?	0.0135	-0.0026	0.0098
		(1.4241)	(-0.1323)	(1.1714)
		[0.1587]	[0.8961]	[0.2470]
n		75	22	53
$Adj.R^2$		0.5324	0.2512	0.7986
F値		43.1377***	4.5237**	104.1158***
		[0.0000]	[0.0247]	[0.0000]

認知されている。IFRSs任意適用の対象は，連結財務諸表に限られ，個別財務諸表はIFRSs任意適用の対象とならない[34]。

移行前との連続性を保ち，IFRSsを適用した財務諸表の理解を促す利用者への配慮，作業・コスト負担の軽減を図る作成者への配慮から，次のような簡素かつ有効な方法で，並行開示を行うことを検討すると表明された。導入初年度の開示（前年度と当年度）に限定し，継続的な並行開示に代えて，IFRSsと我が国会計基準の重要な差異を注記するにとどめ，導入初年度の並行開示は，監査人の監査の対象としない。

状況に応じて前後させるが，2012年を目途とし，IFRSs強制適用の可否を判断する方針も示された。上場企業の連結財務諸表のIFRSsへの一斉移行が適当と判断された場合，実務対応上十分な期間（3年）を確保する。IFRSs強制適用期までには，EDINET向けのタクソノミを開発し，XBRL形式の開示を行えるよう整備する[35]。

---

[34] 平松 [2009]，28頁では連結先行論の妥当性が論じられている。
[35] SECのIFRSs導入に関するロードマップ案でも，XBRLによる双方向性データ利用能力の改善が課題の1つとしてあげられた（日本公認会計士協会東京会編 [2009]，19頁）

「連結財務諸表の用語，様式及び作成方法に関する規則等の一部を改正する内閣府令等の概要（国際会計基準の任意適用関係）」（2009年12月11日）において，国際的な財務・事業活動を行う国内企業のうち，IFRSsの早期適用が認められる必須要件が示された。a) 発行する株式が金融商品取引所に上場されている。b) 有価証券報告書で，連結財務諸表の適正性を確保するための取組みについて記載している。c) IFRSsに関する十分な知識を有する役員などをおき，IFRSsに基づいて連結財務諸表を適正に作成することができる体制を整備している。

　また，次の2つの要件のいずれかを満たすこととされた。d) 親会社，関係会社などが外国の法令，外国金融商品市場の規則に基づき，IFRSsに準拠して作成した企業内容等に関する書類を開示している。e) 外国に資本金20億円以上の子会社を有している。金融庁のIFRSs任意適用の容認案を受けて，欧米企業との熾烈な競争にさらされる業界を中心に，IFRSsの早期適用が開始された[36]。

　企業会計審議会が公表した「国際会計基準（IFRSs）への対応のあり方に関する当面の方針」（2013年6月20日）を受け，同年10月28日に，内閣府令第70号「連結財務諸表の用語，様式及び作成方法に関する規則等の一部を改正する内閣府令」が公布された。この内閣府令では，IFRSsの任意適用が可能な企業の範囲拡大を図るべく，上記のa) 上場会社である，およびe) 国際的な財務活動・事業活動を行っているという要件が撤廃され，連結財務諸表規則第1条の2が改正された。企業会計審議会の意見書において任意適用の積み上げの重要性が説かれ，要件緩和がなされたが，東京証券取引所によれば，2014

---

36) たとえば，武田薬品工業は，国内外のグループ企業の管理を容易にし，海外展開を加速化させることを狙いとして，社内にプロジェクトチームを編成し，2013年3月期からのIFRSs導入の準備作業に入った（日本経済新聞2009年11月30日朝刊）。岩崎[2009]，33-42頁において，利害関係者にとってのIFRSs導入のメリット・デメリットがさまざまな側面から指摘されている。橋本[2009]，34-38頁において，収益認識，固定資産会計，無形資産会計，連結会計，および人件費に関する日本企業の会計実践に与える影響が詳細に説明されている。

年8月現在において，IFRSs 任意適用企業および IFRSs 任意適用予定企業はそれぞれ 35 社および 9 社，あわせて 44 社にとどまっており[37]，データの蓄積は十分ではない。

6.5 小　　括

検証の結果，アングロ・サクソンモデルに属し，IFRSs と類似する基準を有するといわれる英国においてさえ[38]，公正価値測定を多用する IFRSs への移行は，純利益を有意なほど増加させたことが析出された。Christensen et al. [2009] の検証結果より R^2 が小さく，切片の係数も有意でなかったが，調整差額の符号が正のサンプルについては，英国 GAAP 利益から IFRSs 利益への調整差額の係数は，有意であった。英国企業の検証結果は，ヨーロッパ大陸型モデルに属する日本企業への IFRSs 適用のインパクトが大きいことを窺わせる[39]。

企業会計審議会（2013 年 6 月 20 日）が公表した「国際会計基準（IFRSs）への対応のあり方に関する当面の方針」を踏まえ，2013 年 10 月 28 日に「連結財務諸表の用語，様式及び作成方法に関する規則等の一部を改正する内閣府令」（内閣府第 70 号）が公布された。内閣府第 70 号では，従前の IFRSs 任意適用要件のうち，上場企業であること，国際的な財務活動・事業活動を行っていること（資本金が 20 億円以上の連結外国子会社を有しているなど）の 2 要件が撤廃され，IFRSs 任意適用の促進が期待される。IFRSs 任意適用企業が一定数を超えれば，IFRSs への移行による日本企業の利益変動水準と変動要因の検証が可能となる。

---

37) http://www.tse.or.jp/listing/ifrs/list.html から各社の決算短信等が入手可能である。
38) 1980 年代以降，IASC・IASB はアングロ・サクソン諸国，とりわけ英米の影響を受けた（藤井 [2007]，208 頁）。
39) 日本では政府主導型の経済システムが形成され，間接金融方式に依存し，成文法主義をとり，配当可能利益計算が重視され，ヨーロッパ大陸型モデルに属する（藤井 [2007]，203-204 頁）。

第7章

セグメント報告基準の国際的収斂

■ 7.1 はじめに

　IASBは，国際会計基準第14号（IAS 14, 1997）「セグメント別報告」の改訂作業を終え，2006年11月30日に国際財務報告基準第8号（IFRS 8）「事業セグメント」を公表した。IFRSと米国財務会計基準書（SFAS）の収斂に向けたロードマップに関する覚書（memorandum of understanding：MoU）において，セグメント報告は，IASBとFASBの短期収斂項目として位置付けられ，収斂完了の目標期限は2008年末とされた[1]。

　IASBは，セグメント報告に関する収斂プロジェクトを短期に完成させるもっとも単純かつ最適な方法は，財務会計基準書第131号（SFAS 131, 1997）「企業のセグメントおよび関連情報に関する開示」の文言を使用することであると判断し（IFRS 8, BC16），次の例外を除き（IFRS 8, BC60），SFAS 131の規定に揃えた。

(a) 無形固定資産を非流動資産（non-current assets）に含めた。
(b) 最高業務意思決定者（chief operating decsion maker）に定期的に報告されていれば，セグメント負債の開示を要求した。
(c) マトリックス型企業の事業セグメントを決定するに際し，製品・サービ

---

[1] Pacter [2003], p.67によれば，SEC登録外国企業約1,400社のうち，およそ40％をヨーロッパ企業が占め，2005年までに500社から600社がIFRS財務諸表を提出すると予測され，短期収斂プロジェクト完了目標日は当初，2003年12月末とされた。

スではなく,IFRS の基本原則を尊重した。

IFRS 8 は 2009 年 1 月 1 日以降に開始する会計年度から発効し(IFRS 8, par.35),早期適用も容認された。IASB は短期収斂プロジェクトの一環として,FASB と共同で,SFAS 131 を参考に IAS 14 の改訂を行った。本章では,IFRS 8 が基本概念を踏襲した SFAS 131 に関する先行研究をレビューし,IFRS 8 の評価に役立てる。次節では SFAS 131 または IAS 14 と比較し,IFRS 8 の特徴を素描する。

7.2 セグメント報告基準(IFRS 8)の特徴

IASB は基準の冒頭で次のような情報開示の基本原則を掲げた。
「企業の展開する事業活動の性質と種類,営業活動を行う経済環境の財務への影響を,財務諸表の利用者が評価できる情報の開示を要求する」(IFRS 8, par.1)。

企業の構成要素たる事業セグメント (operating segment) は,以下の要件をすべて満たすべきと規定する (IFRS 8, par.5)。

(a) 収益を稼得し,費用を負担する事業活動に従事している(同一企業の構成要素間の取引に関連する収益,費用を含む)。
(b) セグメントに配分される資源に関する意思決定および業績評価のため,企業の"最高業務意思決定者"が経営成績を定期的にレビューする。
(c) 分離された財務情報の入手が可能である。

上記の"最高業務意思決定者"は,特定の役職ではなく,事業セグメントへの資源配分と業績評価を行う機能を有する者を意味する (IFRS 8, par.7)。IFRS 8 を特徴付ける規定は,以下に見られる。

(1) 適用対象を持分証券または負債証券の公開会社（発行手続中の会社を含む）に限定している（IFRS 8, par.2, BC18）。
(2) セグメント別利益（損失），資産，負債の測定方法の説明を要求している（IFRS 8, par.27）。
(3) セグメント別売上，利益（損失），資産，負債，その他の合計に関し，企業実体の財務諸表の対応金額への調整表開示が要求される（IFRS 8, par.28）。
(4) 異なる製品またはサービス別売上高，国別・主要顧客別売上高と保有関連資産に関する情報開示を要求している（IFRS 8, par.32-34）。

IFRS 8 の IAS 14 からの主要な変更内容は，以下のとおりである。

・事業管理方針を重んじ，基本的報告様式と補足的報告様式に分ける IAS 14 の報告様式を採用しなかった（IFRS 8, IN11）。
・当該構成要素が業績管理単位であれば，他のセグメントへの売上・振替が総売上の大半（または全て）を占めたとしても，当該構成要素は報告セグメントたりえる（IFRS 8, IN12）。
・資源配分，業績評価のために最高業務意思決定者に報告される金額に合わせて事業セグメントの各項目を報告することを要求し，IAS 14 のように，連結財務諸表作成にあたり採用した会計方針との一致を求めない（IFRS 8, IN13）。
・IAS 14 はセグメント収益・費用・利益・資産・負債を定義したが，IFRS 8 では，それらを測定する方法の説明を求めるにとどめる（IFRS 8, IN14）。
・セグメント報告の対象となるのは，セグメント損益の測定に含まれる項目，および最高業務意思決定者が定期的にレビューする項目である（IFRS 8, IN16）。

7.3 SFAS 131 によるセグメント報告実践

先行研究は，1997年と1998年のアニュアル・レポートを収集し，SFAS 131 と SFAS 14 のセグメント・ディスクロージャーを比較する[2]。

図表7-1　SFAS 131 初適用期前後

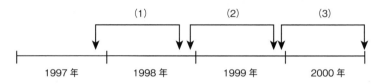

(1) SFAS 131 初適用前：決算日が1997年12月から1998年11月まで
(2) SFAS 131 初適用期：決算日が1998年12月から1999年11月まで
(3) SFAS 131 初適用後：決算日が1999年12月から2000年11月まで

［出所］Hope et al. [2006], p.329

7.3.1 Fortune 500 社

Hermann and Thomas [2000] では，SEC の EDGAR オンライン・データベースから Form 10-K を入手し，1998年 Fortune 500 社のうち，金融機関，保険会社，不動産会社，および直近2年度に重要な事業を売却した企業を除く SFAS 131 適用企業 100 社（早期適用企業 12 社を含む）がサンプルとして選択された。

Ameritech, SBC, Wal-Mart などは SFAS 131 により，初めてセグメント情報を開示し，Intel, Kodak, Xerox などは地域別セグメント報告に代えて，製品・サービス別セグメント報告を行った。新セグメント報告ルールは，広範囲に影響を与え，サンプルのおよそ3分の2は，事業セグメントの定義を変えた[3]。

---

2) Hope et al. [2006] は，分析期間を延長・変更し，SFAS 131 が利益予測能力に及ぼす影響を分析した。SFAS 131 確定前の公開草案（ED）に対し，賛否を表明した企業の財務的属性，ED を巡るロビー活動については Ettredge et al. [2001] を参照。
3) Hermann and Thomas [2000], p.291.

図表 7-2　SFAS 131 と SFAS 14 によるセグメントの定義

SFAS 131	n	SFAS 14	n
事業セグメントの定義：			
製品・サービス	71	事業別のみ	13
地域	12	地域別のみ	20
製品・サービス，地域の混合	17	事業別と地域別	57
		SFAS 131 の公表前には セグメント情報非開示	10
計	100		100
セグメントの定義変更	68		
セグメントの定義変更無	32		

[出所] Hermann and Thomas [2000], p.292.

　SFAS 14 による事業セグメントの平均（メディアン）が 3.4（3）であるのに対し，SFAS 131 による全企業の事業セグメント平均（メディアン）は，3.8（3.5）であり，わずかに報告セグメント数は増加した（図表 7-3 Panel A）。カイ自乗検定によると，SFAS 131 の適用前と適用後の報告セグメントの度数分布（図表 7-3 Panel B）に有意な差は見られなかった[4]。

　DuPont のように SFAS 131 採用後，地域セグメント数を大幅に増加させた企業も見られたが（2→10），Goodyear Tire および Pepsico のように地域セグメント数を減少させた企業もあり（6→3，5→1）[5]，地域セグメント開示会社数と地域セグメントの度数分布に劇的な変化は見られなかった（図表 7-4 参照）。

　独立したセグメントとして認識された米国を除く上位 4 ヶ国はカナダ，英国，ドイツ，日本で（図表 7-5 Panel A），SFAS 131 による国別開示数は，SFAS 14 のそれを上回り（図表 7-5 Panel B），広範な地域を 1 つのセグメントして認識する傾向は弱まった（図表 7-5 Panel C）。

　SFAS 14 および SFAS 131 による地域セグメントの開示項目数の平均（メ

---

4)　Hermann and Thomas [2000], p.292.
5)　Hermann and Thomas [2000], p.297.

図表 7-3　報告セグメント数

Pane A：開示セグメントの平均とメディアン			
	SFAS 131 All[a]	SFAS 131 製品・サービス[b]	SFAS 14 事業別
企業数	100	71	70
平均	3.8	3.6	3.4
メディアン	3.5	3	3
Panel B：開示セグメントの度数分布			
セグメント数	SFAS 131 All	SFAS 131 製品・サービス	SFAS 14 事業別
1	1	1	–
2	19	18	22
3	30	22	21
4	20	12	11
5	17	10	13
6	9	4	1
7	3	3	1
8	1	1	–
9	–	–	1
計	100	71	70
Panel C：SFAS 14 と SFAS 131 による同一企業のセグメント数の比較			
開示セグメント数の変化			
増加	50		
減少	8		
変化無	42		
計	100		

[a] 全企業の SFAS 131 によるセグメント情報開示
[b] SFAS 131 に準拠し製品・サービスを基礎に事業セグメントを定義する企業
［出所］Hermann and Thomas [2000], p.293.

図表7-4　SFAS 131 と SFAS 14 による地域セグメント数

Panel A：開示地域の平均とメディアン		
	SFAS 131	SFAS 14
企業数	74	77
平均	3.3	3.0
メディアン	3	3
Panel B：開示地域数の度数分布		
地域数	SFAS 131	SFAS 14
1	12	9
2	19	21
3	15	19
4	13	19
5	8	7
6	2	1
7	2	1
8以上	3	－
計	74	77

［出所］Hermann and Thomas [2000], p.297.

ディアン）は，それぞれ3.3（3），2.2（2）である（図表7-6 Panel A）。SFAS 131によると，地域別利益の開示が強制されないことに起因し，SFAS 14適用時に77社のうち74社が地域別利益を開示していたのに対して，SFAS 131適用時には，74社のうち12社だけが地域別利益を開示するにとどまった。投資家が地域別利益を重視し，それに依存しているなら，SFAS 131はディスクロージャーの有用性を減退させたかもしれない[6]。

　SFAS 131の適用時に収益および資産以外の項目の開示が総じて減少した。SFAS 14を適用した際に大半の企業は収益，資産，利益の地域別開示を行ったのに比して，SFAS 131を適用して地域別開示を行うに際し，大部分の企業は収益と資産だけを報告している（図表7-6 Panel A）。1997年には収益，資産，利益の3項目以外の項目を追加し，合計4項目から6項目を開示した企業は21社にのぼったが（図表7-6 Panel B），1998年に収益，資産，利益の3項目以外の項目を追加開示した企業は，Dana Corporation 1社のみであった[7]。

6）　Hermann and Thomas [2000], p.299.

図表 7-5　地域セグメントの定義

Panel A：SFAS 131 による地域セグメントの定義（n=74）			
国名		広範な地域	
米国	72	ヨーロッパ	23
カナダ	18	アジア太平洋	11
英国	12	ラテン米国	7
ドイツ	12	太平洋	4
日本	10	アジア	3
フランス	7	北米	3
ブラジル	6	西半球	3
メキシコ	4	欧州，中東，アフリカ	3
スペイン	3	南米	2
イタリア	3	他の地域	13
オーストラリア	2	計	72
オランダ	2		
シンガポール	2		
中国	2		
アルゼンチン	2		
他の国	19		
計	176		

Panel B：SFAS 14 による地域セグメントの定義（n=77）			
米国	71	ヨーロッパ	50
カナダ	13	ラテン米国	12
英国	3	アジア太平洋	11
他の国	7	西半球	8
計	94	欧州，中東，アフリカ	8
		アジア	6
		北米	6
		太平洋	5
		東半球	3
		アフリカ	3
		カナダ，ラテン米国	3
		オーストラリア，ニュージーランド	2
		アフリカ，欧州	2
		他の地域	19
		計	138

Panel C：SFAS 131 と SFAS 14 による同一企業の地域セグメントの比較	
SFAS 131 により明確化	33
同じ	28
SFAS 131 により広範囲化	13
計	74

［出所］Hermann and Thomas [2000], p.298.

図表7-6 SFAS 131 と SFAS 14 による各地域別報告項目

Panel A：地域別開示項目の要約		
	SFAS 131	SFAS 14
企業数	74	77
平均	2.2	3.3
メディアン	2	3
収益	73	77
資産	69	74
利益	12	74
資本的支出	1	6
減価償却費	1	3
異常項目	1	4
純資産	1	3
投資利益	−	3
投資	−	3
税金	−	1
負債	−	1
Panel B：地域別開示項目の度数分布		
項目数	SFAS 131	SFAS 14
1	5	3
2	55	−
3	13	53
4	−	12
5	−	8
6	1	1
計	74	77

［出所］Hermann and Thomas [2000], p.300.

7.3.2 Business Week Global 1000 社

Nichols et al. [2000] は，Business Week Global 1000 に含まれた米国多国籍企業123社をサンプルとして抽出し，地域別開示状況を調査した（図表7-7）。国レベルの情報を提供するサンプル企業の比率（％）は，1997年（SFAS 14による）の5社（4％）から1998年（SFAS 131による）の35社（28％）に

---

7) Hermann and Thomas [2000], p.299.

図表 7-7　1997 年と 1998 年の地域別開示比較

開示カテゴリー	1997 年	1998 年
地域別データ非開示	12(10%)	0(0%)
米国／その他	24(20%)	41(33%)
国別	5(4%)	35(28%)
大陸別	18(15%)	11(9%)
国別と大陸別の混合	47(38%)	28(23%)
複数大陸統合	8(6%)	2(2%)
集計レベル混在	9(7%)	6(5%)
計	123	123

［出所］Nichols et al. [2000], p.70.

増加した[8]。1997 年に国別報告と大陸別報告を併行して行った企業は 47 社 (38％) であったが，1998 年には 28 (23％) に減少した[9]。

　国際的取引の増加とともに，企業は広範な地域をグルーピングせず，国別または大陸別に分解した情報を開示すると予測し，開示カテゴリー別の外国売上高比率または外国売上高を示した(図表 7-8)。国際的取引の水準と国別開示(または大陸別開示)の間に有意な関係が見出されるかを次のように検証し，検定結果を解釈した[10]。まず，一元配置の分散分析 (ANOVA) および Kruskal-Wallis ノンパラメトリック一元配置分散分析を行ったが，国際的取引の水準と地域区分様式の間に有意な関係は確認されなかった。さらに，対応のある平均値の差の検定によって，地域別セグメント・ディスクロージャー様式と外国売上高・比率の間に有意な関係が見られるか否かを検証したが，有意な差があるとは推計されず，企業は国際的取引の水準に関わりなく，SFAS 131 が容認した "other" というカテゴリーを使用しつづけ，グルーピングが曖昧である，という SFAS 14 が抱えていた問題は解消されなかった。

---

8) サンプル企業の国別開示状況については Nichols et al. [2000], pp.72-73 の Table8 参照。
9) たとえば Intel は SFAS 131 に従い売上を米国／欧州／アジア太平洋／日本に，資産を米国／アイルランド／その他に区分表示した (Nichols et al. [2000], p.74 の Table9)。
10)　Nichols et al. [2000], p.71

図表 7-8　地域別セグメント情報を開示した企業の国際的取引水準

開示カテゴリ	外国売上高比率(％)			外国売上高(単位：百万ドル)		
	30％未満	30％以上 50％以下	50％超	$1,000未満	$1,000以上 $5,000以下	$5,000超
米国/他	23(44％)	12(23％)	6(30％)	21(5％)	14(25％)	6(22％)
国別	13(25％)	15(30％)	7(35％)	11(5％)	17(31％)	7(26％)
大陸別	4(8％)	6(12％)	1(5％)	2(5％)	7(13％)	2(7％)
国別/大陸別	10(19％)	14(27％)	4(20％)	7(18％)	13(23％)	8(30％)
大陸統合	1(2％)	1(2％)	0(0％)	0(0％)	2(4％)	0(0％)
混合集計	1(2％)	3(6％)	2(10％)	0(0％)	2(4％)	4(15％)
合計	52	51	20	41	55	27

［出所］Nichols et al. [2000], p.74.

　報告セグメントを増加させた企業は計43社（35％），報告セグメントを減少させた企業が計27社（22％）である（図表7-9の合計欄）。後者のうち9社は地域別セグメントを増加させており，そのうち3社（Coca-Cola, International Frangrances and Flavors, Newmont）は地域をもとにセグメントを定義し，6社（Quaker Oats, Champion, Colgate, Goodyear, Caterpillar, Schlumberger）は地域別と事業別の混合によりセグメントを定義した。地域セグメントを減少させたのは27社から9社を除いた18社で，それらのうち11社は地域セグメントを，米国／その他というグルーピングに変更した。対応のある t 検定によって，平均地域セグメント数の増加［3.0（1997年）から3.5（1998年）］の有意性を検証した結果，$p = .006$ で有意であった[11]。

　1997年には，105社（85％）がSFAS 14に準拠し，地域別利益を開示していたが，1998年にSFAS 131に準拠し，地域別利益を自発的に開示した企業は，19社（15％）にとどまり（図表7-10），t 検定によると，利益情報の喪失は有意であった（$p = .0001$）[12]。SFAS 14準拠年度において，多くの企業が開示した地域別利益は，広範囲な地域を統合した利益金額であり，おおまかに区分し

11）　Nichols et al. [2000], p.73.
12）　Nichols et al. [2000], p.77.

図表 7-9　所在地別開示数（SFAS 14）と地域別開示数（SFAS 131）の業種別比較

業種	不変	増加	減少	同数で異なるセグメント	計	平均地域数 1997年	1998年
食品	1(17%)	1(17%)	2(33%)	2(33%)	6	3.5	4.2
製紙	4(66%)	1(17%)	1(17%)	0(0%)	6	3.3	3.3
出版	0(0%)	2(67%)	1(33%)	0(0%)	3	2.3	2.3
製薬	3(25%)	3(25%)	4(33%)	2(17%)	12	3.7	4.0
他の化学	5(38%)	3(24%)	5(38%)	0(0%)	13	3.4	3.6
製造	15(33%)	14(32%)	11(24%)	5(11%)	45	3.2	4.0
通信	0(0%)	5(100%)	0(0%)	0(0%)	5	1.2	2.0
小売	2(67%)	1(33%)	0(0%)	0(0%)	3	1.7	3.6
サービス	4(34%)	6(50%)	1(8%)	1(8%)	12	2.5	3.6
その他	8(44%)	7(39%)	2(11%)	1(6%)	18	2.9	3.6
計	42(34%)	43(35%)	27(22%)	11(9%)	123	3.0	3.5

［出所］Nichols et al. [2000], p.75.

図表 7-10　SFAS 14 および SFAS 131 による地域別開示項目の比較（1997, 1998）

業種	企業数	1997年				1998年			
		売上	資産	利益	他	売上	資産	利益	他
食品	6	6	6	6	1	6	5	1	0
製紙	6	6	6	6	3	6	6	2	1
出版	3	2	2	2	1	3	3	0	0
製薬	12	11	10	10	0	12	10	1	0
化学	13	12	12	12	1	13	13	3	2
製造	45	44	42	42	9	45	44	5	4
通信	5	0	0	0	0	4	5	0	0
小売	3	2	2	2	1	3	3	2	1
サービス	12	10	10	10	2	12	11	2	2
その他	18	16	15	15	4	18	17	3	0
計	123	109	105	105	22	122	117	19	10

［出所］Nichols et al. [2000], p.77.

た地域の財務比率（総資産利益率，売上高利益率など）を算定できるにすぎないが，SFAS 131 の採用後の利益情報開示の減少は，それらの財務比率計算を不可能にし，深刻な問題を生じさせる。

　地域別セグメント報告のみを行った企業13社のうち，経営者による財政状態および経営成績の検討と分析（MD & A）と不整合なセグメントを開示した

図表7-11 SFAS 14およびSFAS 131によるセグメント情報開示とMD&Aの整合性

	1997年				1998年			
	整合	不整合	NA	計	整合	不整合	NA	計
GEO	8(62%)	③(23%)	2(15%)	13	9(70%)	②(15%)	2(15%)	13
GEOとLOB	10(45%)	⑫(55%)	0(0%)	22	21(95%)	①(5%)	0(0%)	22
計	18(51%)	15(43%)	2(6%)	35	9(85%)	3(9%)	2(6%)	35

GEO：地域別，LOB：事業別，NA：No In formation
[出所] Nichols et al. [2000], p.79.

企業は，3社（23%）から2社（15%）へと僅かに減少する一方で，地域別セグメントと事業別セグメントを併用した企業22社のうち，MD&Aと不整合なセグメントを開示した企業は，12社（55%）から1社（5%）に激減した（図表7-11参照）。一致企業と不一致企業間の差異に関するt検定によっても整合性の改善が確認された（$p = .0002$）[13]。

7.3.3 DJIA銘柄企業

Paul and Largay [2005] は，SFAS 131と同様に，内部組織構造・内部報告様式を重視しながらも，IAS 14はSFAS 131とは一線を画していると指摘する[14]。SFAS 131のマネジメント・アプローチと同様に，IAS 14のパラグラフ27は，報告セグメントを決定する際に，企業は"内部組織・マネジメント構造"と"内部報告システム"を参酌すべきであると述べている。しかし，SFAS 131がもっぱらマネジメント・アプローチに依拠するのとは対照的に，IAS 14のパラグラフ32は，企業が内部組織管理構造がそうしないときには，リスクとリターンにより活動をグルーピングする他の基準を選択することを要求し，セーフティー・ネットを設けている。

Paul and Largay [2005] は，SFAS 131公表前後の開示状況を調査し，個別

---

13) Nichols et al. [2000], p.78.
14) Paul and Largay [2005], p.304.

の顕著な企業事例に注目する一方で，サンプル企業の平均的な変化を観察し，新会計基準の影響を分析しようとした[15]。ダウ・ジョーンズ工業株価（Dow Jones Industrial Average-DJIA）指数銘柄30社がSECに提出したForm 10-Kを収集し，分析結果を次のようにまとめた[16]。

一般にDJIA銘柄企業はSFAS 131に準拠し，従来より多くの事業セグメントを識別・開示した。しかし，依然としてセグメント報告を行わない企業（Home Depot），複数の中核となる事業をもち，多角的に事業を展開させながらも，地域別セグメント報告のみを行う企業（Coca-Cola, Procter & Gamble），事業別セグメント／地域別セグメントの混合させ，詳細な分割情報を提供しない企業（Caterpillar）が見られた。Caterpillarが企業全体の利益に対するセグメントの貢献よりも，予算と実績の対比を重視し，各セグメントへの資源配分を決定しているとすれば，財務諸表の利用者が過度にSFAS 131に依拠することに警鐘を鳴らさねばならない。Boeing, Disney, DuPontなどの世界のトップカンパニーは事業セグメントを細分化し，各セグメントの収益性について詳述し，有益な財務報告を行った。

米国の会計不信の引き金となり，世界市場を席巻する株安の端緒となった2社にも焦点を当てた[17]。Enronは，SFAS 14に準拠して1997年12月末のForm 10-Kにおいて，天然ガス・石油採掘精製事業のみを報告セグメントとして認識していたが，当該事業がEnronの売上高，利益に占める割合は，それぞれおよそ3％，8％にすぎなかった。WorldComは1998年の10-Kにおいて組織構造に基づき5つのセグメントを認識したが，収益性に関するデータを非公表とした。

---

15) このアプローチの最大の利点は，買収・事業処分により攪乱されることなく，同じ企業が2つの異なる基準に従い，どのように報告したかを研究者に知らせることである (Paul and Largay [2005], p.306.)
16) Paul and Largay [2005], pp.307-308.
17) Paul and Largay [2005], pp.308-309.

7.4 地域別セグメント報告の明瞭性

7.4.1 明瞭性 (Fineness)

Doupnik and Seese [2001] は，国別収益の重要性を決定する際にいかなる数量基準が用いられているか，SFAS 131 の情報セットは SFAS 14 のそれより明瞭 (fine) か，という問いに答えることを意図して，米国企業ランキング Fortune 500 社（1999.4.26）のうち，地域別収益を開示していた 254 社を対象に F (fineness) 値を算定した[18]。

$$F = \sum_{i=1}^{n}(AREAREV_i/FORREV) \times weight_i \quad (1)$$

$AREAREV$：地域$_i$の収益

$FORREV$：外国収益合計

$weight$："Foreign" または "Other" と記した地域セグメントに 0

　　　　：複数大陸 (multi-continent) を地域セグメントと定義すれば 1

　　　　：大陸を地域セグメントと定義すれば 2

　　　　：国を地域セグメントと定義すれば 3

彼らは F 値のレベルが高くなり，統合・集計情報が提供されなくなるにつれてアナリストが為替リスク，経済成長率などの要因を考慮に入れやすくなると予測し，上記の $weight$ を付けた[19]。

SFAS 131 は重要な国については，国別データの開示を要求しているが，

---

18) Doupnik and Seese [2001], pp.121-122.
具体的な数値例は次のとおり。
Honeywell の 1997 年の F 値 = 欧州 26.6 ／（欧州 26.6 + その他 13.1）×2 = 1.342，Ball の 1997 年の F 値 = カナダ 11.2 ／（カナダ 11.2 + アジア 9.7）×3 + アジア 9.7 ／（カナダ 11.2 + アジア 9.7）×2 = 2.536（図表 7-15）
19) Doupnik and Seese [2001], p.124.。F 値算定の主旨は企業間比較にあるのではなく，SFAS 131 公表後の F 値の変化を観察することにある。

図表 7-12　1998 年 Fortune 500 社による地域別開示の集計レベル

Panel A：集計レベルの異なる開示をした企業数

集計レベル	会社数	平均外国収益率（％）*
外国収益合計のみ	86	21.4
大陸別のみ**	53	37.3
国別と大陸別の混合	39	35.3
国別のみ	76	31.4
計	254	29.9

Panel B：外国収益合計を開示した企業の集計レベル別開示数

集計レベル	開示数	総開示率（％）
国	242	43.8
大陸***	120	21.7
複数大陸****	73	13.2
"その他"（未定義地域）	118	21.3
計	553	100.0

*　　　外国収益合計／（本国収益合計＋外国収益合計）
**　　 sub-continent, continent, および multi-continent
***　 欧州, アフリカ, アジア, ラテン米国などの地域, 西欧, 東南アジアなどの大陸の一部を含む
****　欧州／中東／アフリカ, アジア／太平洋, 西半球等複数の大陸に所在する国を結合した地域

［出所］Doupnik and Seese [2001], p.126.

1998 年に1ヶ国以上の国別データを開示したのは, 254 社のうち 115 社 (45.3％) であった（図表 7-12 Panel A）。前年の 1997 年に1ヶ国以上の国別データを開示したのは, 229 社のうち 53 社 (23.1％) であったので, SFAS 131 は収益の国別分解を促したといえる[20]。大陸別開示のみを行った 53 社は, 営業活動を中心的に行う特定の国がなく, 国別開示を行わなかったと仮定される。国別開示のみを行った 76 社の平均開示外国数は 2.5 で, 35 社は1ヶ国のみを開示し, 8 社は5ヶ国以上に分割開示した[21]。一元配置分散分析によって, 4つの開示様式カテゴリーの平均外国収益率（図表 7-12 Panael A の右端列）間に有意な差（1％水準）が見られたこと, 多重比較検定によって, 外国収益合計のみを開示した企業の外国収益率は, 他の開示様式グループのそれと有意に異なるが

---

20) Doupnik and Seese [2001], p.125.
21) Doupnik and Seese [2001], p.126.

図表 7-13　1998 年の Fortune 500 社による地域別開示において報告された国と国のグループ

国名	会社数*	国のグループ	会社数**
カナダ	53	欧州	56
英国	43	ラテン米国	28
日本	24	アジア／太平洋	25
ドイツ	22	アジア	11
フランス	19	太平洋	11
ブラジル	10	欧州／中東／アフリカ	10
メキシコ	8	他の欧州	9
イタリア	6	西半球（米国除く）	7
中国	5	他の北米	4
スペイン	5	他のアジア	4
オーストラリア	5	大西洋	3
韓国	4	西欧	3
オランダ	4	その他の国のグループ	22
アルゼンチン	3	計	193
チリ	3		
シンガポール	3		
台湾	3		
他の国々	22		
計	242		

* 少なくとも 1 ヶ国以上国別データを提供した 155 社のうち
** 複数の国をグルーピングした地域データを提供した 92 社のうち
［出所］Doupnik and Seese [2001], p.127.

（5％水準），他の開示様式グループ間には差異が見られなかったことは，企業の国際展開レベルは，外国収益合計を分解するか否かの決定に影響を与えるが，国別，大陸別，国別と大陸別の混合型のいずれの様式によって開示するかには影響を及ぼさないことを示唆する[22]。外国収益合計を分割開示した 168 社は，合計 553 地域（国，大陸，その他）の収益を開示し，1 社あたり平均開示地域数は 3.3 であった（図表 7-12 Panel B）。

カナダ，英国，日本など対外直接投資が上位の国を独立開示する企業が多く[23]，もっとも一般的に用いられるグルーピングは欧州で，アジア／太平洋のような広範な地域も頻繁に使用される（図表 7-13）。

---

22) Doupnik and Seese [2001], pp.126-127.
23) Doupnik and Seese [2001], p.127.

図表 7-14　最小開示国の収益合計率を基準にグルーピングした Fortune 500 社

Panel A：1998 年の最小開示国を基準にグルーピングされた企業

Group	最小国の収益合計率	会社数	平均外国収益率	国数 1	国数 2以上	平均
1	5%未満	49	26.32%	17	32	3.0
2	5%以上10%以下	34	38.20%	20	14	1.71
3	10%超	32	37.90%	27	5	1.16
	計	115		64	51	

Panel B：1997 年の最小開示国を基準にグルーピングされた企業

Group	最小国の収益合計率	会社数	平均外国収益率	国数 1	国数 2以上	平均
1	5%未満	23	32.80%	15	8	1.5
2	5%以上10%以下	16	26.60%	15	1	1.1
3	10%超	14	30.70%	14	0	1.0
	計	53		44	9	

［出所］Doupnik and Seese [2001], p.128.

　独立開示するカットオフポイントを 5% 未満に設定する企業が 115 社のうち，49 社（図表 7-14 Panel A）にのぼった。外国収益が収益合計に占める比率が低い企業は，カットオフポイントを 5% 未満に設定する傾向があると予想され，検定の結果，外国収益率とカットオフポイントの相関係数は 0.253（1%水準で有意）であった。また，最小開示国の収益占有率と開示国数の相関係数は -0.477 で，両者の間には期待どおり負の相関（1%水準で有意）が見られた [24]。SFAS 131 と SFAS 14 が 10% 基準の使用を奨励しているにもかかわらず，多くの企業がカットオフポイントを下げたのは，低リスクの国の営業活動を開示する一方で，重要性のカットオフポイントを高く設定し，高リスク国おける営業活動の開示を回避しようとするインセンティブを経営者がもつからである [25]。

　全サンプルの集計結果が図表 7-15 に示される。1997 年から 1998 年にかけて報告地域セグメント数は有意に増加した（$p = .001$）。国別開示を行った企業

---

24)　Doupnik and Seese [2001], p.129.
25)　Doupnik and Seese [2001], p.129.

図表 7-15　Fortune 500 社の SFAS 14 と SFAS 131 による Fineness 値

	地域数		Fineness 値					
			Weight＝3		Weight＝4		Weight＝5	
	1997	1998	1997	1998	1997	1998	1997	1998
全企業（n＝229）								
平均	2.25	2.65	1.11	1.13	1.19	1.34	1.54	2.2
増加（会社数）		66		94		98		113
減少		39		84		80		65
変化なし		124		51		51		51
合計		229		229		229		229
1998 年のみ国別開示（n＝68）								
平均	2.44	3.72	1.34	1.7	1.49	2.25	2.07	4.48
増加（会社数）		36		43		46		60
減少		11		24		21		7
変化なし		21		1		1		1
合計		68		68		68		68
1998 年に国／大陸別開示（n＝37）								
平均	3.03	3.89	1.63	1.94	1.85	2.24	2.59	3.47
増加（会社数）		17		21		22		23
減少		0		16		15		14
変化なし		20		0		0		0
合計		37		37		37		37
1998 年に大陸別開示（n＝52）								
平均	2.38	2.63	1.25	1.38	1.25	1.38	1.27	1.38
増加（会社数）		13		30		30		30
減少		5		20		20		20
変化なし		34		2		2		2
合計		52		52		52		52
1998 年に外国一括開示（n＝72）								
平均	1.57	1	0.51	0	0.54	0	0.68	0
増加（会社数）		0		0		0		0
減少		24		24		24		24
変化なし		48		48		48		48
合計		72		72		72		72

［出所］Doupnik and Seese [2001], p.131.

図表7-16　1997年(1998年)に外国収益を区分開示し(開示しなかった)Fortune 500社

	1997年	総収益占有率(%)	1998年	総収益占有率(%)
Honeywell	米国	60.3	米国	61.7
	欧州	26.6	外国	38.3
	その他	13.1		
地域数		2		1
F値*		1.342		0
Caterpillar	米国	49.3	米国	51.8
	欧州	14.5	外国	48.2
	アジア／太平洋	13.7		
	ラテン米国	9.4		
	カナダ	6.7		
	アフリカ／中東	6.5		
地域数		5		1
F値		1.733		0
Rohm & Haas	米国	56.7	米国	47.2
	カナダ	3.1	外国	52.8
	欧州	24		
	アジア／太平洋	11.1		
	ラテン米国	5.1		
地域数		4		1
F値		1.813		0
Pepsico	米国	66.3	米国	68.8
	欧州	11.1	外国	31.2
	カナダ	4.5		
	メキシコ	7.4		
	英国	4.1		
	その他	6.6		
地域数		5		1
F値		2.085		0
Ball	米国	79.1	米国	84.6
	カナダ	11.2	外国	15.4
	アジア	9.7		
地域数		2		1
F値		2.536		0

*F (fineness) score based on country weight = 3
[出所] Doupnik and Seese [2001], p.135.

図表 7-17　NYSE に上場する ABC 社と XYZ 社の財務諸表 （単位：百万ドル）

損益計算書			貸借対照表				
売上高		6,625	流動資産	2,516	負債	3,791
売上総利益		3,275	固定資産	5,812	資本	4,597
純利益		769	資産合計	8,388	負債・資本計	8,388
財務比率						
流動比率		177.00%	売上総利益率	49.43%		
負債比率		82.47%	総資産利益率	9.17%		
売上高純利益率		11.61%	自己資本利益率	16.73%		

ABC 社
売上高と固定資産の地域別内訳は以下のとおり
米国　　　　　　　　　70%
アジア／太平洋　　　　30%
ABC 社株式投資リスクを標準 5，最低 1，最高 9 で評価
Low Risk 1 2 3 4 5 6 7 8 9 High Risk
ABC 社株式投資リスク評価の信頼度を標準 5，最低 1，最高 9 でレーティング
Low Confidence 1 2 3 4 5 6 7 8 9 High Confidence

XYZ 社
営業地域を除きすべての面で XYZ 社は ABC 社と同じ
売上高と固定資産の地域別内訳は以下のとおり
米国　　　　　　　　　70%
インドネシア　　　　　5%
他のアジア／太平洋　　25%

ABC 社の評価を考慮に入れて，XYZ 社を評価する
XYZ 社株式投資リスクを標準 5，最低 1，最高 9 で評価
Low Risk 1 2 3 4 5 6 7 8 9 High Risk
XYZ 社株式投資リスク評価の信頼度を標準 5，最低 1，最高 9 でレーティング
Low Confidence 1 2 3 4 5 6 7 8 9 High Confidence

[出所] Seese and Doupnik [2003], p.102.

に3を割り当てると,1997年と1998年のF値に有意な差($p=.687$)は見出されなかったが,当該企業に4または8を割り当てると,両年のF値に有意な差($p=.041$または$p=.000$)が生じ(図表7-14),Finenessの増減は国別開示に割り当てられた数値に依存するといえる[26]。1998年のみ国別開示を行った企業の平均地域数の増加が顕著である(2.44→3.72)。

7.4.2 財務アナリストを対象とした調査

Seese and Doupnik [2003] は,財務アナリストを被験者として,(1) 収益・固定資産の国別比率(量的ベンチマーク),(2) 収益を稼得し,固定資産を保有する国のリスク,すなわちカントリー・リスクのレベル(質的ベンチマーク),および(1)と(2)の相互作用が地域別ディスクロージャーの有用性に及ぼす影響を,以下の調査票をもとに分析した。

仮設企業の財政状態をS&P500社平均,Fortune 500社中250番目,およびアナリストのコメントに関するパイロット・スタディーから導出した[27]。調査の結果,外国営業活動の重要性(materiality)を評価する際に,財務アナリストは数量ベンチマークより質的ベンチマークを重視することが明らかとなった。

7.4.3 国別開示率に関する回帰モデル

Tsakumis et al. [2006] は,SFAS 131 に準拠し,地域別セグメントを認識する際に,米国企業が用いる重要性基準が多様であったことを事例をあげて説明する(図表7-18参照)。IBMは総収益の10.5%を占める日本のみを独立したセグメントと認識し,Texacoは総収益の約5.3%を占めるオランダを分離表示し,DuPontは総収益の1%以下のシンガポールを含む11ヶ国に細分した。

Tsakumis et al. [2006] は,Fortune 500社(1999年4月26日付)のうち,

---

26) Doupnik and Seese [2001], p.132.
27) Fortune 500社の総売上高に対する外国売上の平均比率は30%であり,営業活動の30%が米国以外で行われると仮定する(Seese and Doupnik [2003], p.91)。

図表7-18 SFAS 131による国別開示例

IBM 1998アニュアル・レポート	収益	DuPont 1998アニュアル・レポート	純売上
米国	35,303	北米	
日本	8,567	米国	13,075
その他	37,797	カナダ	881
計	81,667	メキシコ	421
		その他	93
Texaco 1998アニュアル・レポート	売上とサービス	小計	14,470
米国	8,184	欧州, 中東, アフリカ	
外国-計	22,726	ドイツ	1,450
含められた重要な国		英国	988
ブラジル	3,175	フランス	904
オランダ	1,636	イタリア	902
英国	7,529	その他	2,108
		小計	6,352
		アジア太平洋	
		日本	820
		台湾	591
		中国	398
		シンガポール	86
		その他	947
		小計	2,842
		南米	
		ブラジル	659
		その他	444
		小計	1103
		合計	24,767

［出所］Tsakumis et al. [2006], p.35.

1998年のアニュアル・レポートが入手可能で，米国以外における1998年国別売上高を開示していることを要件にサンプル115社を抽出・選択した。

下記の式（2）により各企業の国別開示比率を算定する[28]。

$$CONFOR = \frac{\sum_{i=1}^{n} CONREV_i}{FORREV} \quad (2)$$

ここで $CONREV_i$ は国 i の売上高；$FORREV$ は外国売上高合計；n は報告

---

28) Tsakumis et al. [2006], p.41. 以下では $CONFOR$ が検定モデルの従属変数となる。

された国の数を意味する。CONFORの値が大きいほど，外国売上高が国別に分割開示される程度が高くなる。

仮説検定のために使用されたモデルは，次の(3)式のとおりであった[29]。

$$CONFOR_{i,t} = \alpha_0 + \alpha_1 FORPCT_{i,t} + \alpha_2 CTRY_{i,t} + \alpha_3 LNASSET_{i,t}$$
$$+ \alpha_4 CONFOR_{i,t-1} + e_{i,t} \quad (3)$$

独立変数は $FORPCT$, $CTRY$, $LNASSET$, および $CONFOR_{it-1}$ である。$FORPCT$ は外国売上高が総売上高に占める比率により測定される。$CTRY$ は企業が営業活動を行う国の数，具体的には Form 10-K において報告された外国子会社が所在する国の数を指す。$LNASSET$ は，Compustat から入手された総資産の自然対数により測定され，企業規模の代理変数とみなされる。$CONFOR_{it-1}$ は，SFAS 131 採用前年の国別に分割開示された総外国売上高率（％）で，過去の報告実践と関連し，アニュアル・レポートから入手される。

4つの独立変数のうち，もっとも重要な変数は $FORPCT$ で，$FORPCT$ の大きい企業は，国別情報開示によって，多額の競争上の損害コスト負担を強いられる，と彼らは予測する。(3)式における $FORPCT$ の係数の期待符号は負で，自社が競争上のリスクに晒されているという認識が強まるにつれて，国別に外国売上高を分割開示する率が低くなると仮定する[30]。

独立変数間の相関が Pearson の相関係数と Spearman の順位相関係数により定量化され，その結果は，次のように解釈される[31]。$CTRY$ と $FORPCT$ の間に有意な相関が見られたが，VIF 統計量は 2 以下で，多重共線性は問題とならない。過去の報告実践（$CONFOR_{it-1}$）と従属変数（$CONFOR$）の Peason の相関係数は有意であるが，Spearman の順位相関係数は有意でなく，それは $CONFOR_{it-1}$ が非正規分布である可能性を示唆する。

$CONFOR_{it-1}$ が他の変数に与える影響を判定するために，$CONFOR_{it-1}$ を含

---

29) Tsakumis et al. [2006], p.42.
30) Tsakumis et al. [2006], p.42.
31) Tsakumis et al. [2006], p.43.

図表 7-19　相関マトリックス

	$CONFOR^a$	FORPCT	CTRY	LNASSET	$CONFOR_{it-1}$
Pearson 相関係数					
CONFOR	1.000				
FORPCT	−4.80*(.000)	1.000			
CTRY	−4.08*(.000)	0.478*(.000)	1.000		
LNASSET	0.082(.396)	0.060(.525)	0.135(.149)	1.000	
$CONFOR_{i,t-1}$	0.318*(.001)	−0.218(.0019)	−0.194(.038)	0.012(.900)	1.000
Spearman's rho					
$CONFOR^a$	1.000				
FORPCT	−4.86*(.000)	1.000			
CTRY	−4.26*(.000)	0.547*(.000)	1.000		
LNASSET	0.093(.323)	0.043(.649)	0.120(.203)	1.000	
$CONFOR_{it-1}$	0.050 (.597)	−0.087(.358)	−0.143(.127)	0.05(.962)	1.000

括弧内は両側 p 値
^a 変数の定義は別表参照
* 1％水準で有意（両側）

［出所］Tsakumis et al. [2006], p.45.

まない Model 1 と，$CONFOR_{it-1}$ を含む Model 2（図表 7-19）が定式化され，検証結果は次のように解釈される[32]。Model 1 と Model 2 の自由度修正済決定係数は，それぞれ 0.271 と 0.304 で，Model 2 の方が高い。競争リスク・エクスポージャーの代理変数たる FORPCT の回帰係数は，2 つのモデルともに負かつ有意（$p=.000$）である。この回帰結果は，国別開示が自社の競争優位を揺るがし，多大な損害をもたらすと認識する企業の経営者は，外国営業活動の国別開示を回避しようとすると推計させる。

2 つのモデルいずれにおいても CTRY に関する回帰係数は，負かつ有意（1％水準）であり，より多くの国に子会社をもつ企業は，外国営業活動を国別に開示しない傾向があると推定させる。Model 1 において規模（LNASSET）と従属変数の間に有意かつ，期待どおり正の関係が見られ，企業規模が拡大するにつれて，国別収益を開示する比率が高くなることが示唆された。Model 2 の検

---

32) Tsakumis et al. [2006], pp.43-46.

図表 7-20　回帰結果

$$CONFOR_{it} = \alpha_0 + \alpha_1 FORPCT_{it} + \alpha_2 CTRY_{it} + \alpha_3 LNASSET_{it} + \alpha_4 CONFOR_{it-1} + e_{it}$$

変数	Model 1(p値)	Model 2(p値)	期待符号
$FORPCT$(片側)	$-0.369(.000)$	$-0.337(.000)$	$-$
$CTRY$(片側)	$-0.250(.004)$	$-0.226(.007)$	$-$
$LNASSET$(片側)	$0.138(.045)$	$0.131(.051)$	$+$
$CONFOR_{it-1}$(片側)	$-$	$0.199(.008)$	$+$
F値	15.160	13.420	
$Adj.R^2$	0.271	0.304	

［出所］Tsakumis et al. [2006], p.45.

証結果は，前期の報告実践（$CONFOR_{it-1}$）と当期の報告実践（$CONFOR_{it}$）の間に有意な正の関係が見られることを示す。予測どおり，企業がSFAS 14によって国別開示を実践したレベルが，SFAS 131に準拠した特定国の開示量に影響を与えたと推測できる。

7.5　小　　括

　マネジメント・アプローチは，(a)　報告セグメント数・開示項目の増加，(b)利用者の経営者の視点に立脚した企業分析，(c)　低コストでタイムリーなセグメント情報の提供，(d)　MD＆A，アニュアル・レポートの他の箇所との一貫性向上，(e)　種々のセグメント業績測定値の提供などの効果の発現を期待して導入された（IFRS 8，BC6）。

　前述の先行研究の成果から，上記の効果が実際に発現する可能性を判断する。SFA 131の適用は地域別セグメントの平均値を 0.5 引き上げた（図表7-9）。国際的取引水準（外国売上高と外国売上高比率）が上昇するに伴って，国境をまたがる地域を単一のセグメントとして集計する傾向が緩和されると期待されたが，検定の結果，それを裏付ける経験的証拠は導き出されなかった（図表7-7）。報告セグメント数の増加効果は望めず，期待と現実（の実践）のギャップは埋められそうもない。

SFAS 131 では，報告セグメントの利益額または損失額を開示項目に含めると規定しているにもかかわらず，1998 年に地域セグメント別利益を開示しない報告実践が一般化しており（図表 7-6 および図表 7-10），開示項目の大幅な増加も実現しそうもない。経営のグローバル化を進展させた企業が地域セグメント別利益を非開示とする報告実践は，IFRS 8 発効後も継続的に維持される可能性がある。

　内部管理目的で作成された資料を外部公表用財務諸表に流用でき，追加コストなしで四半期セグメント報告が可能と考えられ，低コストでセグメント情報をタイムリーに提供できると思料される。しかし，従来機密情報であったセグメント情報を外部に公表することにより得られるベネフィットが，情報作成コストを超えるかは定かではない。この問いに答えるには，情報作成者を対象にしたコスト・ベネフィットに関するアンケート調査が有効であろう[33]。図表 7-11 からセグメント情報とアニュアル・レポートの他の箇所における記述（MD & A）の整合性は高レベルで保たれると予測される。

　一般に認められた会計原則に準拠しない（non-GAAP）測定値を含む種々のセグメント業績測定値が提供されると予想される。non-GAAP 測定値は，利用者の意思決定をミスリードするおそれがあり，IAS 14 の par.16 におけるセグメント収益・費用・利益・資産の定義を IFRS 8 においても留保すべきである，という Gilbert Gelard and James J Leisenring の指摘（IFRS 8, DO4）は正鵠を射ているといえるであろう[34]。

---

[33] EC は 2007 年 5 月 30 日付で *Endorsement of IFRS 8 Operating Segments Analysis of Potential Impacts (API)* を公表し，IFRS 8 による情報作成コストは，IAS 14 による作成コストより低廉か，IAS 14 から IFRS 8 への変更に伴うコスト・ベネフィットはプラスかを Question 3 で問い掛けている。

[34] セグメント収益・費用・利益・資産の定義は，IASB と FASB のセグメント報告基準の収斂だけでなく，両基準と日本の企業会計基準委員会（ASBJ）のセグメント情報開示基準との収斂にかかわる論点の 1 つとなると考えられる。我が国のセグメント情報開示基準については薄井［2006］，大日方［2005］，末政［2006］，中根［2007］，山地［2005］を参照されたい。

第8章

セグメント報告基準の収斂効果の検証

▍8.1 はじめに

　IFRS 8 では，内部管理組織に基づいてセグメンテーションを行う，マネジメント・アプローチが導入された。IAS 14R[1]において採用されていたリスク・便益アプローチ（risks and rewards approach）からマネジメント・アプローチへの変更の影響は，大きいと予測された。そこで IASB は，IFRS 8 の発効日以後の決算期（2009年1月1日以降に開始する事業年度から）を対象に，マネジメント・アプローチの効果と影響を調査し，2013年7月に，Post-implementation Review：IFRS 8 Operating Segments を公表した。

　セグメント情報は利益予測精度の向上，投資分析に有効であり，証券アナリストにとっての必須情報でもある。IASB はマネジメント・アプローチを導入し，報告セグメント数の増加，内部管理用の区分単位と一致するセグメントの認識を要望する投資家，証券アナリストのニーズに応えようとした。本章では，マネジメント・アプローチ導入の意義とその影響を検討する。

▍8.2　IFRS 8 発効後のレビュー

　IAS 14R は，リスクとリターンの差を基に，商品・製品・サービス別にビジ

---

[1] 1981 年公表の IAS 14：Reporting Financial Information by Segment は改訂され，1997年に IAS 14：Segment Reporting として公表された。以下ではこれを IAS 14R と称する。

図表 8-1　SFAS 131 と IAS 14R の相違

	SFAS 131	IAS 14R
報告セグメントの認識基礎	CODM が資源配分に際し、内部報告で使用	事業（顧客へ提供される製品・サービス）、地域
開示要求項目の測定基準	CODM へ報告する際の測定基準 Non-GAAP 測定可	IFRS 準拠連結財務諸表作成時の測定基準
報告項目の定義	報告項目は未定義	利益などの報告項目は財務諸表で定義
報告様式	事業別と地域別の混合セグメント可	事業別または地域別セグメント

［出所］IASB [2013], p.9 および Nichols et al. [2012], p.81 を参考に作成。

ネスセグメントを，そして営業活動を行う経済環境別にセグメント（地域別セグメント）を認識することを求める。SFAS 131 は，経営者の視点に立ち，事業活動を報告することを求め，企業内部で使用し，資源配分に際し，CODM がレビューするセグメントを認識すべきと規定する。IAS 14R は，IFRSs 準拠財務諸表の他の個所と同一の基準に従い，各セグメントを測定することを求める。SFAS 131 では条件をクリアすれば，Non-GAAP 測定も容認される。IAS 14R は，各報告セグメントごとに特定の開示項目を定める。SFAS 131 は，CODM に定期的に報告される場合に限り，当該項目の報告を義務付ける。SFAS 131 が事業別と地域別の混合セグメント（図表 8-2 参照）の認識を可とするのに対して，IAS 14R は事業別セグメントまたは地域別セグメントの認識を要求する。SFAS 131 と IAS 14R には図表 8-1 に要約される相違点が見られた。

　IASB と FASB が共同で IFRS 8 を公表し，セグメント報告基準の収斂の効果が実現することにより，4 つのベネフィットが得られると期待された[2]。

---

2) IASB [2013], p.10. SFAS 131 のマネジメント・アプローチの導入により期待される効果は，報告される事業セグメント数および事業セグメントごとの情報量の増加，経営者の視点に立脚した企業分析，僅かな増分コストでのタイムリーな情報提供，MD & A との整合性改善，様々なセグメント業績測定値の提供であった（Nichols et al. [2013], p.263）。

図表8-2 報告セグメントの組織形態

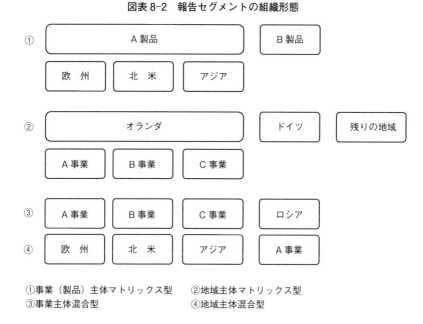

［出所］Nichols et al. [2012], p.81 を加筆。

1) セグメント報告に関する IAS と米国 GAAP の収斂が達成される。
2) 経営者の視点に立つことで将来の業績，キャッシュ・フローを予測する能力が改善される。
3) 経営者が重要とみなすリスクが強調される。
4) 情報入手が容易になり，経営者の報告の利用は中間報告を増加させる。

一方，IFRS 8 の発効は，次のようなデメリットをもたらすと懸念された[3]。

1) 企業ごとに内部組織構造は異なるので，セグメント報告の企業間比較可

---

3) IASB [2013], p.10.

図表 8-3　IAS 14R, SFAS 131, IFRS 8 の開示要求

No	IAS 14R 強制的開示要求	IFRS 8 強制的開示要求	IFRS 8 条件付[d]開示要求	SFAS 131 強制的開示要求	SFAS 131 条件付[d]開示要求
基本的/事業セグメント					
1　外部顧客からの収益	○		○[a]	○	
2　他の事業セグメントからの収益	○		○[a]	○	
3　収益性	○	○		○	
4　総資産	○		○	○	
5　総負債[b]	○		○		○
6　非流動資産への追加	○		○[a]		○
7　減価償却/償却費	○		○[a]		○
8　減価償却/償却費以外の重要な非現金支出項目	○		○[a]		○
9　持分法利益	○		○[a]		○
10　持分法投資	○		○[a]		○
11　利息収益	○		○[a]		○
12　利息費用	○		○[a]		○
13　法人所得税費用/収益	○		○[a]		○
14　異常項目	○		○[a]		
補足的地域（IAS 14R）セグメントまたは企業全体レベル（SFAS 131 と IFRS 8）の開示					
15　外部顧客からの収益	○	○		○	
16　資産[c]	○	○		○	
17　非流動資産への追加	○				

a. セグメント損益/資産の測定時に CODM によりレビューされるか，CODM に定期的に報告
b. CODM に定期的に報告されていれば，IFRS 8 はセグメント負債の開示を要求
c. IFRS 8 は総資産を定義し，無形資産を含め，SFAS 131 の固定資産は無形資産を除く
d. 損益に含められるか，CODM に報告されている

[出所] Nichols et al. [2013], p.264. 一部加筆.

能性が損なわれる。

2) 頻繁な内部組織の改編がトレンド・データの蓄積を困難とする。
3) 独立した地域別セグメントが表示されないので，地域別分析が行えなくなる。
4) 経営者が内部報告で用いた理解困難な Non-IFRS 測定値が使用される。

IFRS 8 と IAS 14R 開示項目を比較すると，IFRS 8 においては，IAS 14R よ

りも無条件で開示が要求される項目が少なく,多くの項目は一定の条件を満たした場合にのみ開示が要求される[4]。IFRS 8 と SFAS 131 の開示要求を対比させると,両者はほぼ同じであるが,IFRS 8 においては,総資産が一定の要件を満たす場合のみ開示が要求される点は,SFAS 131 と異なっている。

8.3 英国企業のセグメント報告

Crawford et al. [2012] は,英国企業 150 社[5]のセグメント報告を対象に,IFRS 8 適用の影響を分析し,あわせて財務諸表の利用者,作成者,監査人が IFRS 8 は IAS 14R より意思決定に有用な情報を提供するとみなしている否かをインタビュー調査した。彼らは分析結果を以下のようにまとめた。

第 1 に,報告セグメント数は 3.30 から 3.56 に増加し,顧客の所在地域別情報も増加した[6]。

第 2 に,報告セグメントごとの開示項目は減少し,とりわけ資本的支出,負債,所在地別資産を開示する企業数は著しく減少した[7]。多くの企業は IFRS 8 が許容する裁量権を利用してそれらの項目の開示を怠った。

第 3 に,Non-GAAP 測定値を報告する企業は少数にとどまり,Non-GAAP 測定値の使用から生じる重要な調整項目は報告されなかった[8]。このことは,Non-GAAP 測定値の使用が稀である,というインタビュー調査結果からも裏付けられた。

---

4) IAS 14R では,事業活動別および地域別セグメント報告が要求されるが,IFRS 8 では,経営者の意思決定と整合的であることがセグメントの認識条件とされ,2 つの様式のセグメント報告は要求されない(Epstein and Jermakowicz [2009], p.50)。
5) FTSE 100 のうち 99 社 (Shire plc は米国 GAAP に準拠しているので除かれた),FTSE 250 のうち 51 社 (時価総額 101 位から 350 位までの中からランダムに 51 社を抽出),合計 150 社がサンプルである。
6) Crawford et al. [2012], p.6. 顧客の地域別情報も 3.68 から 4.09 に増加し,平均の差も 5%水準で有意であった(図表 8-4 参照)。
7) Crawford et al. [2012], p.6.
8) Crawford et al. [2012], p.6.

図表 8-4　IFRS 8 適用後の報告セグメント数の変化

	FTSE 100	FTSE 250	サンプル計
Panel A：事業別・地域別平均セグメント数の変化			
事業／製品・サービス別			
IFRS 8 適用前	3.61	2.71	3.30
IFRS 8 適用後	3.98	2.75	3.56
平均値の差	0.37*	0.04	0.26*
顧客の所在地域別			
IFRS 8 適用前	3.91	3.24	3.68
IFRS 8 適用後	4.39	3.51	4.09
平均値の差	0.48*	0.27	0.41*
資産の所在地別			
IFRS 8 適用前	3.67	3.25	3.53
IFRS 8 適用後	3.86	3.29	3.67
平均値の差	0.19	0.04	0.14
Panel B：報告セグメント数が変動した企業数			
事業／製品・サービス別			
増加	27	8	35
減少	13	9	22
不変	59	34	93
顧客の所在地域別			
増加	33	12	45
減少	15	9	24
不変	51	30	81
資産の所在地別			
増加	31	11	42
減少	19	10	29
不変	49	30	79

[出所] Crawford et al. [2012], p.18.

　第4に，調査対象者の過半数はマネジメント・プローチに賛成し，財務諸表の作成者は IFRS 8 を強く支持した[9]。強制はされないが，過半数の企業は CODM を認識しており，FTSE 100 サンプル企業の方が FTSE 250 サンプル企業よりも CODM を認識していた。IFRS 8 適用後，セグメント報告実践を変更した企業は，特定の産業，企業規模に偏っていなかった。アニュアル・レポートの他の個所の組織構造に関する記述が IFRS 8 によるセグメント報告と常に

9）Crawford et al. [2012], p.7.

一致するわけではない証拠が得られた。

　第5に，ほとんどの調査対象者は意思決定，とりわけ投資家の意思決定に有用であると述べた[10]。調査対象者の過半数はマネジメント・アプローチに賛成し，財務諸表の利用者より作成者の方が賛成の意向を示す傾向が見られた。マネジメント・アプローチの支持者は経営者の視点に立ちセグメントデータを分析できる利点を強調するが，マネジメント・アプローチに異を唱える者は，IFRS 8 の弾力性を濫用し，セグメントの定義を変更し，CODM への内部報告プロセスを変え，不都合な結果を隠蔽しようとしていると批判するが，そのような行為を裏付ける証拠はなかった。

　第6に，インタビューにより IFRS 8 の重要課題は，商業上のセンシティブな情報開示，アニュアル・レポートにおけるセグメントの集計水準，別個に認識される重要性の閾値であることが明らかになった[11]。作成者と監査人はセンシティブな情報開示を免れることは，小規模の新興企業には問題であると指摘した。

　第7に，企業全体の開示という IFRS 8 が要求する新たなカテゴリーに回答者は当惑している[12]。利用者は IAS 14R と同様の地域別開示が行われるかを疑問視した。監査人でさえ，新たなカテゴリーの情報がより多くの地域別開示を可能にすると認識しているとは思われなかった。

　インタビューとアニュアル・レポートの分析結果を受けて，IASB に対し，セグメントを定義・集計するための重要性の閾値，企業全体の開示の目的に関する指針を示すべきである，アニュアル・レポートでの CODM に関する説明，セグメント報告での記述とアニュアル・レポートの他の箇所での事業・地域単位数が整合しない場合，理由の説明を求めることなどを提案した[13]。

　FTSE 100 のサンプルが事業／製品別（Line of Business：LOB）報告セグ

---

10) Crawford et al. [2012], p.7.
11) Crawford et al. [2012], p.7.
12) Crawford et al. [2012], p.8.
13) Crawford et al. [2012], p.8.

メントを5%水準で有意に増加させたことを見出したが，99社のうち，報告セグメントを増加させたのは27社にすぎず，59社は同数で，13社は報告セグメントを減少させた。FTSE 250から抽出されたサンプル51社に関しては，IFRS 8適用前後にかけて報告セグメント数は2.71から2.75に増加したが，平均の差は有意でなく，増加8社，同数34社，減少9社であった。

8.4 欧州優良企業のセグメント報告

　Crawford et al. [2012] において，IFRS 8適用の英国企業150社への影響が多角的視点から分析・報告されたので，Nichols et al. [2012] では，英国企業をサンプルから除き，14ヶ国326社の欧州優良企業（European Bluechip Companies）のIFRS 8適用の影響が検証された[14]。

　IFRS 8は結論の根拠において，マネジメント・アプローチへの移行は報告セグメント数を増加させるとの予測を示した。IAS 14R適用時とIFRS 8適用時の全サンプルの平均報告セグメント数は3.84と4.19で，t検定の結果，増加は有意であった（$t=9.36, p=0.0001$）[15]。しかし，2009年のアニュアル・レポートにおいて前年よりも報告セグメント数を増加させたのは88社（27%）のみで，201社（62%）は前年同数であり，37社（11%）は報告セグメントを減少させた。

　各項目の開示比率を算定するにあたり分母となるIAS 14R適用最終年度とIFRS 8初度適用年度のサンプル企業数は，それぞれ303社と306社であった。

---

[14] いずれも各国を代表する株価指数の構成企業である。オーストラリア20社（ATX），ベルギー19社（BEL 20），デンマーク18社（OMXC 20），フィンランド23社（OMXH 25），フランス39社（CAC 40），ドイツ27社（DAX 30），アイルランド20社（ISEQ 20），イタリア39社（MIB 30），ルクセンブルグ6社（LUXX），オランダ22社（AEX），ノルウェー17社（OBX），スペイン32社（IBEX 35），スウェーデン28社（OMSX 30），スイス16社（SMI）がそれぞれ含まれる（企業名はCrawford et al. [2012], p.100を参照）。

[15] IFRS 8適用時に単一報告セグメントであった企業を除くと，IAS 14R適用時4.06，IFRS 8適用時4.40で，差は有意であった（Nichols et al. [2012], p.92）。

図表 8-5　IAS 14R 適用最終年度と IFRS 8 初度適用年度の比較

No	IAS 14R と IFRS 8 の開示要求項目	IAS 14R 企業数	IAS 14R 開示比(%)	IFRS 8 企業数	IFRS 8 開示比(%)
1	収益性の測定値	303	100	306	100
2	セグメント資産	291	96	284	93
3	セグメント負債	264	87	216	71
	条件付 IFRS 8 開示要求損益項目				
4	外部顧客からの収益	303	100	306	100
5	他のセグメントとの取引による収益	169	56	165	54
6	利息収益	64	21	69	23
7	利息費用	34	11	43	14
8	減価償却費／償却費	257	85	263	86
9	持分法投資利益	125	41	92	30
10	法人所得税費用／収益	49	16	62	20
11	減価償却／償却費以外の重要な非現金支出項目	173	57	170	56
	条件付 IFRS 8 開示要求貸借対照表項目				
12	持分法投資	125	41	92	30
13	非流動資産への追加	244	81	223	73
	自発的開示				
14	詳細な損益計算書情報	90	30	86	28
15	詳細な貸借対照表情報	55	18	44	14
16	キャッシュ・フロー情報	32	11	29	9
17	R＆D費用	11	4	9	3
18	組織再編費用	11	4	10	3
19	例外項目	8	3	5	2

［出所］Nichols et al. [2012], p.94. 一部加筆。

前者は 335 社から IFRS 適用前米国 GAAP 適用 8 社，IFRS 8 適用前年未登録 1 社，IAS 14R 適用単一セグメント報告 23 社を，後者は 335 社から IFRS 適用前年米国 GAAP 適用企業 8 社，IFRS 8 適用前年未登録企業 1 社，IFRS 8 適用単一セグメント報告企業 20 社を除いた企業数である。セグメントの収益性に関する複数の測定値を含めると，IAS 14R では計 2,673 項目（平均 8.79 項目），IFRS 8 では計 2,572 項目（平均 8.38 項目）で，各セグメントの平均開示項目数は有意に減少し（$t=1.82$, $p=0.035$），とりわけセグメント負債，持分法投資利益，非流動資産への追加（資本的支出）の開示比率が著しく下がっ

図表 8-6　セグメント報告数値と連結財務諸表の一致，収益性，総資産，総負債

Panel A：収益性測定値									
各企業の収益性測定値の種類	1 %		2 %		3 %				
	236 75		58 19		20 6				
開示された収益性測定値			Non-IFRS 測定値					IFRS 測定値	
	営業利益	%	EBIT	%	EBT	%	EBITDA	%	純利益	%
a. 開示企業数	180	57	73	23	56	18	50	16	53	17
b. 連結損益計算書と同一のセグメント収益性測定値	169		68		55		33		53	
c. 連結損益計算書とセグメント収益性測定値が不一致	11		5		1		17		0	
d. 注記でセグメント収益性測定値を調整	10		4		0		17		0	

Panel B：総資産	総資産と一致	総資産と不一致	注記開示されない	コメント未開示	計
	238	49	13	14	314

Panel C：総負債	総資産と一致	総資産と不一致	注記開示されない	コメント未開示	計
	173	45	22	74	314

EBITDA：利息・税金・減価償却費・償却費控除前利益
EBIT：利息・税金控除前利益，EBT：税金控除前利益
[出所] Nichols et al. [2012], p.95. 一部加筆。

た[16]。

　IFRS 8 は報告セグメントの収益性の測定値を定義しないので，IAS 14R よりも複数の収益性の測定値を開示する比率が上がると予測された。単一の収益性測定値を開示した企業は，IFRS 8 では 314 社中 236 社 (75%)，IAS 14R では 303 社中 250 社 (82%)，2 つの収益性測定値を開示した企業は，IFRS 8 では 58 社 (19%)，IAS 14R では 41 社 (14%)，3 つの収益性測定値を開示した企業は，IFRS 8 では 20 社 (6%)，IAS 14R では 12 社 (4%) で，複数の収益性の測定値を開示する企業の比率の増加は有意で ($t=2.38$, $p=0.017$)，IASB の予測のとおりであった。ほとんどの企業は IFRS が指定しない収益性測定値を使用し，IFRS が定義するセグメント収益性測定値，すなわち純利益を使用

---

[16] 図表 8-5 の No.3 のセグメント負債 ($t = 5.09$, $p = 0.0001$)，No.9 および No.12 の持分法投資利益，持分法投資 ($t = 2.90$, $p = 0.004$)，No.13 の非流動資産への追加 ($t = 2.22$, $p = 0.03$) の開示の減少は有意であった。

したのは，53社（17%）のみであった（図表8-6）[17]。

IFRS 8とIAS 14Rには次のような重要な相違がある[18]。IFRS 8の報告セグメントはリスク・便益要件が除かれたマネジメント・アプローチに依拠して認識される。IFRS 8は単一報告セグメント企業は製品・サービス，地域の両方に基づく企業全体レベルのデータの開示を要求する。セグメントの収益の大半が利息ではなく，CODMが純額に依拠していなければ，利息収益と利息費用を別個に開示する。本国と本国以外の重要な国に収益と資産の開示が要求される。当該収益が報告企業の収益の10%以上なら，主要な顧客との取引の開示を求める。

IFRS 8によれば平均開示項目数が増加すると期待されたが，平均開示項目数は減少し，IASBの期待どおりではなかった。

8.5　オーストラリア企業のセグメント報告

Kang and Gray [2013] はオーストラリア証券取引所に上場する上位200社（ASX 200）を対象に，IFRS 8と同等のAASB 8 Operating Segment（2009年1月1日以降に開始される事業年度から発効）適用前後のセグメント報告実践の変化を分析した。最終サンプルは2008年6月30日現在のASX 200から上場廃止3社，オーストラリア企業以外3社，オーストラリア会計基準未適用企業5社を除く189社であった[19]。Step 1：CODMの認識，Step 2：事業セグメントの認識，Step 3：事業セグメントの集計，Step 4：報告セグメントの決定，Step 5：セグメント情報開示の5段階を経て関連のデータを集めた。

---

17) IAS 14R適用最終年度には営業利益を57%が，EBITを19%が，EBTを20%が，EBITDAを8%が開示し，16%が純利益を開示した（Nichols et al. [2012], p.93）。
18) Nichols et al. [2013], p.265.
　　IAS 14Rはリスク・便益要件をもつpure management approachに依拠する。
19) 世界産業分類基準（GICS）に従いエネルギー／素材／資本財に属するとされた93社が約半数を占める。

図表 8-7　AASB 8 適用前後の基本的・事業セグメントの認識

	2008 年 基本的 セグメント		2010 年 事業 セグメント	
	n	%	n	%
地域	40	21.16	40	21.16
事業	149	78.84	149	78.84
合計企業数	189		189	

［出所］Kang and Gray [2013], p.237.

図表 8-8　基本的セグメント（2008年）と事業セグメント（2010年）の変化

	n	%
変化なし	161	85.19
事業セグメントを地域セグメントに変更	14	7.41
地域セグメントを事業セグメントに変更	14	7.41
合計企業数	189	

［出所］Kang and Gray [2013], p.237.

AspectHunley FinAnalysis Database を用い 2008 年と 2010 年のアニュアル・レポートが入手され，2008 年については基本的セグメントの様式，地域別・製品／事業別セグメント数が，2010 年については事業セグメントの報告内容が調査された。

AASB 8 適用前に製品／事業別（ビジネス別），地域別のいずれが基本的セグメントかを決定することを要した。AASB 8 適用後は製品／事業別と地域別の混合が可能となった。しかし，図表 8-8 のとおり，2010 年には 2008 年の基本的セグメントを事業セグメントに名称変更した企業が 85.19％を占め，かつ製品／事業別から地域別に変更した企業数と，地域別から製品／事業別へ変更した企業数が同じで，全体的には，セグメント報告様式は変化しなかった[20]。

2008 年と 2010 年のサンプル全体の 1 社当たり平均報告セグメント数はそれ

---

20) カイ自乗検定により，サンプル企業の産業分類にかかわりなく同様の推計結果が得られた（Kang and Gray [2013], p.237）。

図表 8-9　AASB 8 適用前後の基本的（事業セグメント）の認識

1社当たりの報告セグメント	2008 年	2010 年	t 検定
全体平均	3.19	3.69	4.623***
最小	1	1	
最大	12	11	
報告セグメント：事業（n=149）			
1社平均	3.21	3.87	2.964**
報告セグメント：地域（n=40）			
1社平均	3.10	3.03	－0.339

***，**は 1％，5％水準有意（両側）

［出所］Kang and Gray [2013], p.238.

ぞれ 3.19，3.36 で平均の差は有意であった。ビジネスをベースにセグメント報告を行う 149 社の 2008 年，2010 年の 1 社当たり平均報告セグメント数は，前者が 3.21，後者が 3.87 で平均の差は有意であった。地域をベースにセグメント報告を行う 40 社の両年の 1 社平均セグメント数は 3.10，3.03 で平均の差は有意でなかった。サンプル全体の平均報告セグメント数の増加に寄与したのは，地域別セグメントではなく，製品／事業別（ビジネス）セグメントであった。報告セグメント数の増加は，国際化というより事業の多角化の進展の表れである。

8.6　IFRSs 任意適用日本企業のセグメント報告

ASBJ は 2008 年 3 月に企業会計基準第 17 号「セグメント情報等の開示に関する会計基準」（2010 年 4 月 1 日以後開始する連結会計年度及び事業年度から適用，最終改正 2010 年 6 月）を公表した。ASBJ は，マネジメント・アプローチの長所（第 47 項）と短所（第 48 項）を比較検討したうえで，経営者の視点に立ち，企業の理解に資するセグメント情報を財務諸表に開示することによって，利用者の意思決定により有用な情報を提供できると判断し，マネジメント・アプローチの導入を決定した（第 50 項）。旧基準では事業の種類別セグメント情報，所在地別セグメント情報，及び海外売上高について，連結財務諸表を分

図表 8-10　IFRS 任意適用日本企業のセグメント報告

No	会社名	業種分類	初度適用期	2010 GEO	2010 LOB	2014 GEO	2014 LOB
1	日本電波工業	電気機器	2010 年 3 月	—	—	—	1
2	HOYA	精密機器	2011 年 3 月	4	4	4	3
3	住友商事	卸売業	2011 年 3 月	2	9	6	5
4	日本板硝子	ガラス・土石製品	2012 年 3 月	4	4	4	4
5	日本たばこ産業	食料品	2012 年 3 月	3	5	2	6
6	ディー・エヌ・エー	サービス業	2013 年 3 月	—	3	—	3
7	アンリツ	電気機器	2013 年 3 月	4	4	4	2
8	SBIホールディングス	証券, 商品先物取引業	2013 年 3 月	—	5	—	4
9	マネックスグループ	証券, 商品先物取引業	2013 年 3 月	—	—	3	1
10	双日	卸売業	2013 年 3 月	5	7	5	5
11	丸紅	卸売業	2013 年 3 月	4	12	4	10
12	トーセイ	不動産業	2013 年 11 月	—	6	—	6
13	中外製薬	医薬品	2013 年 12 月	—	—	—	1
14	楽天	サービス業	2013 年 12 月	—	9	4	3
15	ネクソン	情報・通信業	2013 年 12 月	5	—	5	—
16	ソフトバンク	情報・通信業	2014 年 3 月	3	6	3	5
17	旭硝子	ガラス・土石製品	2014 年 3 月	4	4	2	4
18	武田薬品工業	医薬品	2014 年 3 月	4	2	7	3
19	アステラス製薬	医薬品	2014 年 3 月	4	—	—	1
20	小野薬品工業	医薬品	2014 年 3 月	—	—	—	1
21	そーせいグループ	医薬品	2014 年 3 月	3	—	4	2
22	第一三共	医薬品	2014 年 3 月	5	—	5	2
23	リコー	電気機器	2014 年 3 月	4	4	4	3
24	伊藤忠商事	卸売業	2014 年 3 月	4	7	6	6
25	三井物産	卸売業	2014 年 3 月	3	8	5	10
26	三菱商事	卸売業	2014 年 3 月	4	6	3	8
27	伊藤忠エネクス	卸売業	2014 年 3 月	—	4	—	5

GEO：地域別，LOB：製品・事業別

解した情報の開示を義務付けたが，新基準では，セグメントの区分方法・測定方法を特定せず，経営者の意思決定，業績評価に用いられている情報に基づく一組のセグメント情報の開示を求めた（第 51 項）。

　企業会計基準第 17 号の公表により，我が国のセグメント情報開示基準も IFRS 8，SFAS 131 と平仄を合わせることになったが，以下では，IFRS 8 が我が国の IFRS 任意適用企業の報告セグメント数を変化させたかを素描する。

　東京証券取引所の IFRS 任意適用・任意適用予定会社一覧によると，2014 年

3月期決算においてIFRSを任意適用している企業は，下記の27社であった（図表8-10）[21]。EDINETから2010年度と2013年度の有価証券報告書を入手し，比較すると，報告セグメント数を増加させたのは，三井物産，三菱商事など数社にすぎなかった。日本電波工業のように単一セグメントであると記述している企業も見られ，欧州企業と同様に，IFRS 8は我が国企業の報告セグメント数の増加をもたらしてはいない。

8.7 小　　括

英国企業（FTSE 100およびFTSE 350）をサンプルとしたCrawford et al. [2012]，欧州優良企業（欧州各国を代表する株価指数構成企業）に焦点を当てたNichols et al. [2012]，オーストラリア企業（top200 ASX）を題材とするKang and Gray [2013]の調査結果によれば，IFRS 8適用前後の1社あたりの平均報告セグメント数の差は統計的に有意であり，報告セグメント数は増加したと推計されたものの，増加率は僅少であり，IFRS 8発効後，報告セグメント数を増加させた企業も少数にとどまった。

報告セグメント数が顕著に増加しなかった理由は，次のとおりであると思料される。第1の理由は，IFRS 8がIAS 14Rで設けられていたリスク・便益要件を除き，基本的セグメントとして，LOBか地域のいずれかを選択することを要求しなかったからである。第2の理由は，IAS 14Rのpure management approachによって，単一報告セグメント企業の減少と報告セグメント数の増加をすでに実現させていたからである[22]。第3の理由は，情報作成コスト（監査コストを含む）の負担増，自社を競争上不利な立場に陥らせるセンシティブ

---

21) 2014年8月26日現在で，27社の他に，2015年3月期からエムスリー，エーザイ，ヤフー，伊藤忠テクノソリューションズ，富士通，セイコーエプソン，日東電工，ケーヒンがIFRS任意適用企業と記されている（http://www.tse.or.jp/listing/ifrs/list.html）。
22) この指摘はNichols et al. [2013], p.275に見られる。マネジメント・アプローチ導入のベネフィットは，IAS 14Rの適用により部分的に得られていたといえる。

な情報の外部漏洩を防ぐため，IFRS 8において与えられた裁量権を巧みに利用し，経営者が報告セグメント数は従前どおりであると決定し，アニュアル・レポートにその旨を記載したからである。

　セグメント報告は，EU域内の会計基準を巡る主導権争いの場となり[23]，SFAS 131のセグメント報告とのコンバージェンスを促進させる目的で，IFRS 8が公表された。共通の新たなアプローチの採用に賛成するため，IASBとFASBが協力したというより，IASBが米国GAAPを採用したという方が適切である。マネジメント・アプローチの導入，CODMという用語の使用，non-IFRS測定値使用の容認から察せられるとおり，IFRS 8はSFAS 131と概ね等しく，米国GAAPとIFRSのコンバージェンスの潮流は，IFRSの米国化を助長させるとの誇りを免れ得ないであろう[24]。IFRS 8がセグメント報告基準として定着するほど年月が経過しておらず，現状では長期にわたるデータは得られない。また，IFRS 8の初度適用時のバイアスが生じていることも懸念される。したがって，本章で検討した先行研究の発見事項の妥当性には一定の制約があるともいえる。IFRS 8の有効性は今後，継続的な調査をもって再検証される必要がある。

---

[23] セグメント報告は投資家，証券アナリストの関心が高く，物議を醸すテーマであり，IFRS 8はEU域内での会計基準の支配権を巡る格好の戦場（battleground）となった（Crawford et al. [2013], p.315）。

[24] 「欧州議会のEconomic Monetary Affairs Committeeは，十分検討しないままEU Lawにalienの基準を輸入することを意味するとコメントした。また，英国下院議員13名は，IFRS 8が何をどのように開示するかについての自由裁量権を経営者に付与するので，IFRS 8を承認できないと述べた」（Nichols et al. [2012], p.82）。

第9章

リース会計基準の国際的収斂

■9.1 はじめに

　財政状態計算書（貸借対照表）において，リース契約に伴い生じる資産・負債を認識・計上する新たな枠組みの構築を目標に，IASB と FASB は，2006年7月から共同プロジェクトを開始した。リース契約の処理に関する共同プロジェクトは，両審議会による会計基準の収斂の一環として行われ，共同プロジェクトの成果は，順次発表された。

　まず 2009 年 1 月に，借手の会計処理に関する提案を中心としたディスカッション・ペーパー「リース：予備的見解」（コメント募集期限は 2009 年 7 月17日）が，翌年 8 月には，貸手の会計処理に関する提案を含む「公開草案：リース」（コメント募集期限は 2010 年 12 月 15 日，以下ではこれを "ED2010/9" と略す）が公表された。公開草案に対し寄せられたコメントを受けて IASB と FASB は，1年半余りを費やして共同で再審議し[1]，2012 年 7 月に再審議を終え，短期以外のリースについて，借手がリース期間中に原資産（underlying resource）の重要部分を消費しない場合，使用権モデル（定額リース費用アプローチ）を適用すると提案した[2]。公開草案の再公表時期は，当初の 2012 年

---

[1] http://www.ifrs.org/current-projects/iasb-projects/leases/Pages/leases.aspx によると，IASB と FASB は，1年を超えるリース契約にかかる資産・負債を財政状態計算書（貸借対照表）に計上することでは合意を得た。損益計算書における費用の分類および認識方法についてさらに審議した。

[2] 借手がリース期間中に原資産の重要部分を取得・消費する場合，使用権モデル（利息・償却アプローチ）を適用する（高井［2012］，29頁）。

第2四半期から，2012年第4四半期または2013年第1四半期に延期され，新たに提案された方針についてのコメントが募集される予定であった。

米国では，明確な境界線テスト（bright-line tests）を巧みに利用したリース資産・負債のオフバランス化が実務上横行し，現行基準によると，リース取引の経済的実態が示されず，財務諸表の比較可能性，財務報告の透明性が確保されない[3]，という批判に応えるべく，所有権ではなく，使用権（right-of-use）を中心とした新たなモデルが提唱される。

使用権モデルの導入は，オペレーティング・リースとして賃貸借処理されたリース契約を，ファイナンス・リースに類似させて処理することを借手に促し，利益，資本，財務比率に少なからず影響を与えると予想される。使用権モデルの採用に先立ち，従前からオペレーティング・リースのオンバランス化（資本化）の重要性が会計基準設定機関により主張されてきたが，オンバランス化に伴うリース契約数の減少を懸念し，貸手企業であるリース業界から猛烈な反対意見が表明され，オンバランスを回避する抜け穴（loophole）は，温存されている。

本章の主な目的は，IASBがED2010/9において，オペレーティング・リースのオンバランス化のため，新たに導入したモデル（アプローチ）の特徴・問題点を現行基準または先行研究で採用されたモデル（アプローチ）と比較し，明らかにすることである。

本章は以下のように構成される。次節でリース取引に関する現行の米国GAAPとIAS 17の相違を示し，収斂の状況を概観する。第3節では，「G4+1報告書」により提示された全体資産アプローチを適用したオペレーティング・リース資本化の提案について論述する。第4節ではアニュアル・レポートの注記情報を用いたオペレーティング・リースの推計的資本化を通じ，オンバランス化がROA，負債比率などの財務比率に与える影響を分析する。

---

3) 茅根 [2012], 92頁

9.2　リース会計基準に関する米国 GAAP と IFRS の収斂

　IASB と FASB は，2006年2月に収斂に関する覚書（MoU）を締結し，同年7月に議題の1つとしてリースを追加し，リース会計基準を抜本的に見直す共同プロジェクトに着手し，成果を発信している。日本の ASBJ と IASB の間でも，2007年8月に会計基準の収斂に関する「東京合意」が交わされ，リース会計専門委員会を中心に意見交換し，2010年12月27日に「リース会計に関する論点整理」が公表された[4]。以下では，日本のリース会計基準の改訂を後押しした FASB と IASB のリース会計基準について検討する。

　リースに関する現行の IASB と FASB の基準は，IAS17「リース」と FASB Accounting Standards Codification（FASB-ASC）の Topic 840「リース」である。IAS 17 では，リスク・便益アプローチに基づきリース取引をファイナンス・リース取引とオペレーティング・リース取引に分類し，FASB-ASC 840 では，リース取引をキャピタル・リース（IAS 17 のファイナンス・リース取引と同義）とオペレーティング・リース取引に分類する。リース資産の所有権に付随し，事実上すべてのリスクと便益が借手に移転するか否かの判断に基づいて処理方法を規定している点において，また，所有権移転条項，割安購入選択権の有無を基準とする点においては，両者は類似している。しかし，FASB が細則主義に従い，リース期間，最低リース料支払額に関する明瞭な数値基準を適用し，二者択一的処理を求めるのに対し，IASB は原則主義に従い，明瞭な数値基準の適用を回避し，"大半（a major part）"，"ほぼ一致（substantially all）" という表現にとどめ，専門家が判断を行使する余地をより多く残している点において，両者は異なる。また，IAS 17 のみが特別仕様規準，解約に関する損失負担規準などをもつ点において，両者は一致していない[5]。

4）　日本の「リース会計に関する論点整理」では会計モデル・範囲，借手・貸手の処理，追加条件のあるリース，表示・注記事項，その他が論点とされている（小賀坂・吉岡 [2011]）。ED2010/9 では，リースの定義，貸手の会計処理，期間延長選択権，変動リース料，および損益の認識パターンの5つが論点とされる（山田 [2011], 21-23 頁）。

図表 9-1 ファイナンス・リースの定義に関する米国 GAAP と IAS 17 の相違

米国 GAAP	IAS 17
1. リース期間満了までに借手に所有権が移転される。	1. リース期間満了までに借手に所有権が移転される。
2. 割安購入選択権が含まれ，借手はリース期間終了時に見積公正価値を相当下回る価格でリース物件を購入できる。	2. 割安購入選択権が含まれ，借手はリース期間終了時に見積公正価値を相当下回る価格でリース物件を購入でき，割安購入選択権の行使が確実と合理的に推測される。
3. リース期間（割安更新選択期間を追加）がリース物件の経済的耐用年数の 75% 以上である。	3. リース期間（割安更新選択期間を追加）がリース物件の経済的耐用年数の大半を占める。
4. 最低リース料総額の現在価値がリース物件の公正価値の 90% 以上である。	4. 最低リース料総額の現在価値がリース物件の公正価値と少なくともほぼ一致する。
	5. リース資産は特別仕様であり，借手だけが大規模な変更なしで資産を利用できる。
	6. リース契約の解約に関連する貸手の損失を借手が負担する。
	7. 残存資産の公正価値変動によるすべての利得・損失は，借手に帰属する。
	8. 借手は市場の相場よりも相当低い賃借料で，次期のリース契約を継続できる。

［出所］Kilpatrick and Wilburn [2011], p.56. 一部加筆修正。

　現行リース会計基準に関する主要な批判は，オペレーティング・リースとファイナンス・リースという不適切な二分類をもとに，借手企業の経営者の多くがリース債務を貸借対照表に計上しないことである。米国会計学会の財務会計基準委員会（American Accounting Association's Financial Accounting Standards Committee：AAA FASC）は，二分類を含む現行リース会計基準の欠点を以下のようにまとめている[6]。

---

5) IAS 17 におけるリース・オンバランス化の判断規準については加藤 [2007], 62 頁も参照。米国 GAAP を適用する米国企業と IAS 17 を適用する英国企業（Fortune Global 500 に含まれる）を対象とした調査結果によると，数値基準を明示しない IAS 17 適用英国企業についても，オペレーティング・リースの割引前最低リース料支払額は，ファイナンス・リースのそれよりかなり高い（Kilpatrick and Wilburn [2011], p.58）。
6) Biondi et al. [2011], pp.862-863.(e)については Ryan et al. [2001], p.296 を参照。

(a) オペレーティング・リースとファイナンス・リースに分類する現行基準は，わずかな変化によって，取引の処理方法に重大な差異（貸借対照表に計上される取引が０％か１００％になる）がもたらされる鋭利なナイフのような会計（knife-edged accounting）である。
(b) ２つのうちどちらの範疇に属するかを判定する際に用いられる数値基準（たとえば７５％と９０％の閾値）は，経営者が選好する会計処理を行えるように取引を組み替えることを容易にする。
(c) 借手と貸手の会計処理方法の整合性が欠如している。同一の取引を借手と貸手が別個の処理をすると，比較可能性と首尾一貫性が保たれない。
(d) リース会計基準の範囲の制限（scope exception）は，基準の意図の達成を不可能にする抜け穴（loopholes）を経営者に与える。
(e) 未履行契約はリース会計基準の範囲外で（貸借対照表に計上されず），経営者はリース取引を１つの役務契約として組成し，負債を報告しないことが可能である。
(f) 経営者は更新期間，選択権，変動リース料を活用してリース会計基準の意図を無効にできる。
(g) 経営者は特別目的事業体（SPEs）を利用し，リースを貸借対照表に計上しないよう仕組むことができる。基準審議会はSPEsを適切に扱えるよう会計基準の改訂作業を進めているが，改訂には困難を伴う。

公開草案（ED2010/9）の付録Ａにおいては，リースを「対価と交換で，一定期間にわたり特定資産の使用権を移転する契約」と定義する。所有権モデル（ownership model）に代えて，使用権モデル（right-of-use model）が採用され，リース契約から生じる資産・負債を，リース支払額の現在価値で当初認識・測定することを求める。借手は原資産の使用権を記帳し，リース期間（あるいは原資産の耐用年数）にわたり償却し，減損テストを行う。変動リース料，更新オプションなどに関する予測も要求される[7]。貸手は原資産のリスク・便益の重要部分が借手に移転する場合には，認識中止アプローチ（derecognition approach）を，原資産のリスク・便益の重要部分が貸手に引き継がれる場合には，履行義務アプローチ（performance obligation approach）を適用する。後者の場合，リース料受取債権の現在価値をもってリース資産，リース負債を計上する[8]。

　ディスカッション・ペーパー「リース：予備的見解」では，使用権モデルの代替モデル，すなわち全体資産モデル，未履行契約モデル，現行基準のモデルの長短が記述された。公開草案では，ほとんどのコメント提出者が使用権モデルの単独使用を支持したので，代替モデルの採用に関する議論は記されず（ED2010/9 BC12），使用権モデルを軸にすべてのリース取引を処理することが提案された。

　ED2010/9 で採用されなかった全体資産モデル（全体資産アプローチ）は，G4+1 報告書[9]，Monson [2001] において提示され，先行研究で取り上げられており，これについて検討することは一定の意義をもつ。以下では，全体資産アプローチによるオペレーティング・リースの資本化について検討する[10]。

7） 公開草案において経営者の見積り・判断が重視された理由は，経営者よりも企業実態を知る者はいないであろうし，経営者が予測したオプション期間を開示すれば，自らの行動が制約され，オプション期間を安易に変更できないと考えられるからである（佐藤 [2011]，51-52 頁）。
8） 貸手が公開草案を適用する際の実務上の論点については，たとえば加藤 [2011]，48-50 頁を参照。
9） G4+1 とは Group of Four Plus One の略であり，オーストラリア，カナダ，ニュージーランド，英国，米国の会計基準設定機関と国際会計基準委員会を意味する（Lipe [2001], p.299.）。
10） 本章で詳述しない未履行契約モデルについては，たとえば角ヶ谷 [2009a]，225-227 頁を参照。

9.3　全体資産アプローチ vs 財務構成要素アプローチ

9.3.1　Monson [2001] の提案

Monson [2001] の全体資産アプローチ (whole asset approaches) によると，リース契約から生じる資産はリース物件それ自体であり，リース契約に伴い発生する負債には，リース期間にわたってリース料を支払う義務だけでなく，リース期間満了時に貸手にリース物件を返還する義務が含まれると解される[11]。全体資産アプローチによると，リース資産は，リース物件の公正価値により測定され，公正価値とリース料支払額の現在価値との差が残余価値（貸手への返還義務）とみなされる[12]。

Monson [2001] は，同型の航空機を運航している下記の航空会社3社を仮設例として，全体資産アプローチと財務構成要素アプローチ (financial components approaches) を比較し[13]，全体資産アプローチの優位性を3つの視点から訴えている。

【仮設例】

A社は航空機（公正価値100,000千ドル）を3年間リースする契約を締結した。毎期末に10,500千ドルのリース料を支払う。減価償却は定額法により，残存価額をゼロとする。リース契約開始時の借手の追加借入利子率は年9％である。

B社は航空機を18年間リースする契約を結んだ。減価償却は定額法により，残存価額はゼロとする。毎年期末に9,330千ドルのリース料を支払う。リース

---

11) Monson [2001], p.277. 当該リース契約が更新または延長されないことが前提となる。
12) 全体資産アプローチでは，資産測定額を決定した後に，負債の測定額を導出するが，財務構成要素アプローチでは，リース負債測定額を先に決定し，その後，資産の測定額を導出する（角ヶ谷 [2009b], 173頁）。
13) Monson [2001], p.284. 全体資産アプローチは，ディスカッション・ペーパーでは使用権モデルの代替としての全体資産モデルに相当する。Monson [2001] によるリース期間を3年と仮定した場合の両アプローチの比較については，菱山 [2007], 54-57頁を参照。

開始時の借手の追加借入利子率は年7.75％である。

C社は航空機を頭金15,000千ドル,残額85,000千ドルを年利7.5％,22年ローンにより取得した。元本と利息の合計8,006千ドルを期末に支払う。減価償却費は定額法により,残存価額15,000千ドル,耐用年数35年とする。

　Monson [2001] は,仮設例をもとに,全体資産アプローチの優位性（財務構成要素アプローチの劣位性）を訴える[14]。

　第1に,財務諸表の比較可能性の視点からすると,全体資産アプローチの方が優れている。財務構成要素アプローチによると,契約の長短により資産,負債,利益の金額が大きく異なり,財務比率の有用な比較が困難である。

　財務構成要素アプローチに従うと,3年または18年リースの有形固定資産の額は,契約期間満了までの各期のリース料支払額の現在価値合計として測定され,定額法による減価償却費が控除され,正味有形固定資産の価額が計算される。航空機を購入したC社と航空機のリース契約期間を18年としたB社の正味有形固定資産の差は,購入したC社と3年リースを選択したA社の差より小さい。購入したC社とリース契約期間を18年としたB社の純利益の差は,3年リースを選択したA社とB社の差より大きい。財務構成要素アプローチに従って,長期リース契約を締結したB社,または航空機を購入したC社の業績を,短期リース契約を結んだA社の業績と調整なしで比較することは,有用性を欠く。当初の契約期間,残存契約期間が異なる種々のリース契約を結んでおり,多様なリース契約から構成される資産・負債が含まれるとすれば,財務諸表の解釈は,困難を極める。財務構成要素アプローチによると,財務諸表の利用者は,企業間比較のために,企業が支配する資源の物理的実体を把握することが困難となり,アナリストは,財務比率の有用な比較のため,オペレーティング・リースに関し,現在行っているような財務諸表の調整を継続しなけ

---

14)　Monson [2001], p.284. 財務構成要素アプローチは,リース取引により生じる個々の権利（たとえば更新オプション,購入オプション）に価値が認められれば,それらの権利を使用権とは別に区分処理することを求める。

ればならない。

　財務構成要素アプローチによれば，契約期間3年と18年の有形固定資産の評価額はそれぞれ26,579千ドル，88,977千ドルであり，差異は著しく，資産を計算要素とする財務比率（ROA）の比較は容易ではない。一方，全体資産アプローチによれば，リース期間の長短にかかわらず，当該固定資産を購入した場合と同様に，当初はリース契約締結時の公正価値（100,000千ドル）で評価される。したがって，リース期間の長短，固定資産の調達方法の相違（リース，購入）に左右されることなく，ROAを比較できる。

　第2に，表現の忠実性という視点からすると，全体資産アプローチは，財務構成要素アプローチよりも優れている。

　航空会社は，無形資産の束（使用権，更新オプション，購入オプションなど）ではなく，物理的実体をもつ飛行機全体をたとえば，New YorkとLos Angels間で移動させているのは，紛れもない事実であり，借手である航空会社がリース期間中に支配しているのは，航空機である。財務構成要素アプローチによると，実際に利用している資産と貸借対照表にオンバランスされる資産の対応が曖昧となり，表現の忠実性という観点からすると，全体資産アプローチの方が優れる[15]。

　財務構成要素アプローチによれば，支払リース料のうち，利息として支払われる部分と減価償却費として報告される部分の区分がリース期間の長さの関数となり，表現の忠実性は保証されない[16]。

　第3に，意思決定有用性という視点からも，全体資産アプローチの方が優れている。全体資産アプローチによれば，財務諸表利用者に対し，設備投資の効率性に関する情報を提供できる。

　リース契約の最終年度に，飛行機を貸手に返還する義務を流動負債として再分類することによって，全体資産アプローチはリース期間満了時に，借手が飛

15）　Monson [2001], p.283.
16）　Monson [2001], p.283.

行機を市場利子率で再調達すべきか，重要な収入源を喪失するとしても，貸手に飛行機を返還すべきかを財務諸表の利用者に伝えることができる。飛行機の支配権を譲り受ける対価として借手が支払うリース料は，飛行機への投資から得られるリターンに，将来の市場価値の下落予想額を加えた貸手の資金調達コストを補うに十分である[17]。

図表9-2のa）からh）の注の金額は，下記のように求められる。

a) $\sum_{t=1}^{3} \frac{10{,}500}{(1+0.09)^t} = 26{,}579$

b) $= 26{,}579 \div 3 = 8{,}860$

c) $= 26{,}579 \times 0.09 = 利息\ 2{,}392$

d) $= 10{,}500 - [26{,}579 - (10{,}500 - 2{,}392)] \times 0.09 = 8{,}838$

e) $= [26{,}579 - (10{,}500 - 2{,}392)] - 8{,}838 = 9{,}633$

f) $15{,}000 + \dfrac{85{,}000 \times 0.075}{1-(1+0.075)^{-22}} = 23{,}006$

g) $= (100{,}000 - 15{,}000) \div 35 = 2{,}429$

h) $= (100{,}000 - [10{,}500 - 100{,}000 \times 0.09]$
$\quad - [10{,}500 - (100{,}000 - 1{,}500) \times 0.09]$
$\quad - [10{,}500 - (100{,}000 - 1{,}500 - 1{,}635) \times 0.09]) \div 3$
$= (100{,}000 - 4年後の物件返還義務額\ 95{,}083) \div 3 = 1{,}639$

9.3.2 Monson [2001] に関する論評

Monson [2001] の全体資産アプローチは，負債の定義との整合性，負債範囲の拡大を理由に支持されなかった[18]。契約期間満了時の物件返還義務の履行は，経済的便益を有する資源の流出を伴わないので，「過去の事象から発生した企

---

17) Monson [2001], p.282. 全体資産アプローチの意思決定有用性については，Graham and King [2013] も参照。

図表 9-2　2つのアプローチによる3年リース・18年リース・購入の比較

	財務構成要素アプローチ			全体資産アプローチ		
	3年リース	18年リース	購入	3年リース	18年リース	購入
Panel A：リース開始年度の借手の貸借対照表（単位：千ドル）						
資産						
現金	▲10,500	▲9,330	ᶠ⁾▲23,006	▲10,500	▲9,330	▲23,006
有形固定資産	ᵃ⁾26,579	88,977	100,000	100,000	100,000	100,000
減価償却累計額	ᵇ⁾▲8,860	▲4,943	ᵍ⁾▲2,429	ʰ⁾▲1,639	▲3,208	▲2,429
正味有形固定資産	17,719	84,034	97,571	98,361	96,792	97,571
資産合計	7,219	74,704	74,565	87,861	87,462	74,565
負債・資本						
短期リース債務	ᵉ⁾9,633	2,623	1,753	1,635	1,702	1,753
長期リース債務	ᵈ⁾8,838	83,920	81,616	96,865	96,718	81,616
留保利益	▲11,252	▲11,839	▲8,804	▲10,639	▲10,958	▲8,804
負債・資本合計	7,219	74,704	74,565	87,861	87,462	74,565
Panel B：リース開始年度の借手の損益計算書（単位：千ドル）						
営業費用：						
減価償却費・償却費用	▲8,860	▲4,943	▲2,429	▲1,639	▲3,208	▲2,429
営業利益	▲8,860	▲4,943	▲2,429	▲1,639	▲3,208	▲2,429
支払利息	ᶜ⁾▲2,392	▲6,896	▲6,375	▲9,000	▲7,750	▲6,375
純利益（税金を考慮外）	▲11,252	▲11,839	▲8,804	▲10,639	▲10,958	▲8,804

［出所］Monson [2001], pp.285-286. アルファベットの注を著者が追加。

業の現在の債務で，債務が決済されれば，経済的便益を有する資源が当該企業から流出すると予想されるもの」（IASB財務報告の概念フレームワーク par.49），すなわち負債の定義を満たさない。全体資産アプローチによる借手のリース負債は，概念フレームワークにおける負債概念との首尾一貫性を欠いている。

　全体資産アプローチに従うと，リース料の支払義務額に加えて，契約期間満了時の物件返還義務がリース負債額に含まれ，財務構成要素アプローチよりもリース負債額は相対的に大きくなる。3年リースの場合，1年度末のリース負債額は，全体資産アプローチでは 1,635＋96,865＝98,500 であるのに対し，財務構成要素アプローチでは 9,633＋8,838＝18,471 である。

　以上の検討から2つのアプローチのうち，いずれが優れるかは一概にはいえ

ないであろう。全体資産アプローチに従うと、無形の権利の束ではなく、物件全体が財政状態計算書（貸借対照表）に資産として計上され、企業が現実に使用している資産と符合する。財務報告の概念フレームワークにおいて目的適合性とともに、財務情報が備えるべき基本的な質的特徴の1つと掲げられた「忠実な表現」、あるいは補強的質的特徴の1つである「理解可能性」という視点からは、全体資産アプローチは財務構成要素アプローチより優れるともいえよう。使用権、更新オプション、購入オプションなどに契約を細分する財務構成要素アプローチに依拠し、オペレーティング・リースのオンバランス化を図ることは、現実と符合せず、忠実な表現（表現の忠実性）に欠け、更新期間、更新確率に関し、より多くの見積りを要し、経営者の恣意性が介入する余地は高まる。

　全体資産アプローチに依拠し、オペレーティング・リースのオンバランス化を実現しようとすると、財務報告の概念フレームワークの定義に合致しない返還義務が負債に含まれ、内的整合性が保証されない。両アプローチはともに、解約不能なリース契約から生じる資産・負債をオンバランス化させる理論的かつ実践的処方箋となりえない。であるとすれば、財務諸表本体以外の公表データを活用し、オペレーティング・リースがファイナンス・リースとみなされる場合の金額を推計することが現状において、実行可能な方策となろう[19]。

9.4　注記情報に基づく推計的資本化手法

　Imhoff et al. [1991] において、注記情報に基づくオペレーティング・リースの推計的資本化(constructive capitalization)手法の活用が提唱された。その後、Imhoff et al. [1991] を嚆矢とするオペレーティング・リースの推計的資本化に関する研究は Imhoff et al. [1997]、Beattie et al. [1998] などにより展開・精緻化

19）　ディスカッション・ペーパーでは、脚注情報をもとに、利用者がオペレーティング・リースの資産、負債、損益への影響を財務諸表に反映させるように、日常的に金額を修正していると指摘される（川西 [2009], 57 頁。）

された[20]。市場が効率的なら、リース契約に関する情報が財務諸表本体で開示されるか、注記開示されるかにかかわりなく、株価にはリース契約に関する情報が反映されるはずである[21]。財務諸表本体に計上されなくても、オンバランス化した場合の情報が注記開示されれば、財務指標の再計算はある程度可能であり、財務会計の意思決定支援機能は著しく損なわれない。しかし、オンバランス化による財務指標の悪化が財務制限条項に抵触することが懸念されれば、経営者の機会主義的会計行動が誘発され、財務会計の契約支援機能に支障をきたす可能性がある[22]。以下では、Imhoff et al. [1991], Imhoff et al. [1997] におけるオペレーティング・リースの推計的資本化について検討する。

9.4.1 Imhoff et al. [1991] の提唱

Imhoff et al. [1991] は、解約不能オペレーティング・リースの資本化推定に際し、次の仮定を設ける[23]。

(a) すべてのキャッシュ・フローは期末に発生する。
(b) すべての資産は定額法により減価償却される。
(c) 契約締結日のリース資産（リース負債）は、将来リース支払額の現在価

---

20) Imhoff et al. [1997] では、貸借対照表だけでなく損益計算書への影響が分析された。Beattie et al. [1998] では、英国企業 300 社を対象としてオペレーティング・リースの資本化推計が財務比率に及ぼす影響が分析された。
21) Lipe [2001], p.302 では、注記開示される場合のアナリストによる予測誤差と予測コストの発生が指摘される。
22) ここでいう財務会計の契約支援機能とは、「契約の監視と履行を促進し、契約当事者の利害対立を減少させ、もってエージェンシー費用を削減すること」をいう（須田 [2000]、21 頁）。草野他 [2010] では、割引率を一律に適用せず、サンプルに含まれた我が国の上場企業それぞれに適切な割引率を適用し (p.16)、オペレーティング・リース、所有権移転外リースのオンバランス効果を検証している。
23) Imhoff et al. [1991], p.53 および p.56. 仮定(d)については図表 9-5 を参照。リース契約締結直後においては、リース料支払額の大半が利息相当額であるが、リース契約期間満了に近づくにつれてリース料支払額に占める利息相当額の割合が減少し、リース負債元本の返済額が増加する。

値と等しい。

(d) リース契約満了時に,リース資産(リース負債)の帳簿価額はゼロになる。

以下の (1) 式によりリース負債 (LL) が推計される。(2) 式によって年金現価係数が算定される。(3) 式によってリース負債に対するリース資産 (LA) の比率が求められる[24]。(1) 式と (3) 式の計算結果を乗じてリース資産が推計される。

$$LL = \sum_{t=1}^{RL} \frac{LP_t}{(1+r)^t} \tag{1}$$

$$PVAF_t = \frac{(1+r)^t - 1}{r(1+r)^t} \tag{2}$$

$$\frac{PV_A}{PV_L} = \frac{RL}{TL} \times \frac{PVAF_{r\%,\,TL}}{PVAF_{r\%,\,RL}} \tag{3}$$

ここでの記号は次のとおり。

各期の支払リース料 (LP),総見積リース契約期間 (total lease life:TL),残存リース契約期間 (remaining life:RL),割引率 (r),リース資産の現在価値 (PV_A),リース負債の現在価値 (PV_L),割引率をr%とした場合のt年の年金現価係数 ($PVAF_{r\%,\,t}$)

Imhoff et al. [1991] は McDonoald's の 1988 年のアニュアル・レポートを例にオペレーティング・リースの資本化推計を説明する。図表 9-3 Panel A は財

---

[24] Imhoff et al. [1991] の Table 3 (p.56) では,5つの総見積リース契約期間 (10年,15年,20年,25年,30年),3つの割引率 (8%,10%,12%),7つの総契約期間経過率 (20%,30%,40%,50%,60%,70%,80%) からなる 105 の組み合わせを表にして例示しているが,LL と LA の比率を算定する (3) 式は明記していない。(3) 式は Beattie et al. [1998], p.237 に記されている。Branswijck and Longueville [2011], p.284 でも同様の式が示され,ベルギーとオランダ企業をサンプルとしてリース資本化の影響が分析されている。

務諸表本体に記載された重要な情報の要約である。図表 9-3 Panel B はリースに関する注記で，オペレーティング・リースの将来の最低リース料が 2,235,756 千ドルであることを示す。負債の過大評価を回避し，保守的数値をもたらすため，追加借入利子率 9% より 1% 高い 10% を割引率とする[25]。

1994 年以降におけるオペレーティング・リースの見積キャッシュ・フローの現在価値合計 1,402,357 千ドルを，9 で除して得られる 155,817 千ドルは，148,376 千ドルより大きいので，1994 年以降とは 1994 年から 2003 年までの 10 年を意味すると解し，残存リース契約期間は 5+10 年=15 年であると推定する。

割引率 10%，残存リース契約期間 15 年と仮定し，各年の将来キャッシュ・フロー見積額を予測すると，リース負債は 1,172.8 百万ドルと推定される（図表 9-4 Panel A）。割引率 10%，残存リース契約期間 15 年を前提としない場合の推定リース負債が図表 9-4 Panel B に示される。

残存リース期間（RL）を 15 年，総見積リース期間（TL）を 27 年，割引率（r）を 10% と仮定すると，リース負債（LL）に対するリース資産（LA）の比率は，以下の (6) 式からおよそ 0.67 と見積もられる。1,172.8 百万ドルのリース負債評価額に 0.67 を乗じ，(7) 式からリース資産は 785.8 百万ドルと推定される（図表 9-7 Panel A）。

785.8 百万ドルは，1988 年 12 月 31 日における総資産 8,159 百万ドル（図表 9-3 Panel A）の 1/10 以下であるが，キャピタル・リース負債の現在価値 65.7 百万ドル（65,687 千ドル）のおよそ 12 倍に達する。

$$PVAF_{10\%,15} = \frac{(1+0.1)^{15}-1}{0.1(1+0.1)^{15}} = 7.61 \tag{4}$$

$$PVAF_{10\%,27} = \frac{(1+0.1)^{27}-1}{0.1(1+0.1)^{27}} = 9.24 \tag{5}$$

---

25) Imhoff et al. [1991], p.53.
　　Imhoff et al. [1997], p.16 に割引率を 10% と仮定した理由は，Standard & Poors（S & P）が社債の格付評価の際に，割引率 10% を使用し，オペレーティング・リースを評価しているからであると説明されている。

図表 9-3　McDonald's の財務諸表とリースに関する注記

Panel A　　　　　　　　　　　（単位：百万ドル）

資産計	8,159
負債計	4,746
株主持分計	3,413
純利益	646
実効税率	38.30%

Panel B　　　　　　　　　　　（単位：千ドル）

	FL	OL		
		レストラン	その他	計
1989 年	17,047	152,834	28,289	181,123
1990 年	15,209	151,897	26,422	178,319
1991 年	13,926	147,962	20,199	168,161
1992 年	10,214	143,556	13,864	157,420
1993 年	6,983	138,142	10,234	148,376
1994 年以降	52,504	1,336,377	65,980	1,402,357
合計	115,883	2,070,768	164,988	2,235,756
支払利息	50,196			
1998 年 12 月 31 日の現在価値	65,687			

［出所］Imhoff et al. [1991], p.54.

$$\frac{PV_A}{PV_L} = \frac{15}{27} \times \frac{9.24}{7.61} = 0.67 \tag{6}$$

$$LA = 1{,}172.8 \text{ 百万ドル}(LL) \times 0.67 = 785.8 \text{ 百万ドル} \tag{7}$$

　リース契約期間初期のリース料支払額の大半は利息であり，初期の未記帳オペレーティング・リース負債（unrecorded debt on operating lease asset）の元本減少率は，一定率で減少する未記帳オペレーティング・リース資産（unrecorded operating lease asset）の減少率よりも低い。リース資産の簿価とリース負債の差は，契約締結時点から徐々に拡大し，t_2 時点に最大となり，その後，差は減少する（図表9-5参照）。t_2 時点にはオペレーティング・リース，ファイナンス・リースいずれとみなして処理しても純利益は同額となる。t_2 より前の t_1 時点には，ファイナンス・リースとして処理した場合に生じる費用合計（支払利息と減価償却費の合計）がオペレーティング・リースとして処理した場合の賃借料を超え，累積差額が生じる（図表9-6斜線部に示される）。t_2 時点の

第9章 リース会計基準の国際的収斂　183

図表9-4　McDonald's の OL 設備の現在価値　　　（単位：百万ドル）

Panel A：OL の現在価値	^{a}cash flow 計画	年金現価 係数 10%	cash flow 現在価値
1989 年	181.1	0.9091	164.6
1990 年	178.3	0.8264	147.3
1991 年	168.2	0.7513	126.4
1992 年	157.4	0.6830	107.5
1993 年	148.4	0.6209	92.1
1994 年から 2003 年	^{b}140.2	^{c}3.8153	534.9
リース負債評価額			1172.8

a 100,000 ドル単位に切り上げ，支払は年度末と仮定
b 1,402.357/10＝140.2/ 年
c 利率10％，期間15年の年金現価係数から利率10％，期間5年の年金現価係数を控除

Panel B：感度分析	（単位：百万ドル）
仮定	見積リース負債
1. 利率が8％なら（10％でない）	1,311.0
2. 利率が12％なら（10％でない）	1,057.3
3. 見積残存契約年数が20年なら（15年でない）	1,079.4
4. 見積残存契約年数が20年なら（15年でない）	1,008.6

［出所］Imhoff et al.［1991］, p.55.　OL：Operating Leases
　　　　a, b, c は著者注。

図表9-5　リース資産とリース負債の関係　　図表9-6　Operating Lease 資本化の利益への影響

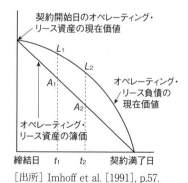

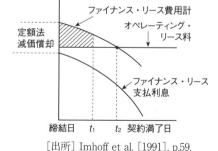

［出所］Imhoff et al.［1991］, p.57.　　　　　［出所］Imhoff et al.［1991］, p.59.

図表 9-7　OL の推計的資本化が McDonald's の貸借対照表と財務比率に与える影響

貸借対照表 1988 年 12 月 31 日（単位：百万ドル）

Panel A：貸借対照表への影響			
資産		負債	
リース資産	[b]785.8	リース負債	[a]1,172.8
（0.67×リース負債）		税額調整（0.4×387）	[d]▲154.8
		負債への正味影響	1,018.0
		株主持分	[c]▲232.2
		税額調整の留保利益への累積的影響	
	785.8		785.8

a Step1
b Step2
c Step3 ─ $(1,172.8 - 785.8 = 387) \times (1 - 税率0.4)$
d Step4 ─ 繰延税金，未払税金いずれかはリースの税務処理に依存

Panel B：財務比率への影響		
	ROA	D/E 比率
1) アニュアル・レポート	646/8,159 = 0.079	4,746/3,413 = 1.39
2) Panel A の貸借対照表修正	646/8,945 = 0.072	5,764/3,181 = 1.81
3) 上記 1) から 2) への変化率（％）	▲8.9	30.2

［出所］Imhoff et al. [1991], p.60. a から d は著者注。

　後には，ファイナンス・リースとして処理した場合に生じる費用合計がオペレーティング・リースとして処理した場合の賃借料を下回る。オペレーティング・リースの加重平均年数が t_2 時点に近似すれば，リース資本化が当期純利益に及ぼす影響は，最低限に抑えられる[26]。図表 9-7 panel B で示されるとおり，McDonald's のオペレーティング・リースの資本化は，1988 年の ROA を 7.9% から 7.2% に下げ（変化率▲8.9%），1988 年の持分合計に対する負債合計（D/E 比率）を 1.39 倍から 1.81 倍（変化率 30.2%）に引き上げる。

---

26) リース資産のポートフォリオが安定しており，オペレーティング・リースの加重平均年数が t_2 時点に近似すると仮定し，貸借対照表への影響のみが分析される（Imhoff et al. [1991], p.58.）

第9章 リース会計基準の国際的収斂　185

図表9-8　Southwest Airlines の財務諸表

	1990年	1991年	1992年	1993年	1994年
貸借対照表					
資産	1,471	1,837	2,293	2,576	2,823
負債	866	1,209	1,439	1,522	1,584
資本	605	628	854	1,054	1,239
計	1,471	1,837	2,293	2,576	2,823
損益計算書					
営業利益	67.2	53.9	127.6	189.0	211.3
純利益	47.1	26.9	91.0	154.3	179.3

［出所］Imhoff et al. [1997], p.14.

9.4.2　Imhoff et al. [1997] による精緻化

Imhoff et al. [1997] では，ファイナンス・リースに対する加重平均借入利子率を自発的に開示している Southwest Airlines を例に，損益計算書（とりわけ営業利益，純利益）に対し，オペレーティング・リースの資本化が与える影響を分析している。

オペレーティング・リース負債の現在価値測定には，1) 将来の最低リース料支払額の適切な割引率，2) 5年を超える期のキャッシュ・フローのパターンと持続期間の予測を要する。

1995年の1) と2) は，図表9-9の a) から e) の注（著者が追加）をもとに，以下のように求められる[27]。

$$\frac{a)26{,}282 - c)9{,}542}{b)195{,}756} = 0.0855\ （およそ8.5\%）$$

$$\frac{e)2000年以降のオペレーティング・リース料支払額1{,}559{,}478}{d)1999年の支払額137{,}845} = 11.3$$

11.3年を繰上げ12年とし，

$$\frac{2000年以降の1{,}559{,}478}{12} = 129{,}957／年$$

---

27) Imhoff et al. [1997], pp.15-18. アニュアル・レポートに記載された将来のリース料支払見積額の対象期間は，5+12 = 17年である。

図表 9-9 Southwest Airlines のリースに関する注記（1994-1993 年）

Panel A：1994 年
7. リース

	1994 年	1993 年
飛行設備	233,324	232,853
減価償却累計額	88,656	74,234
	144,668	158,619

	FL	OL
1995 年	[a] 26,282	176,439
1996 年	28,897	178,253
1997 年	26,843	168,132
1998 年	32,903	148,017
1999 年	20,999	[d] 137,845
2000 年以後	191,096	[e] 1,559,478
最低リース料計	327,020	2,368,164
控除：利息	131,264	
最低リース料の現在価値	[b] 195,756	
控除：当期分	[c] 9,542	
長期分	186,214	

Panel B：1993 年
7. リース

	1994 年	1993 年
飛行設備	232,853	231,609
減価償却累計額	74,234	59,986
	158,619	171,623

	FL	OL
1994 年	26,616	169,203
1995 年	26,315	154,550
1996 年	28,971	139,983
1997 年	26,917	129,251
1998 年	32,928	[f] 105,487
1999 年以後	211,967	[g] 1,028,805
最低リース料計	353,714	1,727,279
控除：利息	148,810	
最低リース料の現在価値	204,904	
控除：当期分	9,025	
長期分	195,879	

[出所] Imhoff et al. [1997], pp.15-16.　FL：Finance Leases，OL：Operating Leases

利率を 9％，総リース契約期間を 20 年から 25 年，残存リース期間を全体の 66％とみなし，リース資産はリース負債の現在価値（$PVOL$）の 75％であると評価する[28]。税率を 40％とすると，正味負債，株主持分は以下のとおりとなる。

$1.0 PVOL - [(1-0.75)\ PVOL \times 税率 0.4 = 繰延税金 0.1 PVOL]$
$= 正味負債\ 0.9 PVOL$
$(資産\ 0.75 PVOL - 正味負債\ 0.9 PVOL) \times (1 - 税率 0.4)$
$= 株主持分 ▲ 0.09 PVOL$

---

28) Imhoff et al. [1997], p.18. $PVOL$ に対するリース資産の比率は，変動する可能性があるが，説明のため毎年一定と仮定している。

オペレーティング・リースの推計的資本化が損益計算書に及ぼす影響は、リース期間20年、利率10%、年間リース料10,000ドル、頭金ゼロ、税金40％と仮定した設例により明瞭に説明される。

リース負債の現在価値は、 $\sum_{t=1}^{20} \frac{10,000}{(1+0.1)^t} = 85,136,$

減価償却費は85,136/20＝4,257,

第1年度の利息は85,136×0.1＝8,514である。

第1年度のファイナンス・リース処理による純利益からオペレーティング・リース処理による純利益を引いた差▲1,663（図表9-10 Panel A）は、図表9-10 Panel Bの調整表からも確認できる。キャピタル・リース処理による純利益の減少（▲1,663）と総資産・総負債の増加は、相対的に見て企業業績が良好ではなく、リスクが高いことを利用者に伝える。

第2年度のキャピタル・リース処理による純利益からオペレーティング・リース処理による純利益を引いた差▲1,573（図表9-10 Panel C）は、第1年度と第2年度の留保利益の差1,663－3,236＝▲1,573（図表9-10 Panel D）からも算定できる。よって、比較貸借対照表が開示されれば、オペレーティング・リースの資本化の純利益への影響の詳細な開示は求めない[29]。

収益性の指標と効率性の指標とに分解し、第1年度と第2年度のROAを算定すると、次のようになり、オペレーティング・リースの推計的資本化のROEへの影響は、第1年度に▲200％、第2年度には▲64％と顕著である[30]。

$$\frac{営業利益(OI)}{純売上高} \times \frac{純売上高}{平均総資産(\overline{A})} = \frac{OI}{A}$$

$$\frac{第1年度のOIの修正}{第1年度の\overline{A}の修正} = \frac{3,445}{(0+8,879)/2} = 0.0852$$

$$\frac{第2年度のOIの修正}{第2年度の\overline{A}の修正} = \frac{3,446}{(80,879+76,622)/2} = 0.0438$$

---

29) Imhoff et al. [1997], p.21
30) Imhoff et al. [1997], p.25.

図表 9-10　OL の推計的資本化の影響に関する設例

Panel A：借手の利益への影響	FL	OL		
1 年度の借手の損益計算書の一部				
減価償却費，利息，賃借料控除前利益	50,000	50,000		
減価償却費	▲4,257	—		
賃借料	—	▲10,000		
営業利益	45,743	40,000		
支払利息	▲8,514	—		
税引前利益	37,229	40,000		
税金（40%）	▲14,892	▲16,000		
純利益（ROE に対する）	22,337	24,000	OL との差	▲1,663
注：利息控除前税引後営業利益	27,445	24,000	OL との差	+3,445
Panel B：OL の純利益から FL の純利益への調整				
OL の純利益	24,000			
賃借料の税金への影響を加算	6,000		10,000×(1−0.40)	
減価償却費の税金への影響を控除	▲2,554		4,257×(1−0.40)	
支払利息の税金への影響を控除	▲5,109		8,514×(1−0.40)	
FL の純利益	22,337			
Panel C：借手の利益への影響	FL	OL		
2 年度の借手の損益計算書の一部				
減価償却費，利息，賃借料控除前利益	60,000	60,000		
減価償却費	▲4,257	—		
賃借料	—	▲10,000		
営業利益	55,743	50,000		
支払利息	▲8,365	—		
税引前利益	47,378	50,000		
税金（40%）	▲18,951	▲20,000		
純利益（ROE 計算のため）	28,427	30,000	OL との差	▲1,573
注：利息控除前税引後営業利益	33,446	24,000	OL との差	+3,446

Panel D：貸借対照表への調整	1 年度	2 年度		1 年度	2 年度
資産			負債		
資産修正	85,136	85,136	負債修正	[a]83,650	[b]82,015
減価償却累計額修正	▲4,257	▲8,514	繰延税金修正	[c]▲1,108	[d]▲2,157
			小計	82,542	79,858
			株主持分		
			留保利益	[e]▲1,663	[e]▲3,236
	80,879	76,622	合計	80,879	76,622

a　$85,136 − (10,000 − 8,514) = 83,650$, b　$83,650 − (10,000 − 8,365) = 82,105$
c　$(1,663/0.60) − 1,663 = 1,108$, d　$(3,236/0.60) − 3,236 = 2,157$
e　（負債修正残高 − 資産修正残高）×税率または正味負債修正残高 − 資産修正残高
報告純利益を推計的資本化後営業利益へ修正

報告純利益（OL 処理）	30,000
留保利益修正変動（当期純利益修正）	▲1,573
	28,427
FL を含む未記帳負債に係る税引後支払利息	0
$PVOL$ に係る税引後利息$(83,650 × 0.1) × (1 − 0.40) =$	5,019
利息控除前税引後営業利益修正額	33,446

［出所］Imhoff et al. [1997], pp.22-25. 一部加筆修正。

$$\frac{第1年度の純利益(NI)の修正}{第1年度の平均株主資本\overline{SE}の修正} = \frac{1,663}{-(0+1,663)/2} = -2.000$$

$$\frac{第2年度の純利益(NI)の修正}{第2年度の平均株主資本\overline{SE}の修正} = \frac{1,573}{-(-1,663+3,236)/2} = -6.422$$

9.5 小　　括

　現行の米国リース会計基準は，リスク・便益アプローチに基づき，リース取引をオペレーティング・リースとファイナンス・リースに二分する。数値基準をクリアし，オペレーティング・リースと判定されれば，オフバランス化が可能である。同一の取引または極めて類似する取引に対し，別個の処理方法が適用されれば，財務諸表の比較可能性は保たれない。ED2010/9において，使用権モデル・単一資産アプローチを採用し，すべてのリース取引の一元的処理を求めたことで，オペレーティング・リースのオフバランス効果の実現を可能とする抜け穴が塞がれ，財務諸表の比較可能性の向上に資すると期待される。

　定性的な表現（たとえば起こりそうな，確かな，高い）を数値による最低水準の閾値（threshold）に変更したとしても，会計基準によって作成・開示される情報の正確性の向上は，必ずしも保証されない[31]。ED2010/9において，数値基準の使用を控え，knife-edged accountingという批判をかわす方策が打ち出されたことは，積極的に評価できる。

　しかしながら，ED2010/9の提案は，新たな課題を我々に投げかける。現行では，ファイナンス・リースの範疇に属するとみなされた場合，当該物件について法的所有権を有しないが，リース資産が有形固定資産の部に計上される。使用権アプローチに従うと，更新オプション，購入オプションなどとともにリース物件は，使用権という無形資産として計上される。割賦購入契約と類似しないオペレーティング・リースに関連して生じた資産を，無形資産の部に記載す

31）　Nelson [2003], pp.93-94，杉本 [2009a], 278 頁。

ることを容認するとしても,割賦購入契約と類似するファイナンス・リースから生じた資産を,物理的な形をもつリース物件それ自体としてではなく,無形資産として報告することは,財務諸表の利用者の混乱を招く。新提案は実際に利用している資産と貸借対照表にオンバランスされる資産の対応を不明瞭にし,忠実な表現,理解可能性という視点からは積極的な評価を与えられない。

　ED2010/9はオペレーティング・リース処理によるオフバランス・ファイナンスの抜け穴を塞ぐには効を奏するであろうが,リースの範囲,SPEによる取引の組成,グループ内営業活動,割引率,履行契約,借手の会計と貸手の会計の一貫性の欠如などの別の大きな穴を塞ぐ措置が講じられたわけではない[32]。

---

[32] Biondi et al. [2011], p.870. AAAの財務会計基準委員会はFASBの減損テストアプローチに賛成し,取引の組成機会を与える公正価値に反対している。

第10章

リース会計基準の公開草案

■ 10.1 はじめに

　リースに関する米国 GAAP を構成する Topic 840「リース」では，数値基準に従い境界線を引き，リースをファイナンス・リースとオペレーティング・リースに分類する。借手側の企業は数値基準を巧みに利用し，オペレーティング・リースとして処理し，リース料を当期の費用として認識し，オフバランス化を図った。米国では，細則主義に基づくリース会計基準の抜け穴（loophole）探しが横行し，オフバランス・シートファイナンスが蔓延した。そこで，FASB は，IASB と共同でリース会計基準の改定プロジェクトに着手し，2010年8月17日に公開草案（ED2010/09）を公表した。

　ED2010/09 では，リースによって生じるすべての資産・負債を財政状態計算書において認識することを狙いとし，借手に対し，新たなアプローチを導入することが提案された[1]。提案によると借手は，原資産をリース期間にわたって使用する権利を表す「使用権資産」と「リース料支払債務」を認識し（par.10, BC5-BC12），「使用権資産」を見積リース期間にわたって償却し，「リース料支払債務」に係る支払利息を計上する。

　オフバランス・シートファイナンスの蔓延に対し，制度的な措置が講じる前に, Imhoff, Lipe, および Wright（以下では ILW と略す）は，解約不能オペレー

---

1) 再公開草案（ED2013/06）が 2013 年 5 月に公表されているが，本章では先行研究にあわせて ED2010/09 を主たる考察対象とする。

ティング・リースをファイナンス・リースとみなす手法を考案した。本章ではまず，解約不能オペレーティング・リースの推計的資本化方法に関する先行研究をレビューし，リース資産・負債のオンバランス化が財務比率に与える影響について検討する。次に，ILW の提唱した方法，あるいは ED2010/09 に従うと，オフからオンに変更されるリース資産（使用権資産）の償却について論考する。最後に，ED2013/06 についても検討する。

10.2 ILW の推計的資本化に関する研究の展開

オペレーティング・リースの推計的資本化方法は，有用な投資意思決定のため財務諸表分析を行う投資家にとって，重要な意味をもつ[2]。ILW はオペレーティング・リースの推計的資本化に関する一連の研究成果を発表した（Imhoff et al. [1991], Imhoff et al. [1993], Imhoff et al. [1995], Imhoff et al. [1997]）。Imhoff et al. [1991] では貸借対照表項目に焦点を当て，Imhoff et al. [1997] においては損益計算書への影響も分析した。Imhoff et al. [1993] および Imhoff et al. [1995] においては，対象期間を 1984 年 7 月 1 日から 1990 年 6 月 30 日，サンプルをニュージーランド証券市場に上場する航空会社 29 社（136 事業年度），小売業者 51 社（224 事業年度）とし，複数のオペレーティング・リースの推計的資本化手法がリース資産，リース負債，負債比率，ROA，ROE，株主リスクの評価に及ぼす影響を分析し，株式リターンのボラティリティの説明力が検証された[3]。

ILW を嚆矢とする研究は後に引き継がれた。Bennett and Bradbury [2003] は，次の設例に基づきオペレーティング・リースの資本化手続きの影響を説明

---

2) リースの資本化は会計基準設定機関にとっても重要な関心事であり，G4+1 が報告書を公表した。
3) Imhoff et al. [1995] において航空会社，小売業者がサンプル選択されたのは，それらの業種のオペレーティング・リース依存度が高いからであり，1984 年 7 月 1 日から 1990 年 6 月 30 日を対象期間としたのは，1978 年に発効した SFAS 13 の実務定着度を考慮したからである（p.76）。

する。

【仮設例】

リース期間6年，年間リース料100ドル，借手の追加借入率10％，税率33％と仮定する。リース契約開始時におけるリース資産，リース負債は $sigma(n=1)^6 100/(1+0.1)^6 = 435$ ドルで，リース資産の各期の減価償却費は定額法により73ドルまたは72ドルとされる。0年度の年間支払リース料100ドルのうち，$435 \times 10\% = 44$ ドルは利息に相当し，56ドルは短期リース負債である。0年度のリース負債のうち $435 - 56 = 379$ ドルが長期リース負債である。翌1年度の年間支払リース料100ドルのうち，$379 \times 10\% = 38$ ドルは利息に相当し，62ドルは短期リース負債である。1年度の利息44ドルと減価償却費73ドルの合計117ドルは，年間支払リース料100ドルを17ドル上回る。税引前利益への影響額17ドルから $17 \times 0.33 = 5$ ドルの税金増加を控除し，純利益は12ドル増加する。4年度の利息25ドルと減価償却費72ドルの合計97ドルは，年間支払リース料100ドルを3ドル下回る。税引前利益への影響額▲3ドルに $3 \times 0.33 = 1$ ドルの税金節約額を加算し，純利益への影響額は▲2ドルである。繰延税金負債は3年度の11ドルをピークに減少し，6年度にはゼロになる。

Bennett and Bradbury [2003] は，1995年12月にニュージーランド証券市場に上場する38社をサンプルとして，ILWを含む複数のオペレーティング・リースの推計的資本化方法を比較した[4]。図表10-2 Panel AのRENT8は当期のオペレーティング・リース料の8倍，RENT6は次期のオペレーティング・リース料の6倍をもとにリースの資本化計算を行う方法である[5]。アナリストはこ

---

[4] ニュージーランド証券市場に上場する企業は，将来のリース料を1年，2年，3－5年，5年超の4つに区分表示することが求められた（Bennett and Bradbury [2003], p.105）。Air New Zealandは，2012年アニュアル・レポートのオペレーティング・リースに関する注記（p.53）において1年以内，1年超5年以内，5年超の3つに区分表示している。

[5] Imhoff et al. [1995], p.80では，RENT8が定数8を乗じる理由は，リース料が定額，支払リース料の1/3が利息であり，利子率は固定4％であると仮定しているからであると説明される（$1/3 \div 0.04 = 8.33$）。

図表 10-1　オペレーティング・リース資本化の影響

年度	支払利息	短期リース負債	長期リース負債	リース資産	減価償却累計額	税引前利益への影響	繰延税金負債	持分
Panel A リース資本化の貸借対照表への影響－借方（貸方）								
0				435	0	0	0	0
1	(44)	(56)	(379)	435	(73)	17	5	12
2	(38)	(62)	(317)	435	(145)	27	9	18
3	(32)	(68)	(249)	435	(218)	32	11	21
4	(25)	(75)	(174)	435	(290)	29	10	19
5	(17)	(83)	(91)	435	(363)	19	6	13
6	(9)	(91)	0	435	(435)	0	0	0

年度	支払リース料 (1)	利息 10% (2)	減価償却費 (3)	税引前利益への影響 (4)=(1)+(2)+(3)	税金 (5)=(4)×33%	純利益への影響 (6)=(4)−(5)
Panel B リース資本化の損益計算書への影響－借方（貸方）						
1	(100)	44	73	17	(5)	12
2	(100)	38	72	10	(4)	6
3	(100)	32	73	5	(2)	3
4	(100)	25	72	(3)	1	(2)
5	(100)	17	73	(10)	4	(6)
6	(100)	9	72	(19)	6	(13)
計	(600)	165	435	0	0	0

［出所］Bennett and Bradbury [2003], p.104.

れらの概算的問題発見方法（'rules of thumb' heuristics）を用いる。RENT6の定数6は，(1) 式の i を0.1，$term$ を25と仮定して求められる[6]。

$$PVOL = \frac{MLP_1}{term} \times \sum_{p=1}^{term} \frac{1-(1+i)^{(-term-p)}}{i} = c(i, term) \times MLP_1 \quad (1)$$

ただし，$PVOL$：オペレーティング・リース負債の現在価値，MLP：最低リース料支払額，$term$：リース契約期間，p：対象期間，i：利子率，c：定数

ILWのリース負債0.093に対し，RENT8またはRENT6のリース負債は0.249

---

[6] 1年度の最低リース料支払額（MLP_1）に定数6を乗じてオペレーティング・リース負債を推計する（Ely [1995], p.403）。

図表10-2　オペレーティング・リース資産・負債の代替的計算方法の記述統計量
（すべての観察値を資本化前の総資産で除す）

	平均	メディアン	最小値	最大値
Panel A	リース負債			
RENT8	0.249	0.173	0.0075	0.877
RENT6	0.183	0.112	0.0006	0.729
ILW	0.093	0.057	0.0003	0.342
$ILW_CASHFLOW$	0.094	0.057	0.0003	0.342
$ILW_DISCOUNT$	0.097	0.058	0.0003	0.362
ILW_BOTH	0.097	0.057	0.0003	0.362
PVOL	0.109	0.068	0.0004	0.427
Panel B	リース資産			
81% RENT8	0.201	0.14	0.0061	0.71
81% PVOL	0.089	0.055	0.0003	0.346
PVLA	0.088	0.052	0.0003	0.349
Panel C	資産／負債比率	（PVLA／PVOL に基づく）		
資産／負債比率	0.81	0.806	0.674	0.917
RENT8	8×当期のオペレーティングリース料			
RENT6	6×当期のオペレーティングリース料			
ILW	10年間一定額のキャッシュ・フローを企業別の利子率で割引			
ILW_CASHFLOW	過年度のキャッシュ・フローを平均利子率で割引			
ILW_DISCOUNT				
ILW_BOTH				
PVOL	$AF_{i,k} \times LRENT_{t+1}$			
PVLA	$AF_{i,j} \times LRENT_{t+1}D$			

［出所］Bennett and Bradbury [2003], p.106.

または0.183である（図表10-2 Panel A）。現在価値を考慮したILWよりもRENT8またはRENT6の方がオペレーティング・リース負債の資本化推計額が大きい。リース期間10年，利率10％，リース契約経過期間50％と仮定し，算定したリース負債に対するリース資産の比率81％に[7]，RENT8を乗じた81% RENT8は PVLA よりも大きい。アナリストが用いる概算的問題発見方法によると，リース負債およびリース資産は，他の方法よりも相対的に大きく

---

[7] Imhoff et al. [1991], p56. の図表9-3を参照。

見積もられる[8]。

ILW_CASHFLOW,*ILW_DISCOUNT*はILWのキャッシュ・フローまたは割引率を変更した方法であり，*ILW_BOTH*はILWのキャッシュ・フローと割引率を双方とも変更した方法である。

Bennett and Bradbury [2003] は，ニュージーランド証券市場に上場するサンプル企業のリース契約期間のメディアンが5年で，Ely [1995] が対象とした米国サンプル企業のリース契約期間のメディアン25年よりも短いこと，割引率が米国とは異なることを考慮し，(2) 式および (3) 式による推計もあわせて行った[9]。

$$PVOL_t = AF_{i,k} \times LRENT_{t+1} \quad (2)$$

$$PVOLA_t = AF_{i,j} \times LRENT_{t+1} \times D \quad (3)$$

上記式における記号は次のとおり。$PVOL_t$：t期のオペレーティング・リース負債，$AF_{i,k}$：利率i，リース契約経過期間kの年金現価係数，$LRENT_{t+1}$：$t+1$期のリース料，$PVOA_t$：t期のオペレーティング・リース資産，$AF_{i,j}$：利率i，リース契約全期間jの年金現価係数，D：未償却リース資産の比率（k/j），k：リース期間満了までの年数，m：リース契約経過期間，$j=k+m$

平均リース負債31.9百万ドルのうち8.5百万ドルは平均短期負債，21.9百万ドルは長期負債である。オペレーティング・リースの資本化によって負債合計（資産合計）は平均22.9%（8.8%）増加し，持分は平均3.0%減少した。オペレーティング・リースの資本化前後の総資産に対する総負債の比率は0.469から0.519に，流動比率は2.117から1.812に，ROAは0.126から0.115に変化した。解約不能オペレーティング・リースの資本化が流動性と収益性をどの程度低下させるかが示された。

---

[8] 株式リターンの平均標準偏差と平均比率の順位相関結果を見るとHeuristic法はILWよりわずかに株式リターンのボラティリティをよく説明する（Imhoff et al. [1995], p.80）。

[9] Bennett and Bradbury [2003], pp.107-108

図表 10-3　オペレーティング・リース資産・負債の代替的計算方法の記述統計量
（すべての観察値を資本化前の総資産で除す）

		平均	メディアン	最小値	最大値
Panel A	リース資産・負債				
リース負債（$PVOL$）	千ドル				
短期		8,482	1,487	133	160,010
長期		21,974	4,215	225	378,084
合計		31,994	6,320	512	548,163
リース資産（$PVLA$）		26,972	4,939	420	487,132
Panel B	財務諸表への影響				
総負債の増加率（％）		22.9	11.7	0.09	85.5
総資産の増加率（％）		8.8	5.2	0.03	34.9
持分の増加率（％）		－3	－1.6	－11.5	－0.001
Panel C	財務比率への影響				
総負債／総資産					
資本化前		0.469	0.463	0.093	0.821
資本化後		0.519	0.525	0.095	0.846
流動比率					
資本化前		2.117	1.752	0.632	11.828
資本化後		1.812	1.693	0.619	7.739
ROA					
資本化前		0.126	0.117	－0.041	0.0332
資本化後		0.115	0.109	－0.039	0.281

［出所］Bennett and Bradbury [2003], p.110.

10.3　リース資産の償却に関するED2010/09の提案

　前節では定額法による償却を行ったが，リース資産（使用権資産）の償却については議論の余地がある。ED2010/09では，リースによって生じるキャッシュ・フローの金額，発生時期，不確実性に関し，目的適合性と表現の忠実性を備えた情報を借手（lessees）と貸手（lessors）が財務諸表の利用者に提供することを目的として掲げた[10]。この目的を達成するため，借手は次のように測定することが要求される。リース開始日に，将来の見積リース料支払額の

---

10) FASB[2010], par.4.

現在価値でリース負債を測定する[11]。その後，リース負債に利息法を適用する[12]。借手はリース開始日からリース期間終了（原資産の耐用年数がリース期間より短いときは耐用年数）にわたり使用権資産（right-of-use asset）を規則的に償却する。借手は償却方法を選択し，Topic 350 に従い償却期間と償却方法を見直す[13]。Topic 350 では ASC 350-30-35-6 の適用指針が示され，無形資産は耐用年数が無限でなければ，企業にとっての耐用年数にわたって償却され，償却方法は無形資産の経済的便益の消費パターンを反映すべきである。信頼性をもって消費パターンを決定できない場合には，定額法を用いる。このように ED2010/09 では，無形資産の経済的便益の消費パターンを信頼性をもって決定できなければ，使用権資産を定額法によって償却することを要求している。現行の会計実践と比べて，使用権資産の定額法償却は，費用認識の早期化，リース期間初期およびリース期間全体の利益減少をもたらす[14]。

10.3.1 規範的分析：現在価値償却と定額法償却の有用性

借手である当社は，第1年度期首にリースを開始した。リース期間は10年（更新期間5年を含む），年間リース料は1,000ドルで，当社の追加借入利子率は7％である。当該リース物件によって，キャッシュ・インフローが発生する時点は，リース料の支払時点と同じである。また，当該リース物件によって得られる各期のキャッシュ・インフローの額は，支払リース料と同額の1,000ドルである，すなわち，ネットキャッシュ・インフローがゼロの投資と仮定する[15]。

図表 10-4 Panel A のとおり，定額法によるリース資産の償却費は，リース債務の割引現在価値7,024ドル（$=\sum_{n=1}^{10} \frac{1,000}{1.07^n}$）の 1/10 の 702 ドルである。第1年度から第9年度の収益率（rate of return）=（利息控除前利益÷期首

---

11) FASB[2010], par.6.
12) FASB[2010], par.16. リース負債に対して利息法を適用することには概ね合意が形成されているが，リース資産の償却方法については意見が分かれる。13) FASB[2010], par.20.
14) Jennings and Marques [2013], p.53.
15) 図表10-4 では偶数年が省略されている。

第10章　リース会計基準の公開草案　199

図表 10-4　リース資産の代替的償却方法の例

Panel A：定額法償却（ネットキャッシュ・インフローが 0）

	リース年度				
	1	3	5	7	9
キャッシュ・インフロー	1,000	1,000	1,000	1,000	1,000
減価償却費	702	702	702	702	702
利息控除前利益	298	298	298	298	298
期首簿価	7,024	5,619	4,214	2,809	1,404
収益率（％）	4.2	5.3	7.1	10.6	21.2
期首資産時価／資産簿価	1.00	1.06	1.13	1.21	1.29

Panel B：現在価値償却（ネットキャッシュ・インフローが 0）

	リース年度				
	1	3	5	7	9
キャッシュ・インフロー	1,000	1,000	1,000	1,000	1,000
減価償却費	508	582	666	763	873
利息控除前利益	492	418	334	237	127
期首簿価	7,024	5,971	4,767	3,387	1,808
収益率（％）	7.0	7.0	7.0	7.0	7.0
期首資産時価／資産簿価	1.00	1.00	1.00	1.00	1.00

Panel C：定額法償却（ネットキャッシュ・インフローが正）

	リース年度				
	1	3	5	7	9
キャッシュ・インフロー	1,500	1,500	1,500	1,500	1,500
減価償却費	702	702	702	702	702
利息控除前利益	798	798	798	798	798
期首簿価	7,024	5,619	4,214	2,809	1,404
収益率（％）	11.4	14.2	18.9	28.4	56.8
期首資産時価／資産簿価	1.50	1.59	1.70	1.81	1.93

Panel D：現在価値償却（ネットキャッシュ・インフローが正）

	リース年度				
	1	3	5	7	9
キャッシュ・インフロー	1,500	1,500	1,500	1,500	1,500
減価償却費	508	582	666	763	873
利息控除前利益	992	918	834	737	627
期首簿価	7,024	5,971	4,767	3,387	1,808
収益率（％）	14.1	15.4	17.5	21.8	34.7
期首資産時価／資産簿価	1.50	1.50	1.50	1.50	1.50

［出所］Jennings and Marques [2013], p.57. 一部加筆。

簿価）は，リース資産の期首簿価が減少するにつれて，第 1 年度 4.2%（＝298÷7,024）から第 9 年度 21.2%（＝298÷1,404）に上昇する。第 1 年度から第 9 年度の期首リース資産時価／期首リース資産簿価は 1.00（＝7,024÷7,024）から 1.29（＝1,808÷1,405）に変化する。

図表 10-4 Panel B のとおり，第 1 年度の現在価値によるリース資産の償却費（第 1 年度期首から第 2 年度期首にかけて減少するキャッシュ・フローの現在価値）は，$1,000÷1.07^{10}=508$ ドルであるのに対し，第 9 期の現在価値によるリース資産の償却費（第 9 期期首から第 10 期期首にかけて減少するキャッシュ・フローの現在価値）は，$1,000÷1.07^2=873$ ドルであり，現在価値償却費は逓増する[16]。第 1 年度の収益率＝利息控除前利益／期首簿価は 492÷7,024×100＝7%，第 2 年度の収益 456÷6,515×100＝7% で，第 3 年度から第 9 年度にかけても 7% である[17]。

第 1 年度の期首リース資産時価／期首リース資産簿価は，7,024÷7,024＝1.00，第 2 年度の期首リース資産時価／期首リース資産簿価は，5,971÷5,971＝1.00 であり，第 3 年度から第 9 年度にかけても 1.00 である。借手がリース資産にかかる異常収益を獲得可能なように，リース期間を交渉できる市場においては，リース契約は，ネットキャッシュ・インフローがプラスの投資となりえる[18]。当該リース物件によって得られる各期のキャッシュ・インフローの額が，支払

---

16) 割引率が一定で，キャッシュ・インフローを毎年定額と仮定して，現在価値を反映させて減価償却を行うと，減価償却費は逓増する（角ヶ谷［2009c］，145-148 頁）。減価償却は一般に，過去のキャッシュ・アウトフロー（取得原価－残存価額）の期間配分と捉えられている。設備投資の効率性・経済的合理性に着目し，減価償却にキャッシュ・インフローの観点を導入する思考（現在価値減価償却）は Anton [1956] に見られる。減価償却に関する会計的接近法と経済的接近法の相違は Kim and Moore [1988], Bar-Yosef and Lustgarten [1994] でも検討されている。
17) 資産の全耐用期間にわたり収益率を一定とすることは，現在価値減価償却に内在する問題点の 1 つである（浜本［1986］，99 頁）。中野［1989］は現在価値モデルと定率法の関連について言及している。藤井［1995a］，藤井［1995b］では，将来の期待キャッシュ・フローの流列のパターンに応じた合理的減価償却方法が示されている。
18) Jennings and Marques [2013], p.59.

リース料よりも 500 ドル多い 1,500 ドルであり，ネットキャッシュ・インフローがプラスの投資であると仮定する。

図表 10-4 Panel C のとおり，定額法によるリース資産の償却費は，Panel A と同額の 702 ドルである。Panel C の各期の期首資産簿価も，Panel A の各期の期首資産簿価と同じである。キャッシュ・インフローが 500 ドル増加したことにより，各期ともに Panel C の利息控除前利益は，Panel A より 500 ドル増加する。Panel C の第 1 年度から第 9 年度にかけての収益率＝利息控除前利益／期首簿価は 11.4％（＝798÷7,024）から 56.8％（798÷1,404）まで上昇する。

図表 10-4 Panel D のとおり，各期の現在価値に基づくリース資産の償却費，および各期の現在価値償却に基づくリース資産の期首簿価は，Panel B のそれと同額である。500 ドルのキャッシュ・インフローの増加が，利息控除前利益を 500 ドル引き上げ，収益率は Panel B のように一定ではなく，第 1 年度の 11.4％から第 9 年度には 34.7％まで上昇する。第 1 年度の期首リース資産時価／期首リース資産簿価は，10,535／7,024＝1.50，第 3 年度の期首リース資産時価／期首リース資産簿価は，8,957／5,971＝1.50 であり，他の年度も 1.50 である。

McDonald's は定額法償却による収益・費用の前倒しは借手，貸手双方の収益・費用認識パターンを変え，公開草案におけるアプローチは，財務諸表の利用者に目的適合的情報を提供せず，取引の経済的実態を反映しない，と批判した[19]。Starbucks はリース期間の後期と比べて，リース期間の初期に相対的に高い占有コストが計上されることは，経済的実態と一致せず，利益を誤って表示させ，企業間比較可能性を損ね，将来の業績予測を阻害する，と主張した[20]。Toys 'R' Us；費用認識に関する大幅な変更は財務諸表の信頼性・比較可能性を危うくさせ，財務諸表の利用者と投資家は，財務諸表の有用性を確保

---

19) Jennings and Marques [2013], p.54. FASB の Online Comment Letters によると（Comment Letter No. 254）。

20) Jennings and Marques [2013], p.54. FASB の Online Comment Letters では（Comment Letter No.307）。

するため，前倒しの影響の継続的補正を強いられると述べた[21]。

10.3.2 オンバランス化と償却方法に関する実証分析

1998年から2008年にかけてCompustat databaseに収録され，変数が入手可能で，500事業年度を確保できる業種に属し，総資産に対する将来リース料の見積平均比率が0.05に達する最終サンプル34,707事業年度（19業種）が抽出された。

リース開始後，リース資産の価値はリース負債の価値よりも早期に下落するとみなし，リース負債に対するリース資産の平均比率（ALR）を次の式により算定する。

$$ALR = \frac{\frac{1-(1+r)^{-N}}{r}\left(\frac{Rem}{N}\right)}{\frac{1-(1+r)^{-Rem}}{r}} \tag{4}$$

Nは将来キャッシュ・フローが得られる年数で，$5+Pmt_T/Pmt_{t+5}$（小数第1位切り上げ）により計算される。Remは残存リース年数を表し，$N/2$で求められる[22]。rは借手の追加借入利子率を指し，7％と仮定している[23]。定額法

---

21) Jennings and Marques [2013], p.54. FASBのOnline Comment LettersのComment Letter No.409を参照。

ED2010/09に対し寄せられたコメント数は786に及ぶ。日本経済団体連合会もIASBにコメント・レターを提出し，財務情報の透明性向上のため，「使用権モデル」という単一モデルを導入する案に賛成した（Comment Letter No.328）。しかし，2013年の再EDに対するコメント・レターでは，やや否定的な見解を示した。1モデルを提案した2010年のED，2モデルを提案した2013年の再EDにおいても，リース取引のオンバランス化によって，取引組成の回避こそ達成されるが，経済実態の開示は達成されず，作成者の実務上の実践可能性も確保されていない。現行IAS 17の方が実践可能性を有し，経済実態を適切に表現する基準である。したがって，新モデル開発によるベネフィットがコストを上回る可能性が低い現状においては，新モデルによる抜本的な変更を行わず，現行IAS 17の枠内で開示内容を工夫し，取引組成を回避する手立てを講じることも検討すべきである。

22) Jennings and Marques [2013], p.63. 平均的なリース資産は予想有効年数の中間点であると仮定している。

23) Jennings and Marques [2013], p.61. 定額法

償却により貸借対照表に追加計上されるリース資産の額は，$LA\_SL = LL \times ALR$ により算定される。

普通株式の期末価格（$Price$）を従属変数とし，貸借対照表の項目を説明変数とする下記の回帰式が検証される[24]。

$$Price = \gamma_0 + \gamma_1(A + LA\_SL + LDTA) + \gamma_2(L + LL) + \gamma_3 LA\_Adj + \varepsilon \quad (5)$$

上記の記号は次のとおり。オフバランスのリース資産（LA）・リース負債（LL），現在価値償却に基づくリース資産額（$LA\_PV = LL$），定額法償却に基づくリース資産額（LA_SL），繰延税金資産（$LDTA$）リース資産とリース負債の価値の相違を認めることは，純利益と繰延税金に影響する。税務上のOL費用はリース支払額を指すが，会計上の費用は支払額のうちの利息費用とリース資産の当期償却費の合計額を意味する。会計上のOL費用の計上は税務上のOL費用よりも早期となり，繰延税金［$LDTA = (LL - LA\_SL) \times 税率(T)$］が生じる[25]。

資産にかかる係数γ_1の符号は正，負債にかかる係数γ_2の符号は負で，理論値は1である。最も注目すべきはリース資産修正［$LA\_Adj = (LA\_PV - (LA\_SL + LDTA))$］の係数$\gamma_3$である。投資家がリース資産をネットキャッシュ・インフローがゼロの投資とみなし，定額法により評価していれば，γ_3はゼロとなる。投資家がリース資産をネットキャッシュ・インフローがゼロの投資とみなし，現在価値償却に基づきリース資産を評価していれば，γ_3は正で，1と等しくなる。投資家がリース資産をネットキャッシュ・インフローが正の投資であるとみなしていれば，いずれの方法によっても，γ_3は1より大きくなると予測する。

図表10-5のとおり，AssetsとLiabilitiesの係数はそれぞれ0.96（$t = 17.92$），

---

24) profit margin の高低でサンプル企業を二分した回帰分析結果も報告されている（Jennings and Marques [2013], pp.64-66.）。
25) Jennings and Marques [2013], p.63. 税率を35％と想定する。

図表10-5　株価のオペレーティング・リース推計的資本化後の貸借対照表項目への回帰

	Intercept	Assets	Liabilities	$Asset_Adj$	R^2
Avg. Coeff.	8.00	0.96	−0.87	2.16	
t-statistic	(14.01)	(17.92)	(−15.24)	(3.45)	0.35

［出所］Jennings and Marques [2013], p.64.

−0.87（$t=-15.24$）で符号は期待のとおりで，いずれも有意である。リース資産修正（LA_Adj）の係数γ_3は2.16（$t=3.45$）で0（p値=0.003, 片側），1（$t=1.86$, p値=0.046, 片側）より有意に大きく，投資家がリース資産をネットキャッシュ・インフローが正の投資であるとみなしていると推計された。

総資産利益率を純利益÷期首総資産，総資産回転率を売上高÷期首総資産，財務レバレッジを期首総負債÷期首総資産と定義し，オペレーティング・リースの資本化前（財務諸表における報告値），定額法償却（SL），現在価値償却（PV）の3つの財務比率の業種内平均・標準偏差が比較された（図表10-6）。報告値どおりの総資産利益率の平均標準偏差1.149は，定額法によると0.567に減少し，現在価値法によるとさらに0.563に減少した。報告値どおりの資産回転率の平均標準偏差1.842は，定額法によると1.323に減少し，現在価値償却によるとさらに1.315に減少した。二項分布を前提としたp値はオペレーティング・リースの資本化が同一業種の3つの比率の比較可能性を向上させたこと，定額法を現在価値償却に変更すると，同一業種の3つの比率の比較可能性を向上させることを示唆した。

10.4　再公開草案ED2013/06の公表

IASBとFASBは2013年5月16日に再公開草案「リース」（ED2013/06）を公表し，使用権モデルに基づき，短期リースを除くほとんどのリースについ

26）　リース期間中に借手が原資産の経済的便益の重要部分を費消するか否かに基づきリースの分類を行うのが原則である。

図表 10-6　財務比率の業種内偏差

比率	報告値 平均 標準偏差	SL 平均 標準偏差	PV 平均 標準偏差	差 報告値 対 SL	差 報告値 対 PV	差 SL 対 PV
総資産利益率						
平均	1.149	0.567	0.563	0.582	0.587	0.004
メディアン	0.687	0.574	0.571	0.126	0.131	0.003
正の差				19	19	19
負の差				0	0	0
p 値				<0.001	<0.001	<0.001
総資産回転率						
平均	1.842	1.323	1.315	0.519	0.527	0.008
メディアン	1.269	1.120	1.115	0.174	0.202	0.006
正の差				19	19	18
負の差				0	0	1
p 値				<0.001	<0.001	<0.001
財務レバレッジ						
平均	0.616	0.467	0.447	0.149	0.168	0.020
メディアン	0.518	0.410	0.407	0.102	0.094	0.004
正の差				18	19	18
負の差				1	0	1
p 値				<0.001	<0.001	<0.001

［出所］Jennings and Marques [2013], p.68.

て「使用権資産」と「リース債務」を貸借対照表に認識・計上することを借手に求めた[26]。ED2013/06 では，機械設備等（不動産以外の資産）リースのタイプAと不動産リースのタイプBに分類され，この2分類がリース収益および費用の認識方法，認識時期を決定する際に用いられる[27]。借手はタイプAのリースについては，原則として使用権資産の減価償却費とリース債務に係る

---

27) 機械設備等のリースは，原則としてタイプAに分類されるが，(a)リース期間が原資産の総経済的耐用年数の重大部分でない，(b)リース料の現在価値がリース開始日の原資産の公正価値の重大部分でない場合，タイプBに分類される。不動産のリースは，原則としてタイプBに分類されるが，(a)リース期間が原資産の残存経済的耐用年数の重大部分であるか，(b)リース料の現在価値がリース開始日の原資産の公正価値の重大部分である場合，タイプAに分類される。

図表 10-7　ED2013/06 による借手の固定リース料支払の処理

	短期 （1年以内）	固定最低リース料	
		1年超	
		タイプA （機械設備等）	タイプB （不動産）
貸借対照表への影響			
使用権資産とリース債務の貸借対照表計上	No	Yes	Yes
リース期間中，使用権とリース債務は等しい	—	No	Yes*
損益計算書への影響			
リース期間中の費用認識	時間基準	前倒し（利息費用と償却原価）	定額

*未償却当初直接費を除く。使用権資産の計上額がリース保証未償却当初直接費だけリース負債を超える。

［出所］Craig [2013], p.10. 一部加筆。

利息費用を計上し（前倒し），タイプBのリースについては，定額のリース費用（リース料総額を期間で除した額）を計上する。

　FASBとIASBが共同でEDを公表するにあたり理論的に大きな障害となったのは，不動産リースの費用認識タイミングに関する見解の相違であった[28]。米国GAAPによれば，リース債務の現在価値は，契約初期には高いので，費用は前倒しで計上される。

　EDはリース資産（使用権資産）の価値減少を，リース債務の現在価値の減少と一致させる。

　2015年12月31日に，期間3年の事務所の不動産賃貸契約（2016年，2017年，2018年の1月1日に10,000ドルを支払い，追加借入利子率5％）を締結し，購入オプション，リース開始日前の貸手への支払はゼロと仮定する。

　使用権資産，リース負債の当初測定額は割引率5％で計算され，10,000＋

---

28) Craig [2013], p.10. 輸送機器の長期リースの場合，リース費用の前倒しは表現の忠実性に適い受け入れられ易いが，小売業者の不動産リースの場合，均等ではない費用の前倒し計上は敬遠される。

図表 10-8　タイプ B リースの処理例

	借方（貸方）							
	2015 12/31		2016 12/31		2017 12/31		2018 12/31	
使用権資産	28,594		(9,070)		(9,524)		(10,000)	
リース債務	(28,594)	a	9,070	b	9,524	b	10,000	b
リース費用	—	c	10,000	c	10,000	c	10,000	c
リース料支払（現金）	—		(10,000)		(10,000)		(10,000)	

［出所］Craig [2013], p.11. 一部加筆。

$10,000/1.05 + 10,000/1.05^2 = 28,594$ ドルとなる（図表 10-8 の a）。当初測定後 3 年間の金額は，利息法によるリース債務の割引現在価値の減少を示す（図表 10-8 の b）。リースの残価保証が 1,500 ドルなら，2015 年 12 月 31 日の使用権は 1,500 ドル高く，現金は 1,500 ドル低く，リース費用は毎年 1,500 ドル高くなり，資産の償却費は 500 ドルだけリース負債のアモチゼーションを超える（図表 10-8 の c）。

10.5　小　　括

　注記情報を活用すれば ILW の提唱した方法，修正 ILW 法（*ILW_CASH-FLOW, ILW_DISCOUNT, ILW_BOTH*）などによりオペレーティング・リースの資本化推計が可能である。現在価値を考慮した ILW 法，修正 ILW 法を適用すると，heuristics 法を適用するよりもオペレーティング・リース資産・負債が過小評価されることが Bennett and Bradbury [2003] の調査により示唆された。とりわけオペレーティング・リースの依存度が高い業種においては，現在価値を加味した解約不能オペレーティング・リースの推計的資本化は，収益性・効率性に関連する財務比率の適正な測定を可能にし，投資家にとって有用である。

　Jennings and Marques [2013] の調査では，以下のことが示唆された。オペレーティング・リースの推計的資本化が行われ，リース資産が定額法により償却されるときには財務比率（総資産利益率，総資産回転率，財務レバレッジ）の同

一産業内の比較可能性が改善される。現在価値償却を適用する際には，より一層,同一産業内の比較可能性が向上する。FASBとIASBが共同で公表したリースに関する公開草案ED2010/09によると，企業は使用権モデルに従って，現行基準よりも多くのリース資産を認識することになり，定額法によるリース資産の償却が要求される。借手は,定額法償却によるリース費用の前倒しは,リース資産の経済的実態を反映しないと主張し，公開草案における新提案を支持しなかった。

　リース資産によって得られるであろう将来キャッシュ・フローの割引現在価値が，解約不能な取引にかかるリース負債の割引現在価値と等しい，という理想的な条件のもとでは，現在価値償却の方が定額法償却よりも，リース資産の将来キャッシュ・フローを信頼性をもって表示できることが例示された。

　Jennings and Marques [2013] によると，投資家がリース資産をネットキャッシュ・インフローが正の投資であるとみなしていると推計された。資本化推計されたオペレーティング・リースの原則的償却方法として，定額法償却が現在価値償却より望ましいことを裏付ける証拠は得られなかった。使用権資産の定額法償却の当否について実証的・理論的観点から検討する必要がある。

第11章

結―総括と展望―

■ 11.1 総　　括

　本書の目的は，多角的な視点からIFRSsと米国GAAPの収斂がいかなる経緯・意図で，どのように進められているか，IFRSsと米国GAAPの収斂が我が国を含む世界の財務諸表の利用者および作成者にとって有用であるかについて検討することであった。これまでの考察結果は次のようにまとめられる。

　証券市場の番人たるSECは，米国の株主・社債権者が不当な損害を被らないよう保護するには，米国内で上場・起債する企業は，自らが監視し，世界最高水準と自負するFASBの公表する会計基準（米国GAAP）に準拠すべきであり，外国企業も，米国GAAPに完全準拠して作成した財務諸表を提出するか，それが不可能あるいは不都合であれば，次善の策として，利益および資本の本国GAAPから米国GAAPへの調整表を添付することを1979年から要請していた。しかし，エンロン，ワールドコムの粉飾決算を契機とした米国発の会計不信，さらには，ヨーロッパを出立点に，オセアニア諸国，会計基準が未整備なアジア諸国などへと堰を切ったかのように急速に拡大するIFRSs支持の脅威，米国市場からの外国企業の撤退を回避しようとするNYSEからの強い要請を受け容れて，SECは2007年11月15日以降に開始される決算期から米国GAAPへの調整表添付要求を撤回することを決定した。

　資本および利益の本国GAAPまたはIFRSsから米国GAAPへの調整差額情報は，2つの会計システムから算定される資本，ボトムラインたる利益の差異の大きさと差異を生じさせる主要項目を利用者に明瞭に伝える。比較可能性

の指標（CI）を用いて，米国GAAPをベンチマークとし，IFRSsとの相違を定量化すると，両者の間には未だ隔たりがあり，会計基準の共有が進まない領域が析出された。いくつかの研究によって，利益および資本の調整差額情報が価値関連性（株価説明力）をもつ経験的証拠が得られた。しかし，研究の成果はSEC／FASBによって尊重されず，Form 20-Fにおける利益および純資産の米国GAAP調整差額情報の開示は，強制されなくなった。

　2006年ないし2007年を分水嶺として，SECは米国GAAP至上主義を堅持する姿勢を崩し，多元的財務報告の許容へと針路を変え，IFRSsの任意・強制適用に関する議論を喚起した。それと呼応して，フェーズド・アプローチを採用し，FASBはIASBと共同で，比較的着手し易く，短期的に縮小可能な差異と判断される6項目すなわち，棚卸資産の評価基準，関連当事者との取引，在外子会社の会計方針の統一，投資不動産，セグメント報告，新株発行費に関する会計基準の収斂作業の完成に取り組んだ。

　無形固定資産の範囲，セグメント負債の開示などの一部の例外を除き，SFAS 131の規定を変更することなく踏襲したことが功を奏して，セグメント報告基準に係るFASBのSFAS 131とIASBのIAS 14の収斂作業は，見込みどおり早期に終了し，共同プロジェクトの成果はIFRS 8「事業セグメント」として結実した。

　IFRS 8の発効後，マネジメント・アプローチが導入され，組織構造に即し，企業集団全体に関わる連結情報が，内部管理目的で経営者が活用している業績評価単位に区分表示され，SFAS 131またはIAS 14に従うよりも，報告セグメント数および報告項目が増加し，セグメンテーションの様式も組織構造と合致するようになると期待された。しかし，IFRS 8適用後も報告セグメント数および報告項目数は顕著に増加せず，従前から用いていたセグメンテーション様式を継続して使用する企業が大半を占めた。企業の外国依存度，事業の多角化の程度，主要製品・事業を推し量り，各事業・製品の国際競争力，企業の成長性を評価するには，マネジメント・アプローチ導入の本来の効果が発揮され，全体を適度の部分に分けたセグメント情報の入手が不可欠であるが，期待どお

りの効果は得られなかった[1]。

両審議会が合意に達し，速やかに会計基準の改訂が行われたセグメント報告基準とは対照的に，リース会計基準の収斂は難航している。現行基準によると，借手の経営者は取引を組み替え，当該リース取引がファイナンス・リースの範疇に属するか判定する際に用いられる数値基準（たとえば75%，90%の閾値）を潜り抜けられるよう取引を組成し，リース資産（リース債務）を貸借対照表に計上しないことが可能である。そこで，ED2010/9では，使用権モデル・単一資産アプローチを採用し，すべてのリース取引をオンバランス化させる一元的処理を求めた。

その後，使用権モデル・単一資産アプローチによると，とりわけ短期の不動産リースの経済的実態を適切に表示しないとの批判を受けて，ED2013/06では，機械設備等（不動産以外の資産）リースのタイプAと不動産リースのタイプBの2分類を設け，タイプ別にリース収益および費用の認識方法，認識時期を決定することにした。両審議会は，2014年3月18日に共同会議を開催し，IASBはすべてのリースをタイプAとして処理する（リース負債に係る利息，使用権資産の償却費の計上）1モデルを，FASBはタイプAとタイプBに区分する2モデルを支持した。

FASBがIASBと異なる見解を示したのは，第1には米国GAAPが条件別統一（finite uniformity）を志向するからであると考えられる。FASBは，将来の見積キャッシュ・フローのパターンを識別し，各事象について唯一の方法を適用することを原則とし，将来の見積キャッシュ・フローのパターンとは無関係に，類似の事象に対し，唯一の会計方法の採用を認める無条件統一（rigid uniformity）を志向しない[2]。第2には，借手・貸手企業の強い反対の意見を

---

1) IFRS 8が発効してから間もなく，実務に定着するには十分ではないので，IFRS 8の効果に関する解釈には一定の制約がある。
2) ここでの条件別統一，無条件統一の定義は徳賀 [2000]，125頁に依拠している。外貨表示財務諸表の換算にあたり，決算日レート法とテンポラル法を使い分けることも条件別統一の例である。

汲み入れたからであると思料される。借手は ED2013/06 の処理は煩雑で，費用負担が重く，費用便益の観点から好ましくないと指摘し，貸手はリースの利便性が失われ，リースの利用機会が減少すると主張した。FASB と IASB は互いに異なる見解を示し，リース会計基準に関する収斂はこのままでは終息に向かいそうもない。

　両審議会のセグメント報告基準とリース会計基準の収斂プロセスには，共通して会計の政治化現象が見受けられる。自社のビジネスモデルに揺るぎが生じないように，詳細な事業／製品／地域別情報を秘匿扱いにしようとする経営者がセグメント報告基準の設定過程に積極的に関与した。リース資産（リース債務）のオフバランス化余地の温存を望む借手とリース利用機会の減少に伴う収益減を懸念する貸手がリース会計基準の設定過程に介入した。

　以下では，米国における IFRSs の任意・強制適用に関する SEC の意向とそれに対する米国会計学会のアカデミックな議論を整理し，米国 GAAP と IFRSs の収斂が高品質で，様々な利害関係者にとって有用な財務報告をもたらすかについて論述し，会計基準の国際的収斂の課題と展望を探る。

11.2　二大 GAAP の収斂の現状と我が国の課題

11.2.1　SEC の IFRS 適用ロードマップ案に関する議論

　SEC は 2007 年 8 月に，米国上場企業に対し，IFRS に準拠財務諸表の提出を認めるか否かについての検討結果を含む，コンセプト・リリースを公表した[3]。同年 12 月には，SEC は米国 GAAP への調整表開示要求の撤廃を決定した[4]。2008 年 11 月 14 日には，SEC 登録企業の連結財務諸表について，2010 年から IFRS の任意適用を開始し，2014 年以降に，IFRS の強制適用の可否を

---

3) SEC [2007]. 公表前後の米国における IFRS 容認動向については，平松［2010］, 5-7 頁を参照されたい。
4) SEC [2007]（http://www.sec.gov/rules/final/2007/33-8879.pdf）。

第 11 章　結─総括と展望─　　213

2011 年に決定するロードマップ案を公表した[5]。SEC はロードマップ案に関連するコメント・レターの提出期限を，当初は 2009 年 2 月 19 日とし，その後，提出期限を 2009 年 4 月 20 日まで延期し，200 通を超えるコメント・レターを受け取った[6]。「意見書」では，2010 年 3 月期から IFRS の任意適用を容認し，2015 年から強制適用するか否かについて 2012 年に，最終決定するとされた。

　SEC は，ロードマップ案に関する文書において，70 項目に及ぶ質問に対する回答の提出を求め[7]，FASB の母体組織である米国財務会計財団（Finaicial Accouintng Foundation：FAF）は，FASB に IFRSs 適用ロードマップ案に関する研究・調査を依頼し，2009 年 3 月 11 日に FAF と FASB は共同で，ロードマップ案に関するコメントを SEC に提出した[8]。

　IFRSs と米国 GAAP は双方とも高品質であると考えられ，急激に変化する世界情勢を鑑みれば，IFRSs の不採用，あるいは IFRSs 採用の遅延は，企業と投資家のコストの不当な上昇を招き，好ましくないとコメントし，Brennan 氏と Herz 氏は，SEC のロードマップ案を支持する見解を示した。ただし，彼らは以下のような課題も指摘した。

　IFRSs は米国 GAAP よりも適用企業に自由裁量権を与える。IFRSs へ移行

---

5) ロードマップ案において 7 つのマイルストーンが示された（Gornik-Tomaszewski and Rozen [1999], pp.62-63 も参照）。杉本 [2009b], 302-303 頁では，7 つのマイルストーンを，IFRS 強制適用までに対処すべき最初の 4 つ課題と米国 GAAP から IFRS への移行計画に関連する 3 つの課題に分けて明瞭に説明されている。SEC [2008] において，当初は，一定の要件を充足する米国企業については，2009 年 12 月 15 日以降に終了する事業年度から IFRS の適用を認める可能性が示唆された。
6) 2009 年 4 月 21 日以降にも 17 のコメントが追加されている
　（http://www.sec.gov/comments/s7-27-08/s72708.shtml）。我が国でも，SEC のロードマップ案の方針を踏襲し，2009 年 6 月 30 日に企業会計審議会が「我が国における国際会計基準の取扱いに関する意見書（中間報告）」を公表した。IFRS 任意適用に向けた課題については安藤 [2009], 4-6 頁を参照。IFRS 適用が日本企業の純資産に与える影響についてはたとえば須田 [2009] を参照されたい。
7) Frost et al. [2009], pp.74-81 に質問がまとめられている。
8) コメント提出者は当時の FAF の議長 John J. Brennan 氏，FASB の会長 Robert H. Herz 氏で，コメント全文は http://www.sec.gov/comments/s7-27-08/s72708-65.pdf から入手可能である。FASB のコメント内容については川西 [2009], 49-50 頁も参照。

図表 11-1　IFRS 適用までのマイルストーン

	マイルストーン	概要
1	会計基準の改善	国際会計基準審議会（IASB）と米国財務会計基準審議会（FASB）の協力
2	国際会計基準委員会（IASC）財団*の会計責任と資金調達	IASC 財団は IFRSs の発行母体であり，SEC は IASC 財団の組織編成，資金調達源泉が十分かを確認する必要がある。
3	IFRSs 報告のための双方向データ利用能力の改善	2008 年 5 月に，SEC は XBRL フォーマットの財務諸表の提出を要求した。
4	IFRSs に関する教育とトレーニング	会計専門家と財務諸表利用者が教育を通じ，IFRSs と米国 GAAP の差異を十分理解する。
5	米国産業界のリーディング・カンパニーに対する IFRSs の限定的早期適用	時価総額が当該産業界のトップ 20 位以内であること，当該産業の時価総額トップ 20 位までの企業のうち，いずれの会計基準よりも IFRSs が多く適用されていることを要件に，IFRSs の早期適用を認め，世界のリーディング・カンパニーの比較可能性を高める。
6	SEC による将来のルール設定予想時期	SEC は財務報告に関連するルール，規制，様式をレビューし，IFRSs による財務報告を行うための時間を要する。
7	米国発行体よる IFRSs 強制適用の実施	SEC は IFRSs への移行を段階的に行うか，一斉に行うかについて検討する。大規模早期適用企業，早期適用企業，非早期適用企業はそれぞれ 2014 年，2015 年，2016 年の 12 月 15 日以降に終了する事業年度から IFRSs による財務諸表の提出が義務付けられる。

［出所］Cheng [2009], p.32.
*2010 年 1 月 1 日から IASC 財団は，IFRS 財団に名称変更された。

する際には多額のコストが発生し，大規模多国籍企業は，組織全体で IFRSs を適用することによりコスト増を吸収できるが，小規模企業にはコスト負担が重く，アドプション・コストが不均等である。国際的機関を米国企業の会計基準設定主体とすること（基準設定のアウトソーシング）の承認を米国議会で得るには，相当な困難を伴う。財務報告の比較可能性を高めるには，会計基準だけでなく，経営者の報告インセンティブ，規制環境，監査などの影響もあわせて検討しなければならない。会計基準は特定の地域のニーズを充足するために設定されるものであり，IFRSs が全世界のニーズを満足させないかもしれない。FASB は SEC と協力し，米国 GAAP と IFRSs の収斂を促進した当事者でもあり，SEC のロードマップ案に基本的には賛同した。学会は複数の専門委員

会を設置し，第三者の立場からロードマップ案の賛否について検討し，英文ジャーナルに論文を順次掲載した。

米国会計学会の国際会計部会の調査委員会（Research Committee of the American Accounting Association's International Accounting Section: AAA RCIAS）はロードマップ案に含まれた70の質問事項に対し，どのように回答するか検討し，検討結果を3つの論点，すなわち（1）米国投資家・発行体・証券市場にとってのIFRSs適用のベネフィット，（2）米国GAAPからIFRSsへの移行方法，（3）監査上の問題に絞り，2009年11月に発刊された*Journal of International Accounting Research*で発表した。

米国を拠点とする発行体は，専ら米国GAAPに準拠して財務報告を行ってきたので，米国の投資家・発行体・証券市場は米国にIFRSsを導入することによって，ベネフィットを獲得した経験をもたない。米国の証券市場・財務報告規制，その他の環境，および米国発行体の特徴は，他の国とは相当異なるので，米国以外を対象とした研究から導かれた結論は，必ずしも米国に当てはまらない。したがって，AAA RCIASは，IFRSs導入が米国の投資家・発行体・証券市場にもたらす潜在的コスト・ベネフィットをより精緻に分析する必要性を説く[9]。

また，AAA RCIASは，米国GAAPとIFRSsの収斂作業の継続，米国発行体に対するIFRS移行選択権の付与を通じ，段階的にIFRSに移行すべきであると主張する[10]。SECは，米国市場で上場・起債する米国以外の企業に対し，米国GAAPまたはIFRS（米国GAAPへの調整表を開示せず）に準拠して財務報告を行うオプションを与える一方で，米国企業には，米国GAAPの適用を強制する。米国企業を相対的に不利な状況に陥らせる現行の規定は，米国企業と米国以外の企業を平等に扱う原則に適わず，現行規定の改正を検討すべきであるとも述べている[11]。

---

9) Frost et al. [2009], pp.62-63.
10) Frost et al. [2009], p.63.
11) Frost et al. [2009], p.63.

IFRSs では米国 GAAP より測定基準として公正価値が多用される[12]。公正価値の監査は難しく，米国発行体に IFRSs 適用を要求することは，監査の品質維持が課題となる。訴訟の発生に対応するため，米国公開企業の監査は，既に特定の監査法人に集中しているが，IFRSs の適用は，監査法人の集中に拍車はかけない。

　米国会計学会の財務会計報告部会の財務報告政策委員会（Financial Reporting Policy Committee of Financial Accounting and Reporting Section of the American Accounting Association: AAA FRPC）も，各質問に逐一回答する代わりに，先行研究のレビューを通じ，ロードマップ案の中心的課題，すなわち米国 GAAP と IFRS の収斂が米国の投資家にとって好ましい目標であるかについて検討し，2010 年 3 月に発行された *Accounting Horizons* において以下の論点と課題を示した。

　(1) 米国 GAAP と IFRSs の収斂はベネフィットをもたらすか。また，IFRSs は高品質な会計基準であるか。(2) IFRSs と米国 GAAP の間に重要な相違が見られるか。(3) 提案された年度から SEC 登録企業に IFRSs の適用を要求することは，教育者および会計情報作成者にとってどのような意味をもつか。(4) 収斂が達成されるまで基準設定をいかに行うべきか。

　「IFRSs と米国 GAAP の収斂が比較可能性を向上させ，米国 GAAP と同等，もしくは米国 GAAP より高品質な会計基準がもたらされるとすれば，IFRSs と米国 GAAP の収斂は，米国企業の最大の関心事となる。情報の非対称性の縮小，評価に有益な情報の提供という観点からすると，IFRSs と米国 GAAP は，

---

12) 北村 [2014], 3 頁によれば，IASB の公正価値に関する基準に影響を与えたのは，2006 年に FASB が公表した SFAS 157「公正価値測定」である。SFAS 157 は資産および負債について公正価値測定を行うことを最初に主張した基準である。
　辻山 [2009], 8-9 頁で指摘されるとおり，IFRSs が継続適用を前提に，資産・負債を公正価値で測定するオプションを認めていることは，原価モデル採用企業と公正価値モデル採用企業を併存させ，比較可能性の向上は必ずしも保証されない。金融負債の公正価値測定はダウングレーディング・パラドクス問題を生じさせる（徳賀 [2010], 18-19 頁）。

双方ともに高品質な一組の会計基準であるといえる。しかし，IFRSs が米国 GAAP と同等な財務報告の質を提供するか否かは明らかではない」[13]。

「概念上の相違，純利益および株主持分の差異の大きさを勘案すれば，米国 GAAP と IFRSs の間には，なおも重要な乖離が見られる。したがって，財務諸表の作成者および利用者にとって，IFRSs のアドプションは，重大な障害となりかねない。IFRSs と米国 GAAP の収斂に関連して一層の努力が必要であり，二組の基準により作成される財務諸表の情報内容が同等になるまでは，会計基準設定に際し，両審議会は継続的に協力すべきである」[14]。

「米国の大学は，近い将来の IFRSs アドプションに備えて IFRSs に関する教育を行う準備を十分に整えてはいない。学生が IFRSs を適用して財務諸表を作成し，それを解釈できるようになるには，会計教育方法を改善しなければならない」[15]。

「IFRSs と米国 GAAP の収斂は現在，会計基準設定主体である FASB と IASB の共同活動を通じて行われている。IFRSs の短期的アドプションは，会計基準設定に関する独占状態をもたらし，会計基準の品質の低下を招くかもしれない。会計基準間の競争と協調が会計基準の質の改善に役立つかもしれない」[16]。

「米国市場のボラティリティーは，近年異常な水準に達している。サーベイ

---

13) Bradshaw et al. [2010], p.118.
 Barth et al. [2008], pp.496-497 では，1994 年から 2003 年にかけて自発的に IAS を適用した 21 ヶ国の企業は，米国基準以外の本国基準を適用した対応サンプル企業と比べて，利益調整行動を抑制する，損失認識のタイミングを早期化させる，価値関連性の高い情報を提供することにより，財務報告の質の改善させる証拠が示された。しかし，Barth et al. [2008] の検証結果は，米国における IFRSs の強制的アドプションについて確認されない可能性もある。
14) Bradshaw et al. [2010], pp.118-119.
15) Bradshaw et al. [2010], p.119.
 我が国においても IFRSs 導入に対応した会計教育の充実が急務である（冨塚 [2009]，268-270 頁，橋本 [2010]，81-83 頁など）。
16) Bradshaw et al. [2010], p.119.
 Sunder [2009], pp.106-107 では会計基準間競争の重要性が強調されている。

ンズ・オックスリー法に対応するため,企業は巨額の資源を投じてきた。市場の信頼回復し,適度な費用対効果を発揮するには,財務報告の安定と漸次的変革が必要である」[17]。

米国会計学会の財務会計基準委員会(American Accounting Association's Financial Accounting Standards Committee:AAA FASC)は,ロードマップ案に関連して次の5つの論点について分析し,検討した結果を2010年3月発行の *Accounting Horizons* に発表した。

(1) 単一のグローバルな会計基準の必要性,(2) 監査の質および監査法人のマーケットシェアへの影響,(3) IASBのガバナンス・財政基盤問題の解決に関する市場参加者の意見,(4) 企業間比較のための米国GAAPからIFRSsへの調整,(5) IFRSs適用企業向けの指針が必要な他の問題

上記の論点(1)に関連し,単一のグローバルな会計基準の設定は必ずしも最適ではなく,複数の会計基準設定主体が競争することが望ましく,米国企業に米国GAAPとIFRSsの選択適用を認めることが高品質な財務報告をもたらすことにつながると述べた[18]。論点(2)に関連し,会計基準設定主体は,会計基準設定に際し,定性的特徴の検証可能性を過小評価しており,監査に注意を向けることは重要であり,会計基準と監査基準の再調整が米国GAAPとIFRSs双方の適切な適用に不可欠であるとした[19]。論点(3)に関連し,利用者と作成者の会計情報に対するニーズに的確に応えることと同様に,会計基準を設定する財団のガバナンスと資金調達メカニズムは,重要であるが,現行のIASBのガバナンスと資金調達メカニズムの信頼性は十分ではないと指摘した[20]。論点(4)に関連し,米国GAAPへの調整はコスト高で,不要であり,

---

17) Bradshaw et al. [2010], p.119.
18) Jamal et al. [2010], p.142.
　　Black et al. [2011], p.27 は,2つの競合する基準よりも1組のグローバルな基準の方が優れる証拠はない,というSunderの主張をあげ,会計基準のグローバルな独占は,革新の妨げとなると考えられ,IFRSへの一本化に懐疑的な見解があることを明らかにした。
19) Jamal et al. [2010], p.143.

米国以外の企業には調整表を開示することなく IFRSs の適用を認める現行の SEC のアプローチを米国企業にも採用するのが適切であると述べた[21]。

11.2.2 SEC スタッフによる IFRSs 組み込み最終報告書

2012年7月13日に SEC の主任会計士は，最終報告書「米国発行体の財務報告制度への国際財務報告基準の組込みを検討するためのワーク・プラン（Work Plan for the Consideration of Incorporating International Financial Reporting Standards into the Financial Reporting System for U.S. Issuers, Final Staff Report）」[22] を公表した。本最終報告書では，IASB がシングルセットの高品質で，国際的に認められた会計基準の確立を標榜することには一定の理解を示すが，米国企業が IFRS により財務報告を行うことを3つの理由から支持しないことが明らかにされた（pp.3-4）。第1に，個別の会計基準ごとに IFRSs を自国に組み込むエンドースメント・アプローチを採用する国が，IASB の提案する会計基準の一部を受け入れない場合，会計処理，会計基準の範囲に関する IASB の決定が変質する場合がある。第2に，IFRS への移行には多大なコストと労力を要する。第3に，多数の法律，規制，契約において米国 GAAP が参照されており，参照先を米国 GAAP から IFRSs に変更することは，短期的にはほとんど不可能である。

本最終報告書では，米国企業が財務報告を行う際の会計基準として IFRSs を指定するには，解決すべきいくつかの課題があるとも指摘された。FASB と IASB は共同で収斂作業に着手し，多くのプロジェクトを完了させてきたが，資本の特徴を有する金融商品，リース，収益認識などのプロジェクトが未完了であり，また特定の産業に関する会計基準・指針が IFRSs にはない。IFRSs

---

20) Jamal et al. [2010], p.144.
21) Jamal et al. [2010], p.145. 調整表の開示要求は，情報の質の改善を伴わず2組の財務諸表を作成するコストの負担を強いることになる。
22) 原文は http://www.sec.gov/spotlight/globalaccountingstandards/ifrs-work-plan-final-report.pdf から入手可能である。

適用状況は国ごとに異なる。比較可能性の一段の向上には，IFRIC の IFRSs 解釈指針策定プロセスの改善，IOSCO，地域組織との協力が望まれる。IASB は特定の国の投資家・証券市場を保護する責任を有しないので，米国の投資家・証券市場を保護するには，FASB を存続させ，FASB の IFRSs 設定への積極的関与を前提に，IFRSs 承認を検討する。米国，大手監査法人の IFRS 財団への拠出額が多く，財政基盤の独立性が欠如しており，新たな資金調達メカニズム，財政基盤の確立を要する[23]。IASB の公式文書に対し，投資家が提出したコメントは少数にとどまり，IASB の会計基準設定プロセスへの投資家の参加が十分ではない。IFRS の規定，開発状況に関する知識がほとんどない米国企業もあり，米国 GAAP から IFRSs へ短期のうちに一斉に移行するか（ビッグバン・アプローチ），長期間をかけて段階的に移行するか，IFRSs に関する専門知識を有する人材を社外から雇用するか，社内教育により育てるかを検討しなければならない。

　SEC はロードマップ案において，将来のアドプションを見据え，収斂を進める意向を対外的に示し，米国における IFRSs 組込みが実現する可能性があることを示唆した。しかし，ロードマップ案公表後の動向を注視すると，一組の世界で受け入れられる国際的会計基準を巡る覇権争いにおいて米国が優位に立ち，EU に代わって主導権を握り，IFRSs の設定・改訂を行い，IFRSs のラベルを付けて，米国 GAAP を世界に浸透・適用させることを目論んでいたとも解される[24]。SEC スタッフによる最終報告書においては，ワークプランを実施して得た情報の分析・発見事項の要約にとどめ，米国における IFRSs 組込みの是非・方法・方針は示されなかった。

　IASB は 2013 年 7 月 18 日に「財務報告に関する概念フレームワーク」の改

---

23) SEC スタッフは IASB の財政基盤が大手監査法人に依存していることを懸念している（川西［2012］，55 頁）。
24) 斎藤［2013］，414 頁。
　　米国の IFRS 財団への拠出額は最大級で（図表 11-2），IASB は拠出基金が多い米国の意見を軽視できない。

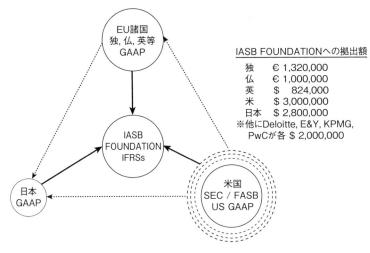

図表 11-2　米国 GAAP の世界浸透戦略

［出所］著者作成。IFRS FOUNDATION への拠出額は Kaya and Pillhofer [2013], p. 289 を参照。図中の実線は拠出，点線は影響を示す。

訂に関するディスカッション・ペーパーを公表し，長期的には，純利益を廃止し，包括利益に一本化すること，持合い株式の評価差額の資本直入項目とし，リサイクリングを禁止する方針を固めた。利益概念，リサイクリングの是非について，我が国と米国の間に大きな離齬はなく[25]，支障はない。しかし，のれんの処理のように，我が国と米国の規定が異なる場合，重大な問題が生じる。米国 GAAP の世界浸透戦略が奏功し，IFRSs が米国の投資家・証券市場の保護を最優先する米国 GAAP を色濃く反映したものになるとすれば，我が国がIFRSs の任意・強制適用を推し進めると，我が国の財務諸表の利用者に不利益をもたらしかねない。世界の二大 GAAP の担い手である SEC / FASB，IASB に対し，これまで以上に我が国から意見を発信し，我が国が国際的に認められ

---

25)「国際財務報告基準が算定しようとしている利益は包括利益であるのに対して，我が国とアメリカは，現在のところ，純利益概念を重視する」（北村 [2012], 22 頁）。ディスカッション・ペーパーの方針に沿って，包括利益に一本化されると，市況の変化によって，我が国企業の利益のボラティリティが大きくなる。

る会計基準設定の第三極となることが求められる。

　会計基準設定主体が独占化されると，比較研究によって，より優れた会計処理方法を識別することが困難となり，また，金融危機のような突発的な問題に速やかに対応できない可能性もある。当面は市場に委ね，会計基準間の競争を通じ，米国GAAP，IFRSs，第3国のGAAPの収斂を促進する政策を実施することが期待される。

　国内だけでなく，国際的局面にも会計の政治化現象が波及し，各種の利害関係者代表が会計基準の設定過程に過度に介入すると，理論的整合性を具備した会計基準が設定されない。収斂の達成を急ぐあまりに，多くの項目について代替的方法を認めると，会計基準が妥協の産物と化し，より高品質な会計基準の策定が実現せず，低品質な財務報告がもたらされることが懸念される。コンセンサスを得やすくするため，質を犠牲にしては底辺への競争（race to the bottom）が惹起されるだけである。会計の政治化現象が生じないように配慮し，基準間競争を通じ，高品質で国際的に認められる会計基準を構築をすることが求められている。

初出論文一覧

第1章	書き下ろし
第2章	「米国 SEC の開示規制と上場市場選択」『富大経済論集』(富山大学) 第47巻 第2号 (2001年) を加筆
第3章	「米国 GAAP 調整表開示と株式市場の評価」『會計』第172巻 第2号 (2007年) を加筆
第4章	「クロス上場企業の会計基準選択」『国際会計研究学会年報』(2005年) を加筆
第5章	「IFRS 初度適用企業の純利益および資本に与える影響」『会計学研究』(日本大学) 第24号 (2010年) を加筆
第6章	「IFRS 初度適用時の利益調整の情報内容」『會計』第180巻 第1号 (2011年) を加筆
第7章	「セグメント報告基準と開示実践」『経理研究』(中央大学) 第52号 (2009年) を加筆
第8章	書き下ろし
第9章	「オペレーティング・リースのオンバランス化のアプローチと財務報告の質的特性」『商学論纂』(中央大学)(中瀬忠和教授古稀記念論文集) 第54巻第6号 (2013年) を加筆
第10章	「オペレーティング・リースのオンバランス化と償却」『経理研究』(中央大学) 第57号 (2014年) を加筆
第11章	書き下ろし

参　考　文　献

Adams, Carol A., Pauline Weetman, Edward A. E. Jones, and Sidney J.Gray [1999] "Reducing the Burden of US GAAP Reconciliations by Foreign Companies Listed in the United States: the Key Question of Materiality," *European Accounting Review*, Vol. 8, No. 1, pp. 1-22.

Aisbitt, Sally [2006] "Assessing the Effect of the Transition to IFRS on Equity: The Case of the FTSE 100," *Accounting in Europe*, Vol. 3, No. 1, pp. 117-133.

Amir, Eli, Trevor S. Harris, and Elizabeth K. Venuti [1993] "A Comparison of the Value-Relevance of U.S. versus Non-U.S. GAAP Accounting Measures Using Form 20-F Reconciliations," *Journal of Accounting Research*, Vol. 31, pp. 230-264.

Anton, Hector R. [1956] "Depreciation, Cost Allocation and Investment Decisions," *Accounting Research*, Vol. 7, No. 2, pp. 117-134.

Ashbaugh, Hollis [2001] "Non-US Firms' Accounting Standard Choices," *Journal of Accounting and Public Policy*, Vol. 20, No. 2, pp. 129-153.

Ashbaugh, Hollis and Per Olsson [2002] "An Exploratory Study of the Valuation Properties of Cross-Listed Firms' IAS and U.S. GAAP Earnings and Book Values," *Accounting Review*, Vol. 77, No. 1, pp. 107-126.

Ashbaugh, Hollis and Morton Pincus [2001] "Domestic Accounting Standards, International Accounting Standards, and the Predictabilty of Earnings," *Journal of Accounting Research*, Vol. 39, No. 3, pp. 417-434.

Atiase, Rowland K. and Linda Smith Bamber [1994] "Trading Volume Reactions to Annual Accounting Earnings Announcements: The Incremental Role of Predisclosure Information Asymmetry," *Journal of Accounting and Economics*, Vol. 17, No. 3, pp. 309-329.

Ball, Ray [2006] "International Financial Reporting Standards (IFRS): Pros and Cons for Investors," *Accounting and Business Research*, Vol. 36, pp. 5- 27.

Bar-Yosef, Sasson and Steven Lustgarten [1994] "Economic Depreciation, Accounting Depreciation, and Their Relation to Current Cost Accounting," *Journal of Accounting, Auditing and Finance*, Vol. 9, No. 1, pp. 41-60.

Barth, Mary E., Wayne R. Landsman, and Mark H. Lang [2008] "International Accounting Standards and Accounting Quality," *Journal of Accounting Research*, Vol. 46, No. 3, pp. 467-498.

Barth, Mary E., Wayne R. Landsman, and Zili Zhuang [2014] "Relevance of Differences between Net Income Based on IFRS and Domestic Standards for European Firms," *Journal of Business Finance and Accounting*, Vol. 41, No. 3, pp. 297-327.

Barth, Mary E. and Doron Israeli [2013] "Disentangling Mandatory IFRS Reporting and

Changes in Enforcement," *Journal of Accounting and Economics*, Vol. 56, No. 2-3, pp. 178-188.

Baumol, William J. and Burton G. Malkiel [1993] "Redundant Regulation of Foreign Security Trading and U.S. Competiveness," *Journal of Applied Corporate Finance*, Vol. 5, No. 4, pp. 19-27.

Beattie, Vivien, Keith Edwards, and Alan Goodacre [1998] "The Impact of Constructive Operating Lease Capitalisation on Key Accounting Ratios," *Accounting and Business Research*, Vol. 28, No. 4, pp. 233-254.

Beaver, William H. [1968] "The Information Content of Annual Earnings Announcements," *Jounal of Accounting Research*, Vol. Supplement to 6, pp. 67-92.

Bennett, Bruce and Michael E. Bradbury [2003] "Capitalizing Non-Cancellable Operating Leases," *International Financial Management and Accounting*, Vol. 14, No. 2, pp. 101-114.

Biondi, Yuri, Robert J.Bloomfield, Jonathan C.Glover, Karim Jamal, James A.Ohlson, Stephen H.Penman, Eiko Tsujiyama, and T.Jeffrey Wilks [2011] "A Perspective on the Joint IASB/FASB Exposure Draft on Accounting for Leases," *Accounting Horizons*, Vol. 25, No. 4, pp. 861-871.

Black, Ervin, Greg Burton, and Spencer Paul [2011] "US Perspectives on Implementation of IFRS," in Krivogorsky, Victoria ed. *Law, Corporate Governance, and Accounting: European Perspectives*: Routledge, pp. 19-30.

Bradshaw, Mark, Carolyn Callahan, Jack Ciesielski, Elizabeth A. Gordon, Leslie Hodder, Patrick E.Hopkins, Mark Kohlbeck, Robert Laux, Sarah McVay, Thomas Stober, Phillip Stocken, Teri Lombardi Yohn: The Financial Reporting Policy Committee of Financial Accounting, and Reporting Section of the American Accounting Association [2010] "Response to the SEC' s Proposed Rule-Roadmap for the Potential Use of Financial Statements Prepared in Accordance with International Financial Reporting Standards (IFRS) by U.S.Issuers," *Accounting Horizons*, Vol. 24, No. 1, pp. 117-128.

Branswijck, Deborah and Stefanie Longueville [2011] "The Financial Impact of the Proposed Amendments to IAS 17: Evidence from Belgium and the Netherlands," *Accounting and Management Information Systems*, Vol. 10, No. 2, pp. 275-294.

Breeden, Richard C. [1994] "Foreign Companies and U.S. Securities Markets in a Time of Economic Transformation," *Fordam International Law Journal*, No. 17, pp. S77-S96.

Chan, Kam C. and Gim S. Seow [1996] "The Association between Stock Returns and Foreign GAAP Earnings versus Earnings Adjusted to U.S. GAAP," *Journal of Accounting and Economics*, Vol. 21, No. 1, pp. 139- 158.

Cheng, Kang [2009] "Navigating with the IFRS Convergence Roadmap," *Journal of Corporate Accounting and Finance*, Vol. 20, No. 6, pp. 31-37.

Choi, Frederick D.S and Richard M. Levich [1991a] "Behavioral Effects of International Accounting Diversity," *Accounting Horizons*, Vol. 5, No. 2, pp. 1-13.

Choi, Frederick D.S. and Richard M. Levich [1991b] "International Accounting Diversity: Does It Affect Market Participants?" *Financial Analysts Journal*, Vol. 47, No. 2, pp. 1-13.

Christensen, Hans B., Edward Lee, and Martin Walker [2009] "Do IFRS Reconciliations Convey Information? The Effect of Debt Contracting," *Journal of Accounting Research*, Vol. 47, No. 5, pp. 1167-1199.

Craig, Thomas R. [2013] "Lease Accounting-Up for Renewal A Review of FASB and the IASB's Exposure Draft," *CPA Journal*, Vol. 83, No. 10, pp. 10-11.

Crawford, Louise, Heather Extance, Christine Helliar, and David Power [2012] "*Post-implementation Review: IFRS 8 Operating Segments*," ICAS Insight Publication, Edinburgh: Institute of Chartered Accountants of Scotland.

Crawford, Louise, J. E. Ferguson, C. V. Helliar, and D. M. Power [2013] "Control over Accounting standards within the European Union: The Political Controversy Surrounding the Adoption of IFRS 8," *Critical Perspectives on Accounting*, Vol. 25, No. 4-5, pp. 304-318.

Cready, William M. and David N. Hurtt [2002] "Assessing Investor Response to Information Events Using Return and Volume Metrics," *Accounting Review*, Vol. 77, No. 4, pp. 891-909.

Das, Somnath and Shahrokh M. Saudagaran [1998] "Accuracy, Bias, and Dispersion in Analysts' Earnings Forecasts: The Case of Cross-Listed Foreign Firms," *Journal of International Financial Management and Accounting*, Vol. 9, No. 1, pp. 16-33.

Delvaille, Pascale, Gabi Ebbers, and Chiara Saccon [2005] "International Financial Reporting Convergence: Evidence from Three Continental European Countries," *Accounting in Europe*, Vol. 2, No. 1, pp. 137-164.

Djankov, Simeon, Rafael La Porta, Florencio Lopez de Silanes, and Andrei Shleifer [2008] "The Law and Economics of Self-Dealing," *Journal of Financial Economics*, Vol. 88, No. 3, pp. 430-465.

Doupnik, Timothy S. and Stephen B. Salter [1993] "An Empirical Test of Judgmental Internaional Classification of Financial Reporting Practices," *Journal of International Business Studies*, Vol. 24, No. 1, pp. 41-60.

Doupnik, Timothy S. and Larry P. Seese [2001] "Geographic Area Disclosures under SFAS131: Materiality and Fineness," *Journal of International Accounting, Auditing and Taxation*, Vol. 15, No. 1, pp. 32-47.

Ely, Kirsten M. [1995] "Operating Lease Accounting and the Market's Assessment of Equity Risk," *Journal of Accounting Research*, Vol. 33, No. 2, pp. 397-415.

Epstein, Barry Jay and Eva K. Jermakowicz [2009] "IFRS Converges to U.S. GAAP on Segment Reporting," *Journal of Accountancy*, Vol. 207, No. 4, p. 50.

Etter, Edwin R. and Lynn Rees [1999] "The Usefulness to Individual and Institutional Investors of Annual Earnings Announcements and SEC Filings by Non-US Companies," *Journal of International Accounting, Auditing and Taxation*, Vol. 8, No. 1, pp. 109-131.

Ettredge, Michael, Soo Young Kwon, and David Smith [2001] "Competitive Harm and Companies' Position on SFAS No.131," *Journal of Accounting, Auditing and Finance*, Vol. 17, No. 2, pp. 93-109.

FASB [1975] Statement of Financial Accounting Standards No.5 Accounting for Contingencies, FASB.

―――― [1981] Statement of Financial Accounting Standards No.52 Foreign Currency Translation, FASB.

―――― [1985] Statement of Financial Accounting Standards No.87 Employers' Accounting Pensions, FASB.

―――― [1990] Statement of Financial Accounting Standards No.106 Employers' Accounting for Postretirement Benefits Other Than Pensions, FASB.

―――― [1992] Statement of Financial Accounting Standards No.109 Accounting for Income Taxes, FASB.

―――― [2006] A Roadmap for Convergence between IFRSs and US GAAP 2006-2008, Memorandum of Understanding between the FASB and the IASB, Washington, DC, (http://www.fasb.org/mou_02-27-06.pdf).

―――― [2010] Exposure Draft, Proposed Accounting Standards Update, Leases (Topic 840), Norwalk, CT.

Frost, Carol A. and Mark H. Lang [1996] "Foreign Companies and U.S. Securities Markets: Financial Reporting Policy Issues and Suggestions for Research," *Accounting Horizons*, Vol. 10, No. 1, pp. 95-109.

Frost, Carol Ann, Elaine Henry, and Steve W. J. Lin [2009] "Response to the U.S. Securities and Exchange's Proposed Rule: Roadmap for the Potential Use of Financial Statements Prepared in Accordance with International Financial Reporting Standards by U.S. Issuers," *Journal of International Accounting Research*, Vol. 8, No. 2, pp. 61-85.

GAAP [2001] *GAAP 2001: A Survey of National Accounting Rules Bench- marked against International Account Standards, Andersen, BDO, Deloitte Touche Tohmatsu, Ernst & Young, Grant Thornton, KPMG, PricewaterhouseCoopers.*

Gornik-Tomaszewski, Sylwia and Etzmun S. Rozen [1999] "Pricing of Foreign GAAP Earnings in U.S. Capital Market Prior to the SEC Required Reconciliation Disclosure," *International Journal of Accounting*, Vol. 34, No. 4, pp. 539-556.

Grahama, Roger C. and Raymond D. King [2013] "Decision Usefulness of Whole-Asset Operating Lease Capitalizations," *Advances in Accounting*, Vol. 29, No. 1, pp. 60-73.

Grasso, Richard A. [1996] "Globalization of the Equity Markets," *Fordham International Law Journal*, Vol. 20, No. 4, pp. 1108-1128.

Gray, Sidney J., Cheryl L. Linthicum, and Donna L.Street [2009] "Have ' European' and US GAAP Measures of Income and Equity Converged under IFRS? Evidence from European Companies listed in the US," *Accounting and Business Research*, Vol. 39, No. 5, pp. 431-437.

Haverty, Jhon L. [2006] "Are IFRS and U.S.GAAP Converging? Some Evidence from People' s Republic of China Companies Listed on the New York Stock Exchange," *Journal of International Accounting, Auditing and Taxation*, Vol. 15, No. 1, pp. 48-71.

Henry, Elaine, Stephen Lin, and Ya-Wen Yang [2009] "The European-U.S. 'GAAP Gap' : IFRS to U.S. GAAP Form 20-F Reconciliations," *Accounting Horizons*, Vol. 23, No. 3, pp. 121-150.

Hermann, Don and Wayne B. Thomas [2000] "A Model of Forecast Precision Using Segment Disclosures: Implications for SFAS No. 131," *Journal of International Accounting, Auditing and Taxation*, Vol. 9, No. 1, pp. 1-18.

Hope, Ole-Kristian, Wayne B.Thomas, and Glyn Winterbotham [2006] "The Impact of Non-disclosure of Geographic Segment Earnings on Earnings Predictability," *Journal of Accounting, Auditing and Finance*, Vol. 21, No.3, pp. 323-346.

Hopkins, Patrick E., Christine. A Botosan, Mark.T.Bradshaw, Carolyn M. Callahan, Jack Ciesielski, David B. Farber, Leslie D. Hodder, Mark J. Kohlbeck, Robert Laux, Thomas L. Stober, Phillip C. Stocken, and Teri Lombardi Yohn [2008] "Response to the SEC Release, 'Acceptance from Foreign Private Issuers of Financial Statements Prepared in Accordance with International Financial Reporting Standards without Reconciliation to U.S. GAAP File No. S7-13-07' ," *Accounting Horizons*, Vol. 22, No. 2, pp. 223-240.

Hora, Judith A., Rasoul H. Tondkar, and Ruth Ann McEwen [2004] "Does Trading Volume Detect Information Content in Earnings Reconciliations of Foreign Firms?" *Journal of International Accounting, Auditing and Taxation*, Vol. 13, No. 2, pp. 71-87.

Horton, Joanne and George Serafeim [2010] "Market Reaction to and Valuation of IFRS Reconciliation Adjustments: First Evidence from the UK," *Review of Accounting*

Studies, Vol. 15 No. 4, pp. 725-751.

Hung, Mingyi and K. R. Subramanyam [2007] "Financial statement Effects of Adopting International Accounting Standards: the Case of Germany," *Review of Accounting Studies*, Vol. 12, No. 4, pp. 623-657.

Imhoff, Eugene A., Robert C. Lipe, and David W. Wright [1991] "Operating Leases: Impact of Constructive Capitalization," *Accounting Horizons*, Vol. 5, No. 1, pp. 51-63.

——, ——, —— [1993] "The Effects of Recognition Versus Disclosure on Shareholder Risk and Executive Compensation," *Journal of Accounting, Auditing and Finance*, Vol. 8, No. 4, pp. 335-368.

——, ——, —— [1995] "Is Footnote Disclosure an Adequate Alternative to Financial Statement Recognition?" *Journal of Financial Statements Analysis*, Vol. 1, No. 1, pp. 70-81.

——, ——, —— [1997] "Operating Leases : Income Effects of Constructive Capitalization," *Accounting Horizons*, Vol. 11, No. 2, pp. 12-32.

IASB [2003] "IAS 17: Leases Revised Version," London, IASB.

—————— [2009] "Discussion Paper Leases: Preliminary Views," London, IASB.

—————— [2010] "Exposure Draft Leases," London, IASB.

—————— [2011] "Effect of Board Redeliberations on Exposure Draft Leases," London, IASB.

—————— [2013] "Post-implementation Review: IFRS 8 Operating Segments," London, IASB.

Jamal, Karim, Robert Bloomfield, Theodore E. Christensen, Robert H. Colson, Stephen Moehrle, James Ohlson, Stephen Penman, Thomas Stober, Shyam Sunder, and Ross L. Watts [2010] "A Research-Based Perspective on the SEC's Proposed Rule-Roadmap for the Potential Use of Financial Statements Prepared in Accordance with International Financial Reporting Standards (IFRS) by U.S. Issuers," *Accounting Horizons*, Vol. 24, No. 1, pp. 139-147.

Jennings, Ross and Ana Marques [2013] "Amortized Cost for Operating Lease Assets," *Accounting Horizons*, Vol. 27, No. 1, pp. 51-74.

Jermakowicz, Eva K. and Sylwia Gornik-Tomaszewski [2006] "Implementing IFRS from the Perspective of EU Publicly Traded Companies," *Journal of International Accounting, Auditing and Taxation*, Vol. 15, No. 2, pp.170-196.

Jermakowicza, Eva K., Alan Reinsteinb, and Natalie Tatiana Churyk [2014] "IFRS framework-based case study: DaimlerChrysler-Adopting IFRS accounting policies," *Journal of Accounting Education*, Vol. 32, No. 3, pp. 288-304.

Kang, Helen and Sidney J. Gray [2013] "Segment Reporting Practices in Australia: Has IFRS 8 Made a Diference?" *Australian Accounting Review*, Vol. 23, No. 3, pp.

232-243.

Kang, Tony, Gopal V. Krishnan, Michael C. Wolfe, and Han S. Yi [2012] "The Impact of Eliminating the 20-F Reconciliation Requirement for IFRS Filers on Earnings Persistence and Information Uncertainty," *Accounting Horizons*, Vol. 26, No. 4, pp. 741-765.

Kaya, Devrimi and Julian A. Pillhofer [2013] "Potential Adoption of IFRS by the United States: A Critical View," *Accounting Horizons*, Vol. 27, No. 2, pp. 271-299.

Kilpatrick, Bob G. and Nancy L. Wilburn [2011] "Convergence on A Global Accounting Standard For Leases? Impacts of The FASB/IASB Project on Lessee Financial Statements," *International Business and Economics Research Journal*, Vol. 10, No. 10, pp. 55-60.

Kim, Moshe and Giora Moore [1988] "Economic vs. Accounting Depreciation," *Journal of Accounting and Economics*, Vol. 10, No. 2, pp. 111-125.

Leuz, Christian [2003] "IAS Versus U.S. GAAP: Information Asymmetry-Based Evidence from Germany's New Market," *Journal of Accounting Research*, Vol. 41, No. 3, pp. 445-472.

Lipe, Robert C. [2001] "Lease Accounting Research and the G4+1 Proposal," *Accounting Horizons*, Vol. 15, No. 3, pp. 299-310.

Liu, Chunhui [2009] "Are IFRS and US-GAAP Already Comparable?" *International Review of Business Research Papers*, Vol. 5, No. 5, pp. 76-84.

Liu, Chunhui, Grace O' Farrell, and Lee J. Yao [2010] "Net Income Comparability between EU-IFRS and US-GAAP before Release No.33-8879: Evidence from Fifty US-Listed European Union Companies," *International Journal of Business, Accounting and Finance*, Vol. 4, No. 1, pp. 49-62.

Meek, Gary K. [1983] "U.S. Securities Market Responses to Alternate Earnings Disclosures of Non-U.S. Multinational Corporations," *Accounting Review*, Vol. 58, No. 2, pp. 394-402.

Monson, Dennis W. [2001] "The Conceptual Framework and Accounting for Leases," *Accounting Horizons*, Vol. 15, No. 3, pp. 275-287.

Nelson, Mark W. [2003] "Behavioral Evidence on the Effects of Principies-Standards and Rules-Based Standards," *Accounting Horizons*, Vol. 17, No. 1, pp. 91-104.

Nichols, Nancy B., Donna L.Street, and Sidney J.Gray [2000] "Geographic Segment Disclosures in the United States: Reporting Practices Enter a New Era," *Journal of International Accounting, Auditing and Taxation*, Vol. 9, No. 1, pp. 59-82.

Nichols, Nancy B., Donna L. Street, and Sandra J. Cereola [2012] "An Analysis of the Impact of Adopting IFRS 8 on the Segment Disclosures of European Blue Chip Companies," *Journal of International Financial Management and Accounting*,

Vol. 21, No. 2, pp. 79-105.

Nichols, Nancy B., Donna L. Street, and Ann Tarca [2013] "The Impact of Segment Reporting Under the IFRS 8 and SFAS 131 Management Approach: A Research Review," *Journal of International Financial Management and Accounting*, Vol. 24, No. 3, pp. 261-312.

Nicolaisen, Donald T. [2005] "A Securities Regulator Looks at Convergence," *Northwestern University Journal of International Law and Business*, Vol. 25, No. 3, pp. 661-686.

Nobes, Christopher and Robert Parker [2000] *Comparative International Accounting*, 6th ed., Harlow, U.K.: Prentice-Hall.

O'Connell, Vincent and Katie Sullivan [2008] "The Impact of Mandatory Conversion to IFRS on the Net Income of FTSEurofirst 80 Firms," *Journal of Applied Research in Accounting and Finance*, Vol. 3, No. 2, pp. 17-26.

Ohlson, Lames A. [1995] "Earnings, Book Values, and Dividends in Equity Valuation," *Contemporary Accounting Research*, Vol. 11, No. 2, pp. 661-687.

Olibe, Kingsley Onwunyiri [2001] "Assessing the Usefulness of SEC Form 20-F Disclosures Using Return and Volume Metrics: The Case of U.K.Firms," *Journal of Economics and Finance*, Vol. 25, No. 3, pp. 343-357.

Ormrod, Peter and Peter Taylor [2004] "The Impact of the Change to International Accounting Standards on Debt Covenants: a UK Perspective," *Accounting in Europe*, Vol. 1, No. 1, pp. 71-94.

Pacter, Paul [2003] "Convergence of IFRS and U.S. GAAP," *CPA Journal*, Vol.73, No. 3, p. 67.

―――― [2005] "What Exactly is Convergence," *International Journal of Accounting, Auditing and Performance Evaluation*, Vol. 2, No. 12, pp. 67- 83.

Paul, Jack W. and James A. Largay III [2005] "Does the Management Approach Contribute to Segment Reporting Transparency?" *Business Horizons*, Vol. 48, No. 4, pp. 303-310.

Plumlee, Marlene and David Plumlee [2008] "Information Lost: A Descriptive Analysis of IFRS Firms' 20-F Reconciliations," *Journal of Applied Research in Accounting and Finance*, Vol. 3, No. 1, pp. 15-31.

Radebaugh, Lee H., Günther Gebhardt, and Sidney J. Gray [1995] "Foreign Stock Exchange Listings: A Case Study of Daimler-Benz," *Journal of International Financial Management and Accounting*, Vol. 6, No. 2, pp.158-192.

Rees, Lynn and Pieter Elgers [1997] "The Market's Valuation of Nonreported Accounting Measures: Retrospective Reconciliations of Non-US and US GAAP," *Journal of Accounting Research*, Vol. 35, No. 1, pp. 115-127.

Ryan, Stephen G., Robert H. Herz, Teresa E. Iannaconi, Laureen A. Maines, Krishna G.

Palepu, Katherine Schipper, Catherine M. Schrand, Douglas J. Skinner, and Linda Vincent [2001] "Evaluation of the Lease Accounting Proposed in G4+1 Special Report," *Accounting Horizons*, Vol. 15, No. 3, pp. 289-298.

SEC [2000] *2000 Sec Guidelines: Rules and Regulations*: Warren Gorham and Lamont.

――― [2007] *Securities Act of 1933 Release Nos.33-8831; 34-56217;IC- 27924; File No.S7-20-07,Concept Release on Allowing U.S. Issuers to Prepare Financial Statements in Accordance with International Financial Reporting Standards (Corrected), August 7, 2007.*

――― [2008] *Securities Act of 1933 Release No.33-8879;File No.S7-27-08,Roadmap for the Potential Use of Financial Statements Prepared in Accordance with International Financial Reporting Standards by U.S. Issuers; Proposed Rule, November 14, 2008 (http://www.sec.gov/rules/proposed/2008/33-8982.pdf).*

Seese, Larry P. and Timothy Doupnik [2003] "The Materiality of Country- Specific Geographic Segment Disclosures," *Journal of International Accounting, Auditing and Taxation*, Vol. 12, No. 2, pp. 85-103.

Selling, Thomas I. [2013] "Bumps in the Road to IFRS Adoption: Is a U-Turn Possible?" *Accounting Horizons*, Vol. 27, No. 1, pp. 155-167.

Street, Donna L. [2002] "GAAP 2001-Benchmarking National Accounting Standards against IAS: summary of results," *Journal of International Accounting, Auditing and Taxation*, Vol. 11, No. 1, pp. 77-90.

Street, Donna L., Sidney J. Gray, and Stephanie M. Bryant [1999] "Acceptance and Observance of International Accounting Standards: An Empirical Study of Companies Claiming to Comply with IASs," *International Journal of Accounting*, Vol. 34, No. 1, pp. 11-48.

Sunder, Shyam [2002] "Regulatory Competition among Accounting Standards within and across International Boundaries," *Journal of Accounting and Public Policy*, Vol. 21, No. 3, pp. 219-234.

――― [2009] "IFRS and the Accounting Consensus," *Accounting Horizons*, Vol. 23, No. 1, pp. 101-111.

Sutton, Michael H. [1997] "Financial Reporting in U.S. Capital Markets: International Dimensions," *Accounting Horizons*, Vol. 11, No. 2, pp. 96-102.

Tarca, Ann [2004] "International Convergence of Accounting Practices: Choosing between IAS and US GAAP," *Journal of International Financial Management and Accounting*, Vol. 15, No. 1, pp. 60-91.

Tsakumis, George T., Timothy S. Doupnik, and Larry P. Seese [2006] "Competitive Harm and Geographic Area Disclosure under SFAS 131," *Journal of International Accounting, Auditing and Taxation*, Vol. 15, No. 1, pp. 32-47.

Walton, Peter [2004] "IAS 39: Where Different Accounting Models Collide," *Accounting in Europe*, Vol. 1, No. 1, pp. 5-16.

Weetman, P., E.A.E. Jones, C.A. Adams, and S.J. Gray [1998] "Profit Measurement and UK Accounting Standards: A Case of Increasing Disharmony in Relation to US GAAP and IASs," *Accounting and Business Research*, Vol. 28, No. 3, pp. 189-208.

安藤英義　［2009］「IFRS 導入と会計制度の展望」,『企業会計』, 第 61 巻, 第 5 号, 18-24 頁.

飯野利夫　［1994］「総論」, 飯野利夫 (編)『会計方針選択行動論―理論と実証―』, 中央経済社, 1-13 頁.

五十嵐則夫 ［2009］『国際会計基準が変える企業経営』, 日本経済新聞社.

石塚博司 ［2006］「資本市場における会計情報の有効性―パイロットテスト―」, 石塚博司 (編)『実証会計学』, 中央経済社, 19-33 頁.

伊藤邦雄　［2009］「会計基準のコンバージェンスと会計研究―グローバル無形財産報告への布石―」,『企業会計』, 第 61 巻, 第 5 号, 32-41 頁.

─────　［2013］「実証的会計研究の進化」, 伊藤邦雄・桜井久勝 (編)『会計情報の有用性』, 中央経済社, 1-34 頁.

井上達男　［1998］「会計数値に基づく企業価値の実証研究」,『會計』, 第 153 巻, 第 6 号, 44-56 頁.

岩崎　勇　［2009］「国際財務報告基準の採用のメリットと課題」,『會計』, 第 176 巻, 第 11 号, 32-45 頁.

上野清貴　［2012］「残余利益モデルと会計システム」,『経理研究』, 第 55 号, 165-186 頁.

薄井　彰　［2006］「企業の国際事業展開と利益の価値関連性」,『国際会計研究学会年報 (2006 年度)』, 61-74 頁.

太田浩司・松尾精彦　［2005］「Vuong 検定によるモデル選択」,『會計』, 第 167 巻, 第 1 号, 52-66 頁.

越智信仁　［2012］『IFRS 公正価値情報の測定と監査―見積り・予測・リスク情報拡大への対応―』, 国元書房.

小津稚加子・梅原秀継 (編) ［2011］『IFRS 導入のコスト分析』, 中央経済社.

音川和久　［1999］『会計方針と株式市場』, 千倉書房.

─────　［2004］「四半期財務報告と出来高反応」,『國民經濟雜誌』, 第 189 巻, 第 3 号, 65-77 頁.

音川和久　［1999］『会計方針と株式市場』千倉書房.

音川和久・若林公美 ［2005］「決算発表と出来高反応の方向」,『産業経理』, 第 65 巻, 第 2 号, 65-73 頁.

大日方隆　［2005］「セグメント情報の Value Relevance ―鉄道業のケース―」, *Discussion Paper, MMRC-J-130*.

─────　［2006］「負債の概念と利益の Value Relevance」,『會計』, 第 169 巻, 第 1 号,

21-33 頁.
加賀谷哲之 [2011]「利益属性の国際比較と企業システムの関係性」, 古賀智敏（編）『IFRS 時代の最適開示制度』, 千倉書房, 89-109 頁.
加藤久明 [2007]『現代リース会計論』, 中央経済社.
─── [2011]「レッサー（貸手）の会計処理と実務上の論点」,『企業会計』, 第 63 巻, 第 4 号, 550-556 頁.
川西安喜 [2009]「討議資料『リース：予備的見解』」,『会計・監査ジャーナル』, 第 21 巻, 第 7 号, 57-64 頁.
─── [2012]「IFRS の組込みに関する米国 SEC のスタッフによる最終報告書」,『会計・監査ジャーナル』, 第 24 巻, 第 10 号, 53-57 頁.
北川教央 [2010]「国際会計基準の適用に関する実証的評価」,『國民経済雑誌』, 第 202 巻, 第 6 号, 65-91 頁.
北村敬子 [2012]「資産負債観と財産法」, 北村敬子・新田忠誓・柴健次（編）『企業会計の計算構造』, 中央経済社, 11-24 頁.
─── [2014]「公正価値測定の意義とその展開」, 北村敬子（編）『財務報告における公正価値測定』, 中央経済社, 1-12 頁.
草野真樹・佐久間義浩・角ヶ谷典幸 [2010]「リース会計の方向性と 3 つのオンバランス効果」,『京都大学大学院経済学研究科 working paper』, 第 82 号, 1-50 頁.
倉田幸路 [1996]「ドイツ会計基準の国際的調和化と国際企業の動向」,『企業会計』, 第 48 巻, 第 3 号, 69-76 頁.
桑原正行 [2008]『アメリカ会計理論発達史―資本主理論と近代会計学の成立―』, 中央経済社.
古賀智敏・五十嵐則夫 [1999]『会計基準のグローバル化戦略―国際会計基準の導入と会計基準の調和化への対応―』, 森山書店.
小賀坂敦・吉岡亨 [2011]「『リース会計に関する論点の整理』について」,『会計・監査ジャーナル』, 第 23 巻, 第 3 号, 36-44 頁.
斎藤静樹 [2009]「会計基準のグローバル化の展望と課題―時価会計の見直しにふれて―」,『企業会計』, 第 61 巻, 第 1 号, 18-24 頁.
─── [2013]『会計基準の研究（増補改訂版）』, 中央経済社.
桜井久勝 [2005]「会計情報の投資意思決定有用性」,『龍谷大学経営学論集』, 第 45 巻, 第 3 号, 39-52 頁.
─── [2009a]「会計制度設計の実証的評価規準」,『國民経済雑誌』, 第 200 巻, 第 5 号, 1-16 頁.
─── [2009b]「国際会計基準の導入が日本の会計基準に与える影響」,『証券アナリストジャーナル』, 第 47 巻, 第 4 号, 7-18 頁.
佐藤信彦 [2011]「IASB『リース会計基準公開草案』の論点とその分析」,『産業経理』, 第 70 巻, 第 4 号, 43-53 頁.

末政芳信　[2006]「金融セグメント貸借対照表の開示問題―セグメント情報の開示拡充へ―」,『企業会計』, 第 56 巻, 第 3 号, 4-14 頁.
杉本徳栄　[1996a]「米国証券取引委員会の開示規制と日本の発行体の開示行動 (1)」,『會計』, 第 150 巻, 第 4 号, 37-49 頁.
─── [1996b]「米国証券取引委員会の開示規制と日本の発行体の開示行動 (2)」,『會計』, 第 150 巻, 第 5 号, 112-122 頁.
─── [2008]『国際会計』(改訂版), 同文館.
─── [2009a]『アメリカ SEC の会計政策―高品質で国際的な会計基準の構築に向けて―』, 中央経済社.
─── [2009b]「米国内での IFRS 適用に向けた動き」,『企業会計』, 第 61 巻, 第 1 号, 61-74 頁.
─── [2010]「国際財務報告基準 (IFRSs) 適用企業の特性と経済的帰結― IFRSs の自発的適用, 任意適用および強制適用からの知見―」,『會計』, 第 178 巻, 第 6 号, 28-43 頁.
須田一幸　[2000]『財務会計の機能―理論と実践―』, 白桃書房.
─── [2004]「会計基準の国際的類型」,『国際会計研究学会年報 (2003 年度)』, 21-38 頁.
─── [2009]「国際会計基準の導入と株式市場」,『証券アナリストジャーナル』, 第 47 巻, 第 4 号, 28-43 頁.
須田一幸・乙政正太・松本祥尚　[2004]「中間連結財務諸表の任意開示による経済効果」, 須田一幸 (編)『ディスクロージャーの戦略と効果』, 森山書店, 71-92 頁.
高井大基　[2012]「解説リース会計 IASB と FASB による共同の再審議が終了」,『会計・監査ジャーナル』, 第 24 巻, 第 11 号, 29-39 頁.
茅根　聡　[2012]「解題深書リース会計の諸相：リースのオンバランス論理の変容」,『企業会計』, 第 64 巻, 第 6 号, 836-840 頁.
辻山栄子　[2009]「IFRS をめぐる 6 つの誤解」,『企業会計』, 第 62 巻, 第 12 号, 1708-1717 頁.
─── [2014]「コンバージェンスをめぐる現状と課題」, 平松一夫・辻山栄子 (編)『会計基準のコンバージェンス』, 中央経済社, 39-81 頁.
角ヶ谷典幸　[2009a]「リース会計基準の展望」, 佐藤信彦・角ヶ谷典幸 (編)『リース会計基準の論理』, 中央経済社, 217-248 頁.
─── [2009b]「リース取引の測定を巡る諸問題」, 佐藤信彦・角ヶ谷典幸 (編)『リース会計基準の論理』, 中央経済社, 165-191 頁.
─── [2009c]『割引現在価値会計論』, 森山書店.
徳賀芳弘　[2000]『国際会計論―相違と調和―』, 中央経済社.
─── [2010]「IFRS への日本の制度的対応―規範的アプローチからの提言―」,『會計』, 第 177 巻, 第 5 号, 629-642 頁.
冨塚嘉一　[1997]『会計認識論―科学哲学からのアプローチ―』, 中央経済社.

―――――［2009］「大学院レベルのIFRS教育」，中央経済社（編）『別冊企業会計IFRS導入の論点』，中央経済社，266-270頁．

中根正文［2007］「セグメント情報の開示に関する検討の方向性― IFRS 第 8 号の概要と検討予定の論点―」，『季刊会計基準』，第16号，51-57頁．

中野　勲［1989］「現在価値―減価償却の展開―」，『経済経営研究年報』，第39巻，第1/2号，29-44頁．

日本公認会計士協会東京会編　［2009］『会計基準のコンバージェンス―アドプションに向けて―』，税務経理協会．

橋本　尚［2006］「会計基準の国際的収斂と事業報告の将来」，『産業経理』，第66巻，第2号，67-76頁．

―――――［2009］「IFRS導入によるわが国会計実務および会計教育への影響」，『企業会計』，第61巻，第8号，33-40頁．

―――――［2010］「IFRS導入が我が国会計実務及び会計教育に及ぼす影響」，『経理研究』，第53号，72-83頁．

浜本道正［1986］「減価償却における現在価値モデルについて」，『横浜経営研究』，第7巻，第1号，95-99頁．

林　健治［2001］「米国SECの開示規制と上場市場選択」，『富大経済論集』，第47巻，第2号，213-236頁．

―――――［2005］「クロス上場企業の会計基準選択」，『国際会計研究学会年報』，43-58頁．

―――――［2007］「米国GAAP調整表開示と株式市場の評価」，『會計』，第172巻，第2号，207-218頁．

―――――［2009］「セグメント報告基準と開示実践」，『経理研究』，第52号，241-254頁．

―――――［2010］「IFRS初度適用企業の純利益および資本に与える影響」，『会計学研究』，第24号，27-46頁．

―――――［2011］「IFRS初度適用時の利益調整の情報内容」，『會計』，第180巻，第1号，30-43頁．

―――――［2013］「オペレーティング・リースのオンバランス化のアプローチと財務報告の質的特性」，『商学論纂』，第54巻，第6号，137-165頁．

―――――［2014］「オペレーティング・リースのオンバランス化と償却」，『経理研究』，第57号，220-230頁．

菱山　淳［2007］「リース資本化の会計処理の検討― Whole Asset Approach を手掛りとして―」，『明大商学論叢』，第89巻，第2号，51-65頁．

平松一夫［2009］「コンバージェンス後のわが国会計基準の展望」，『企業会計』，第61巻，第1号，25-31頁．

―――――［2010］「国際会計基準のアドプションに向けた日本の対応―経緯と問題点―」，『商学論究』，第58巻，第1号，1-18頁．

―――――［2014］「コンバージェンスをめぐる歴史的展開」，平松一夫・辻山栄子（編）『会

計基準のコンバージェンス』，中央経済社，3-38頁．
平松一夫・柴健次（編）[2004]『会計制度改革と企業行動』，中央経済社．
藤井秀樹 [1995a]「取得原価主義会計における未来事象と利益測定―減価償却を素材として（1）―」，『會計』，第147巻，第3号，340-353頁．
――― [1995b]「取得原価主義会計における未来事象と利益測定―減価償却を素材として（2）完―」，『會計』，第147巻，第4号，533-551頁．
――― [2007]『制度変化の会計学―会計基準のコンバージェンスを見すえて―』，中央経済社．
増村紀子 [2013]「国際財務報告基準の初度適用」，桜井久勝（編）『テキスト国際会計基準［第6版］』，白桃書房，230-234頁．
森川八洲男 [1998]「ドイツ会計の国際的調和化と国際企業の対応―ダイムラー・ベンツ社のケースを中心として―」，『明大商学論叢』，第80巻，第3・4号，321-343頁．
八重倉孝 [1999]「国際会計基準対米国会計基準―投資意思決定有用性の観点から―」，『証券アナリストジャーナル』，第37巻，第4号，54-61頁．
――― [2005]「会計基準の収れんは投資家にとって有益か」，『証券アナリストジャーナル』，第43巻，第5号，16-25頁．
――― [2010]「残余利益モデルの拡張」，桜井久勝（編）『企業価値評価の実証分析―モデルと会計情報の有用性検証―』，中央経済社，159-173頁．
山地範明 [2005]「地域別セグメント情報の予測能力―我が国における検証―」，『JICPAジャーナル』，第602号，44-49頁．
山田辰己 [2009]「IFRS設定の現状と展望」，『企業会計』，第61巻，第1号，52-59頁．
――― [2011]「IASB・FASBのリース・プロジェクトの検討経緯と主要論点について」，『企業会計』，第63巻，第4号，522-527頁．

索　引

欧　文

AAA	118, 170
ADR	15, 17, 20, 35, 42, 47
DJIA	136
F (fineness) 値	137
Form 20-F	2, 13, 14, 15, 37, 39, 105
FTSE 100	94, 97, 100, 114, 156, 157, 165
FTSEurofirst	86, 87
Heuristics	194, 195
I/B/E/S	30, 46, 65, 73
knife-edged accounting	171, 189
MoU	37, 123, 169
PCI	91
Vuong	51

あ　行

相対的情報内容	103
アドプション	1, 17, 104
アナリスト予測	30, 45, 62, 64-66, 72, 74
アングロ・サクソンモデル	100, 121
一元配置分散分析	132, 138
オペレーティング・リース	75, 168-174, 178-193

か　行

会計環境	9-12
会計基準差異指標	72
会計基準論	5
会計政策論	5
価値関連性	7, 38, 104-107, 111-113
カットオフポイント	140
基本的セグメント	162, 165
金融資産	86
金融商品	29, 97-99, 112
クリーンサープラス会計	42
繰延税金	25
クロス上場企業	2, 53
現在価値償却	198
原資産	167, 171, 172, 191, 198
国際的多様性	9-11
コンバージェンス	1, 87, 118, 166

さ　行

最高業務意思決定者	123-125
財務構成要素アプローチ	173-178
差分の差推定法	47
差分の差推定法の項	47
残余利益	41, 42
事業セグメント	124-126, 136, 152, 161, 162
市場反応	37
修正国際基準	103
重要性	144, 157
収斂	83, 88, 152, 153, 167
純資産簿価	41, 42, 111
純利益の持続性	96
使用権モデル	167, 171, 172, 189
初度適用	83-87, 92, 94, 103, 114, 166
推計的資本化	168, 178, 179, 187, 192, 193
全体資産アプローチ	168, 172-177
増分情報内容	103

た　行

多重共線性	109, 146

地域セグメント	127-135, 149
調和化	1, 83
出来高反応	38, 41
ドイツ GAAP	18-35, 88, 91
投資家保護	15-17, 47, 48, 52, 114
特例措置	14, 15

な 行

内国民待遇	13
任意適用	77, 103, 116, 118-121, 164, 165
認識中止アプローチ	171
年金	18, 21, 105
のれん	28, 97, 100

は 行

覇権争い	4, 35, 53, 83
比較可能性	12, 17, 104, 105, 118, 153, 168, 171, 174, 189, 201
比較可能性指標	88, 90, 100
表現の忠実性	175, 198
ファイナンス・リース	168-171, 178, 182, 189, 190
負債の定義	99, 176
プロビット分析	109

ま 行

マネジメント・アプローチ	135, 148, 151, 152, 157, 158, 161, 163, 166
目的適合性	178, 198
モデル	41

ら 行

利益資本化	41
利益の持続性	47, 48, 52, 96
リスク・便益アプローチ	151, 169, 189
ロードマップ	37, 118, 119, 123
ロジットモデル	55
ロンドン証券取引所	11, 53, 54, 60, 73, 80, 110, 113

著者略歴

林　健治（はやし　けんじ）

日本大学商学部教授

1990 年　中央大学大学院商学研究科博士課程満期退学
1990 年　富山女子短期大学専任講師
1993 年　富山大学経済学部助教授
2002 年　富山大学経済学部教授
2008 年　日本大学商学部教授（現在に至る）

主要業績

「クロス上場企業の会計基準選択」『国際会計研究学会年報』2005 年（国際会計研究学会 2005 年度学会賞受賞）。
「米国 GAAP 調整表開示と株式市場の評価」『會計』第 172 巻第 2 号，2007 年。
「IFRS 初度適用時の利益調整の情報内容」『會計』第 180 巻第 1 号，2011 年。

会計基準の国際的収斂
米国 GAAP と IFRSs のコンバージェンスの軌跡

〈検印省略〉

平成 27 年 2 月 25 日　初版発行

　著　者　　林　　　健　治
　発行者　　國　元　孝　臣
　発行所　　㈱国　元　書　房

〒113-0034
東 京 都 文 京 区 湯 島 3-28-18-605
電話（03）3836-0026　　FAX（03）3836-0027
http://www.kunimoto.co.jp　E-mail：info@kunimoto.co.jp

印刷・製本：協 栄 製 本㈱
表紙カバー：㈲岡村デザイン事務所

©2015 Kenji Hayashi

Printed in Japan

ISBN 978-4-7658-0562-9

[JCOPY]〈㈳出版者著作権管理機構　委託出版物〉
本書の無断複写は著作権法上での例外を除き禁じられています。複写される場合は，そのつど事前に，㈳出版者著作権管理機構（電話 03-3513-6969，FAX 03-3513-6979，e-mail: info@jcopy.or.jp）の許諾を得てください。